数字经济译丛　　丛书主编 刘世锦

财务数据治理新论

Martijn Groot　[荷]马廷·格鲁特 ◎ 著

曹玉珊 ◎ 译

A PRIMER IN FINANCIAL DATA MANAGEMENT

东北财经大学出版社 大连
Dongbei University of Finance & Economics Press

辽宁省版权局著作权合同登记号：图字06-2021-04号
Martijn Groot: A Primer in Financial Data Management
Original ISBN：978-0-12-809776-2

图书在版编目（CIP）数据

财务数据治理新论 /（荷）马廷·格鲁特（Martijn Groot）著；曹玉珊译.—大连：东北财经大学出版社，2023.6
（数字经济译丛）
ISBN 978-7-5654-4819-5

Ⅰ.财… Ⅱ.①马… ②曹… Ⅲ.财务管理-数据处理 Ⅳ.F275

中国国家版本馆CIP数据核字（2023）第058458号

东北财经大学出版社出版发行
大连市黑石礁尖山街217号 邮政编码 116025
网 址：http：//www. dufep. cn
读者信箱：dufep @ dufe. edu. cn
大连永盛印业有限公司印刷

幅面尺寸：170mm×240mm 字数：325千字 印张：24
2023年6月第1版 2023年6月第1次印刷
责任编辑：刘东威 责任校对：刘慧美
封面设计：原 皓 版式设计：原 皓
定价：66.00元

教学支持 售后服务 联系电话：（0411）84710309
版权所有 侵权必究 举报电话：（0411）84710523
如有印装质量问题，请联系营销部：（0411）84710711

译者序

就像许多在疫情期间（确切地讲是“VUCA时代”）被反复推迟的各种活动一样，本书的交稿时间亦是“一拖再拖”。信手统计一下，发现它也算得上“历时三载、校阅六轮、翻来覆去、字斟句酌”了。所幸，或许是工作的辛勤程度产生了某种效应，最后之定稿避免了被婉拒的尴尬结局。2022年6月中旬，出版社郑重地告知，若可在10月底之前完成样稿，仍属正常履约。于是，2022年的整个暑假、中秋与国庆期间，翻译、校对、修改及润色书稿等成了我时间管理中的第一要务。

截止时间临近之前，我终于努力敲完了最后一个字符，抬起头来，猛然发现对面绿窗反射的秋阳依然还是那么灼热刺眼，而爽冽的秋风中却还隐隐传来迟开一个月之久的桂花幽香。这是本年度夏秋连旱的一个随景写照。只是此刻，我的脑海里，交织缠绕着《财务数据治理新论》的若干概念以及译稿交付档口“需请注意”的各个细节，千头万绪、纷繁复杂。恍惚间，我似乎脑洞大开——嗫嚅着一长串“入戏太深”的说辞：在信息供应链（supply chain）上，对广大读者（信息的终端用户，end user）来说，出版社大概扮演着数据供应商（data vendors，专门汇集并传播数据）的角色，而我就大概是数据提供商（data providers，负责实际创建内容）之类了，不过第一轮的初译是我指导硕（博）士研究生们来完成的，因此我也拥有了部分数据供应商的身份；应该说，“外包”是串联起这些角色（亦即出版社和我之间、我和我学生之间工作及其成果传递）的一种主要的甚至必需的方式；那么，如何在“外包”模式下，保证译稿的“质量”（quality）便是供应链视角下译稿之内容管理（content management）的核心问题了。一般来说，译稿内容的“质量”（此处的“质量”一词和财务会计概念框架中信息“质量”以及本书所述之数据或信息“质量”一词虽非完全一致，但也必有一定的内在联系，可以转换喻指，但限于篇幅，眼下不作详细解释，权当译者继续脑洞大开了）主要取决于专业术语翻译的公允性（generally accepted），而该公允性又需采用统一的标准（standard）、规则（rule）以及由此派生的关键业绩指标（KPI）等来判断并维持。不难推定，影响信息质量的主要因素乃是“（数据）源”（sources）的多样性（variety）以及供应链的复杂性（complexity），因此交叉引用（cross-reference）、验证（verify）、核验或协调（reconciliation）、合并（consolidation）、集成或整合（integrate）、聚合（aggregate）等不可回避（这也就是我反复追问我学生“是独立完成的还是大家一起翻译的”、“参考了哪些人的译法”、“整理了吗”、“打包发我”还是“分别直接发我了”等诸如此类问题的原因所在）；我提出的关于翻译质量的“最低标准”，亦即“顺次保证每个单词、每句话、每段乃至每一章节翻译的准确度”，其中心思想恐怕就是“颗粒度”（granularity）的意思吧。此外，我还分别分配了图表、词汇表以及每章每节的内容由专人负责，最后再由我统一组稿、总纂，这里边就有些切片（sliced）、切块（diced）以及数据集（array）的意味了。在快速闪过上述这些念头之后，凝望着眼前这份满载我们团队汗水的总稿、定稿，我的思绪又继续飞掠了一小段时空：翻译（translation）到底是转移（transition）还是转化（transformation）呢？如果是前者，那我要保留多少拿不准的原文（参见译文中用括号标出的英文原词、原句）呢，而如果是后者，那我又应该发挥到什么样的程度呢？进一步地，成书之后，出版社会如何去储存（store）、管理它呢？比如存在云端（cloud）共享（shared）、付费（payment）阅读或者授权下载（licensed download)？对于这些问题，或许从本书稿中就可找到既定的答案，第1章？第5章？还是所有的各个章节？总之，在翻译完这本关于数据或信息管理的著作之后，我好像有了一种冲动，那就是，要用数据或信息管理的术语来解读关于“翻译”的三个层次质量标准——**“转移”（transition）即为“信”？“转化”（transformation）可为“达”？“转译”**[①] **（translation）方为“雅”？**特别地，在信息社会，任何信息传递（delivery）是否均可视为一种“翻译”行为？传递不休，则“翻译”不止。倘若确实如此，那么译者“翻译”这部全方位阐释“翻译”行为的著作，会是一种什么样的体验呢？

现在，我的思绪又回到了眼前的这部译稿本身。无论大家评判它达到了何种程度的质量标准，我还是要表达出我所感受到的这本书的几个特色之处：

1.经典。这一点体现在：内容全面，涉及了本领域几乎所有的概念、术语和惯例；视角前沿，结合了全球范围内最新的信息管理实践来解释其基本原理及创新理念；逻辑连贯，站在历史发展的高度深入剖析财务数据管理议题（agenda）的各个维度、面临的挑战及其发展趋势（参见本书的第4章内容以及前后各章之间的逻辑联系），致力于提升本书的实用性。

2.有会计元素。文中多次出现了IASB（国际会计准则理事会）、IFRS（国际财务报告准则）以及XBRL（可扩展商业报告语言）等会计专业领域的专业组织及专业名词，尤其是模仿“GAAP”（General Accepted Accounting Principle，公认会计原则）构造了“GAIP”（General Accepted Information Principle，公认信息原则）这一概念。这些零星的会计元素给予了译者很大的鼓励与信心：一方面，促使作为会计专业从业者的译者感觉到了此次翻译工作的价值和意义；另一方面，也触动译者重新认识到了这

---

① 需要说明的是，译者本人所理解的“转译”是指有所创造或者（本书所述之）“创建（create或initiate）内容”的翻译，实质是“翻译”（translation）一词的一种狭义解释。

个专业的特殊性质及其增量价值。尽管事实上会计信息系统乃是财务数据或财务信息管理的题中应有之义。

3.图文并茂，文采飞扬。这一点或许是任何计算机应用或者信息管理领域之知识普及类著作的必备要点或者基本特征。然而，对于译者来说，它确实具有较大的视觉及语言冲击力。正因为如此，译者把所有的图表翻译交由专人负责，而且认真核对原文，确保表述及其含义上的一致性。此外，还要反复斟酌语言的专业性、趣味性及节奏感等。

以上，便是我翻译本书的主要感想以及情绪基调。以下，则是我翻译过程中的零星收获或疑惑，以某个具体单词的翻译为例："silo"习惯译为"仓储式"，但在有些场合意译为"条块分割管理"似乎更为恰当；本书中的"political"一词通常没有"政治性"的含义，实质上大多是指"（组织中的）复杂之人事关系"；约定俗成地翻译成"实用程序"的"utility"一词事实上更像是（适用于某个特定范围的）"公用程序"，启发来自"公用事业"（utilities）一词的概念及其译名；"curation"的含义非常丰富，它是信息管理领域的专有名词，本译稿返璞归真，大多数情况下还是将其译为通俗的"管理"一词；类似的情形还有"mapping"一词的翻译，"映射"是其常见的译法，表明它是一种专门的信息管理技术，但是有时将其译为"描绘"可能会使语义更加明了、语言更加通顺；然而，即便如此，仍有许多特有名词，因为难以表述为现有通用且简洁而准确的名词，于是采用可被接受之直接音译的做法，如"利基"（niche）等，或者创立一个相对简单又接近原意的名词，同时配有辅助说明（见文中的"译者注"），如"专区"（pocket）等；至于那种最为艰难的情况（既不宜音译，又不好意译），本译稿可能会灵活处置，比如转换词性，突出的例子是，通常译为"洞察（力）"（名词）的"insight"一词，在本书中很多时候需要被转为动词来翻译，比如"（更好地）理解"等。当然，为了规避译者学识浅陋、理解偏误的风险，本译稿在译者缺乏把握的各处，大量地列出了原著中的英语原文，以备方家指正。

最后，我想提及翻译过程中的一个花絮：在翻译本书的三年时间内，我同步参加了主题为“智能会计或智能财务”的多场讨论会，而且时至今日仍在继续（这一点再次印证了信息或数据管理的现实意义及时代价值），在此过程中我听到了也用到了大量的本书中常见的词汇，或者帮助我纠正了先前有所偏颇的翻译，或者促使我加深了过往不甚可靠的认知，真正地体验了教学相长、学以致用等诸多妙处，尤为关键的是，在我未来的教学科研生涯中，有可能应用到我真切领会了的这些知识与技能。而这正是翻译本书于我本体而言的价值所在。

感谢袁丹等我的硕（博）士研究生们做出的初译、讨论、校对以及排版等不可或缺的贡献。我诚挚地祝愿他们开卷有益、学有所成，乘着前沿知识的翅膀，展翅高飞、自由翱翔。

曹玉珊

2022年孟冬于蛟桥园

序　言

金融服务行业的一大标签就是，需要付出相对更高的代价以及时获取那些可资利用的信息系统及软件技术。据大多数行业调查反映，金融服务行业在信息技术方面的平均资本投入要远高于其他行业，在某些情况下，可能翻倍甚至更多。

鉴于金融产品缺乏“制造性特质”（manufacturing friction）——不会有特定的生产线用以组装串联那些等待进一步加工的零部件——（金融产品之间）追求竞争优势之“军备竞赛”的焦点就在于信息本身的优势。然而，金融行业内一个难以启齿的小秘密却恰恰与这种“特质”的缺失密切相关。因为市场对信息的吸收速度很快，所以任何产品、投资策略或者服务，即使已经具备了一种真正的、源自信息本身的或者信息使用方面特征的或者两者兼顾的竞争优势，也会在很短的时间内就把这种优势丢失殆尽，而与之相伴的就是其他市场参与者会对“新的”竞争要求做出（快速的）反应。

因此，我们现在可以把金融服务行业的特征大概描述为，产品供应（product offerings）的加速变化与调整以及相伴随的该产品得以运用的依托机制，亦即那些相关系统技术的类似（加速度的）变化形态。这两个因素之间具有协同效应——经验表明，对于那些早期无法启用的大量数据集而言，要想提高其可用性，就一定会同时助长金融工具设计及其风险分析的复杂性。

对“市场数据”领域的从业者来说，尽管他们的使命就是确保数据清洁、可靠、准确并几乎可以被全方位地获取，却依然需要考虑其他相关因素的影响。首先，监管机构正在努力跟随市场发展的步伐，并且希望能够对其进行预测。而监管要求的复杂性对所有的关联者来说都是一个极其重要的商业问题，特别是在涉及横跨多个司法辖区边界的时候。其次，数据交易的性质决定了从业者需要根据内外部客户的需求，将多种信息源及其读取方法组合成一个聚合视角。现在，让我们深入探讨一下前面说的那个行业内难以启齿的小秘密吧。也许在过去，你在阅读有关或者面向金融服务从业者的书籍或文章时，可能会发现大多数作者并不愿意对此进行太多的讨论。但实际上，这个秘密并非那么高深莫测：

作为一个普遍规则，每一个曾经用于银行、经纪公司、投资公司或者任何可以构成我们所称的“金融服务行业”相关业务链条的业务流程处理系统，现在都还保留在那里。不论是部分代码还是部分硬件（或者两者一起！）现在都还用于实操之中，或者说，那些被设计用来替代“旧”系统的“新”系统，依然要按照“旧”系统构建成形。

这种复杂性是一个严重的问题，对从事维护、迁移及跟踪这些系统的工作人员来说更是如此。而从迄今为止的文献研究来看，这种复杂性并未受到应有的重视，充其量只是被偶尔提到几次。1986年，大卫·维斯（David Weiss）出版了《交易发生之后：证券交易的处理》一书的第一版，在很长一段时间内这本书独领风骚，同时也引发了多如牛毛的触及或者围绕证券处理机制的新书面世，但没有一部足以成为以此（证券业务）为生者的指导框架。实际上，这个领域变化太快，数据及其处理方法将核心内容封存于公司内部的培训材料中。而在大多数情况下，随着时间的流逝，在该材料不再被视为专有材料之前，它就已经过时了。

导致业务实践出现快速变化的一个主要原因就是，目前仍然欠缺一个作为行业争议之“协调系统”的公认“框架”。每个人都在讨论这个难题与自身相关的那一部分，但如果将各个部分汇集在一起，便可形成一个关于不同参与者及其行为、竞争目标及其依存关系如何相互关联的一致性框架之雏形，而如何去汇集各个分部的意见却正是业内目前尚未解决的一个问题。

在这个背景下，我们看到了马廷·格鲁特（Martijn Groot）撰写的《交易生命周期中的财务信息管理：金融工具与流程的简明图集》。

书名体现出马廷的雄心。幸运的是，马廷成功达到了他的目的。在解决框架问题的过程中，他竭尽所能。马廷借鉴了多种观点，通过从制造与运营管理（manufacturing and operations management）之前沿理论中引入的（至少是尝试引入的第一人）供应链模型而将相互交叉的金融工具以及交易生命周期联系在一起。尽管马廷并不是这一行业内唯一钟情供应链模型的专家，但他十分出色地将供应链模型运用于市场数据（管理之）实践。本书首次提出了一个具有一致性的描述框架。该框架阐释了将各个分部意见组合在一起的方式，为什么需要以现有的方式处理这些问题，以及信息质量方面的度量标准（等多个重要问题）。但本书并没有深入探究不同金融工具的定价及估值机制——这本书的重点并不在此，当然这些机制本身也需附着大量的信息来源。除此之外，马廷还巧妙地对所涉及的其他领域划清界限，从而专注于本书的研究方向。因此，如果你正在寻求一份针对信息管理，以及关于证券行业运营中的产品和流程的简要概述，其中涉及了与各种交易以及未决之遗留问题的相关实践讨论，那么这本书就很有可能正是你所需要的（那种“及时雨”）。

比尔·尼克尔斯（Bill Nichols）

技术与标准执行经理

联邦调查事务司

2007年

以上所引用的序言摘自那份撰写于近十年前的本书的上个版本。也正是自那时起，金融服务行业开始遭受到巨大的冲击，从全球信贷危机到呼吁场外交易市场（OTC）透明性的G20会议，以及相伴而来的跨越边界内外的延伸性监管活动。对大型银行史无前例之紧急援助的依赖，导致了一些大型公司迅速消亡，同时也促使公司与现金流的分布向（两端）集中而呈现出“杠铃”形状态，并且还在不断加剧。一长串的分析活动，和那些似乎注定要尾随市场崩溃而来的监管活动，正在逐渐地融为一体、难以区分。人们越来越清晰地意识到，那些呈几何级数增长的横向支撑（underlying horizontal）技术能力，正在许多方面——包括产品与服务、市场、公司以及公司间的组织与营运方法等——创造着各种新的可能性。

金融危机所产生的“深远影响”（long tails）之一，就是使得有效管理数据的重要性得到了普遍认同，尤其是在某些关键的时刻。一些非常基础的问题——“你能否在急需之时及时得到正确的数据？数据是否有正确的颗粒度以及可测量的精度呢？”——在最糟糕的时刻，往往是无人应答的。公司通常不完全清楚它们自身存在的风险或者义务，而监管者亦通常对那种脆弱且不透明的市场结构或者在其中交易的产品的信息几乎毫不知情，即便是确实有某些信息。在那种脆弱且不透明的市场中，明显活跃的流动性都会瞬间消失，而在其中交易的产品通常会被极端错误地定价。

如今，数据已成为博弈的代名词。虽然现在我们还不好断定，对博弈本质的了解已经到了什么程度。但至少，我们已经了解到市场正在进行改革，并且经过更新或扩展之后的监管要求表明，市场的相互关联度及复杂程度已经大为深化——并且还在日益深化。例如，为OTC（场外交易）衍生品竭力打造的全球统一交易资料库（trade repositories），已经极大地缓解了相关实务的复杂性——市场覆盖全球、产品错综复杂、决策窗口又一直窄小不堪。横向支撑技术正以令人窒息的速度飞快发展，而纵向的、聚焦金融服务的技术与工具却变得越来越专门化了。前台、中台或后台的投资之间的差异，以及随之而来的、对应逐阶升级专门化水平之“数据密度”的乘数效应，已经给予信息管理工作进一步的压力。

IBM在2016年12月公布的一份市场报告显示，“当今世界上90%的数据都是在最近两年创建完成的，每天有2.5万亿（quintillion）字节的数据……”。毫无疑问，以此增长速率来创造并且管理数据的技术能力不可能出现在10年之前，甚至于5年之前都是不现实的。而这恰恰凸显了行业与监管机构同时面临的另一个关于数据的关键问题：非常简单（的问题）——你将如何安放这些数据，而且你能以多快的速度处理这些数据才能得到你所要的结果？

大型公司普遍拥有大量遗留系统（legacy systems）。这些旧系统的产生可以追溯到数十年前。据估计，75%以上的系统支出被用于维护现存系统。但这种局面将难以为继——因为为了获取大量的数据，指数化扩张的数据生成方式已经开启，而在限制条件下运行的遗留系统却真的无法管理这些数据。目前，我们正在面对新出现的不同类型的操作风险，这些风险需要我们对金融公司的运营管理有着更为深刻的认识，并且需要熟练掌握其运营管理的方法。此外，针对复杂系统的研究群体业已出现，尽管目前还很不起眼，但正在逐渐地发展壮大，其研究就包括一些有史以来最大、最复杂的工程项目——金融市场。

除了零售或制造业等大型物流网络的基本组成部分之外，金融服务体系的组成部分还包括买方与卖方市场参与者、交易所及市场网络、支付系统，以及结算系统，并且这些组成部分在监管报告要求、标准化、技术和数据管理实践等方面（仅仅列举了一小部分维度）具有显著的差异性。有证据表明，通过连接并整合那些分散在当前市场实践与基础设施中的各部分（信息），会导致一些不可预测的反应——但在这种情况下，对于那些因复杂系统之间相互连接、相互作用而产生的异常信息，我们尚不清楚应该如何进行检测，更别说量化了。需要说明的是，我们还没有讨论这些系统中数据的语义：它的含义是什么、它是如何到达那里的、它到达那里的原因何在以及它的用途是什么。前文中“不可预测的反应”来自对不同公司基础设施的自动化冲击。通过插入并运行应用程序来连接市场参与者们，这个想法听起来十分简单但却并不合适，因为这种方式极有可能会产生断断续续且前后不一致的“噪声”，但至少目前我们还可以把这个问题留给计算机科学的研究人员。然而重要的是，如果要在日益复杂且“未知”的底层环境中搭建数据系统，我们就必须牢记其操作风险。

在多个行业中，正在兴起一些实践方法——堪比“边开车边换轮胎”（“干中学”，译者注）的先进方法，用以解决已经出现的上述问题，以及那些与不断地扩展信息容量及需求等密切相关的其他问题。逐渐地，管理数据的操作需求将会促使公司在管理系统资源的方式上做出新的选择——目标就是，如何在增加容量的同时又平稳地清除遗留的旧系统。那些在这个方面表现出色的公司，很有可能享有短暂却又显著的竞争优势。但这种竞争优势，只有通过重新梳理（rethinking）一条或多条金融公司置身其中而相互竞争的价值链才能实现。

考虑到金融服务行业的相关投资大多来自公共和私营部门，因此人们希望该行业的信息质量不会成为一个问题。技术与金融市场的融合趋势不可逆转并且正在不断地加速进行，因此管理思维及运营实践也需要同步地发展跟进。（然而）这项工作得以圆满完成的必要前提是，充分了解那些基于实践经验的各种专业知识。

正是上述背景为我们带来了这本著作。诚如前述，马廷之前的作品标题长达15个单词，文中深入地探讨了一些相关的操作细节。其重心在于从业者，通常以部门级的视角为导向。本书的标题缩短为6个单词。它涵盖了更广泛的问题并阐述了最近出现的两个最重要的概念——信息治理，以及系统演化所带来的新的操作及组织的可能性。本书对市场趋势、监管反应、人事关系复杂的现实以及相关技术发展之间的相互作用进行了更为广泛的研究。

马廷始终都“比从业者还从业者”（practitioner's practitioner），他的实用主义思维如影随形且根深蒂固。本书内容广泛而深入，其中涉及了运营、管理及金融系统变革的意义，不但讨论了有关共享实用程序与分布式交易业务登记的行业及其监管方法，而且还探讨了消费者技术如何影响到所有行业尤其是金融业对自身期望与能力之认知的问题。这些都是当前实用主义者对金融行业必须“当场”处理的要求领域及范围的扩展所做出的回应内容。

与10年前相比，如今这个领域有更多的文本可供参考。但在大多数情况下，这些文本的主题都围绕资产明细分类的（asset-class specifics）具体的经营性或金融性操作。在本书中，马廷采取了一种截然不同的方法。这种方法使得本书既“全面”又“具体”。如果你在该行业工作，或者想要了解该行业从事者所面临的一些关键问题，那么你将发现本书涵盖了其中一些或者更多的主题。但是，对行业内每一位实际承担管理一家金融公司所有信息之重任的从业者（尤其是最高负责人）来说，通过本书所发展的整合而成形的框架（the integration and formalization of the framework）是完完全全且切切实实地堪当大用的。

简而言之，本书就像是一个示例，指导着你应该如何对那些不断增加的因素、发展、实践以及变更等进行思考——它们意味着什么，以及它们之间又是如何相互关联的。（好比是说）某个晚上你以120公里/小时的速度行驶在一条潮湿而又弯曲的小道上，只有一个前灯亮着，而且还必须换车胎，此时如果你技术熟练、经验丰富、务实肯干且乐于接受新思路，那么你就很有可能想得出那种可以边开车边换灯的好办法。祝好运！

比尔·尼克尔斯（Bill Nichols）
信息架构与创新高级顾问
美国金融研究办公室
2017年

前　言

2007—2008年，我撰写了《交易生命周期中的财务信息管理》一书，主要从供应链的角度对财务信息管理进行研究。鉴于此后业务、客户与监管需求的快速变化，以及信息管理及其支持技术的发展，我觉得是时候对这本书进行更新了。由于我还想将这些新发展和新需求融入金融服务业务流程之外的大背景当中，而不仅仅局限于交易生命周期管理，所以原先所谓的更新最终变成了重写。这本书也就是重写后的成果。

马廷·格鲁特

目　录

第1章　不断变化的金融服务行业格局　1

1.1　数据是金融服务行业的命脉　1

1.2　信息管理的发展　3

1.2.1　监管需求　7

1.2.2　顾客偏好　8

1.3　数据管理的供应链视角　9

1.3.1　金融服务业自动化的极简发展史　10

1.3.2　信息供应链　15

1.4　数据管理问题　17

1.5　本书各章的大纲　22

参考文献　24

第2章　财务数据的分类　25

2.1　引言　26

2.2　主数据与交易数据的对比　27

2.3　结构化数据与非结构化数据的对比　28

2.4　财务信息的来源　30

2.4.1　按照来源类型的分类　30

2.4.2 关于数据供应商的简要概述 33
2.4.3 信息源的碎片化及其相互合并 34
2.5 数据创建过程与信息生命周期 36
2.5.1 数据来源 36
2.5.2 数据供应商与授权 38
2.6 信息集概述 43
2.6.1 安全主数据 44
2.6.2 交易支持数据 47
2.6.3 公司行为 49
2.6.4 价格、报价以及流动性 50
2.6.5 分析 57
2.6.6 法律实体数据以及实体关系 61
2.6.7 投资组合数据 65
2.6.8 交易 69
2.6.9 财务报表 70
2.6.10 风险及监管报告 71
2.6.11 税务信息 73
2.6.12 其他文件 74
2.6.13 通信记录 76
2.6.14 新闻 77
2.6.15 信用信息 78
2.6.16 其他 83
2.7 结论 84
参考文献 86
第3章 信息是金融服务业务流程中的燃料 87
3.1 信息获取的步骤 88
3.1.1 信息供应链 93

3.1.2 技术挑战 97
3.1.3 数据部署 97
3.2 金融工具生命周期视角下的数据管理 100
3.2.1 发行 101
3.2.2 资产服务 102
3.2.3 托管 103
3.2.4 案例研究：公司行为处理中的信息问题 106
3.2.5 证券借贷 107
3.2.6 抵押品管理 109
3.2.7 基金管理 110
3.3 交易生命周期视角下的数据管理 111
3.3.1 交易前阶段 116
3.3.2 交易 119
3.3.3 交易风格与数据需求 120
3.3.4 清算与结算 121
3.4 客户互动视角下的数据管理 124
3.5 监管报告视角下的数据管理 127
3.5.1 监管主题 127
3.5.2 监管的生态系统 127
3.5.3 监管关注点的多样化 129
3.5.4 扩展了的流程关注重心及数据需求 130
3.5.5 巴塞尔规则的例子：对交易账簿的基本审查 134
3.5.6 例子：更高的估值标准 136
3.5.7 总结 137
3.6 业务数据结构 138
3.7 结论 140
参考文献 142

第4章　财务数据管理议题的挑战和趋势　143
4.1　引言　144
4.2　不断变化的业务需求　146
4.2.1　关键信息指标　147
4.2.2　采购部门角色的变化：创意采购的时代　148
4.3　不断变化的客户需求　150
4.3.1　数据集成的需求　150
4.3.2　客户决策　152
4.4　不断变化的监管要求　153
4.4.1　例子：记录保存　156
4.4.2　例子：估值政策　158
4.4.3　例子：KYC　161
4.4.4　例子：欧盟交易报告——EMIR和MiFID Ⅱ　162
4.5　供应链的发展　165
4.6　大数据以及大数据管理　167
4.7　结论及未来展望　168
4.7.1　客户、业务以及监管需求中的共性问题　168
4.7.2　向新的IT组织模式迈进——确保创新专区的安全　169
4.7.3　总结性的评价　170
参考文献　171
第5章　数据管理工具与技术　172
5.1　绪论：技术的赋能　173
5.1.1　IT基础设施的不同层次　174
5.1.2　数据管理工具的简要分类　177
5.1.3　数据治理工具　182
5.1.4　分析工具　183
5.1.5　数据分发方式　183

5.1.6 EUDA 186
5.2 数据存储模式 189
5.2.1 数据建模与数据库 190
5.2.2 NoSQL数据库 197
5.2.3 数据管理 202
5.2.4 数据仓库与数据市场 203
5.2.5 数据湖 204
5.2.6 社交媒体与银行的交锋 207
5.3 适用于金融机构的大数据技术 208
5.3.1 数据分析能力的发展 211
5.3.2 金融服务中大数据技术的用例 213
5.3.3 结论 215
5.4 数据安全性 216
5.4.1 风险和威胁 216
5.4.2 缓解措施 217
5.5 区块链 219
5.5.1 概念界定 219
5.5.2 当前基础设施所面临的挑战 221
5.5.3 区块链的优势 222
5.5.4 主数据的区块链 222
5.5.5 其他应用领域 223
5.5.6 一些挑战 224
5.5.7 结论 226
5.6 云与信息访问 228
5.6.1 云模式 228
5.6.2 数据中心的要求 228
5.6.3 鉴证标准与认证 231

5.7 IT管理以及外购还是自建的权衡 232
5.8 结论与展望 236
参考文献 238
第6章 数据管理流程与质量管理 240
6.1 绪论：元数据的分类与数据管理流程 241
6.2 关于数据质量的一些基础知识 242
6.3 数据质量的维度 245
6.4 数据质量的业务规则 250
6.4.1 信息转换 252
6.4.2 针对各类金融工具的具体规则 253
6.4.3 阶段性的质量流程规则 254
6.4.4 示例：市场数据规则 256
6.5 质量指标：信息管理供应链KPIs 258
6.5.1 吞吐量 260
6.5.2 供应比率 261
6.5.3 平衡计分卡 261
6.5.4 周转期 262
6.5.5 每百万机会缺陷数 262
6.5.6 完美订单量 264
6.5.7 存货周转 265
6.5.8 COPQ 265
6.5.9 其他指标 266
6.5.10 KPIs与本因分析 266
6.5.11 KPIs的界定与监管及其在SLA中的使用 269
6.5.12 最佳KPI实践 272
6.6 探索并控制信息的不确定性 275
6.7 提升质量以及修正流程：怎样结合KPIs来采取行动？ 278

6.8　数据标准所扮演的角色　281
6.9　数据管理成熟度模型　286
6.10　数据管理流程与质量管理的ROI　288
6.11　结论与展望　293
参考文献　296
第7章　数据管理的组织问题　297
7.1　引言：组织方面的需求变化　298
7.2　信息治理　300
7.2.1　什么是数据治理？　303
7.2.2　数据治理模式　306
7.2.3　数据治理与成本分摊　308
7.3　组织方法　308
7.3.1　哪种组织模式？　309
7.3.2　数据管理的新角色：CDOs与数据管家　310
7.3.3　将员工转变为负责任的“数据公民”　316
7.4　数据管理中的外包与服务选项　317
7.4.1　各种不同的服务模式　318
7.4.2　1：1模式　321
7.4.3　1：N模式；行业共享服务以及实用模式　322
7.4.4　重新规划后台的边界：哪是里面，哪是外面？　324
7.4.5　对服务提供商的影响　325
7.4.6　未来的发展趋势；N：M模式？　328
7.5　共享数据服务的变更管理程序　330
7.5.1　最佳实践　331
7.5.2　变更的各个阶段　335
7.5.3　治理　340
7.6　结论与展望　341

参考文献 343

第8章 未来是什么？ 344

8.1 金融服务业的结构调整 344

8.2 信息管理的供应链视角 347

8.3 对数据管理的展望 352

参考文献 355

第1章　不断变化的金融服务行业格局

1.1　数据是金融服务行业的命脉
1.2　信息管理的发展
　1.2.1　监管需求
　1.2.2　顾客偏好
1.3　数据管理的供应链视角
　1.3.1　金融服务业自动化的极简发展史
　1.3.2　信息供应链
1.4　数据管理问题
1.5　本书各章的大纲
参考文献

1.1　数据是金融服务行业的命脉

本书主要概述了金融服务行业（financial services industry）在内容（content）管理方面所面临的各种挑战。就在金融危机爆发前夕的2007年，我撰写了《交易生命周期中的财务信息管理：金融工具与流程的简明图集》，而本书便是它的升级和扩展。与之相比，本书主要有以下两大不同之处：

• 自2007年9月全球金融危机爆发以来，金融服务公司的商业模式已经发生了翻天覆地的变化，同时监管干预和监管信息要求也都明显增加了不少。

• 促成变革的技术驱动力已经在加速积聚——即使金融危机和监管审查的力度不足——金融服务行业也会受到来自行业新进者趁势捣乱的各种挑战。客户对于和金融服务供应商之间互动的期望也会促使金融服务行业做出一定的改变。

换言之，基于对上部作品的更新及完善，本书标题英文单词采用"Primer"（基础）一词来描述（财务信息管理的）起点：回到金融服务中关于信息管理的首要原则。从金融服务信息的角度来看，那些监管干预以及类似的监管主题，比如OTC（场外交易）市场中的偿付能力、流动性、投资者保护以及交易前与交易后的透明度等，都意味着什么？客户（与金融服务供应商之间）的互动期望（interaction expectations）对于后端基础架构（back-end infrastructure）来说意味着什么？转变为与云计算及移动端的互动对安全性及信息供应链来说又意味着什么？金融服务公司应该如何对技术进行创新并使之成为自身的一项资本？

本书将针对以上这些问题进行深入探讨。我们将**从数据的角度**来讨论信息管理的最佳实践及建议。一家金融机构以及不断涌现的各种类型的业务都可以被视为数据存储和数据处理的集合。其中，数据处理是指操纵数据、导入新数据以及将数据推送给监管机构、投资者、交易对手方（counterparties）以及客户的过程。如果我们把金融服务行业看作由**参与者**（客户、银行、投资管理公司）以及参与者之间的**交易**（开户、转账、证券交易）所组成的网络，那么我们就可以从交易生命周期——研发、交易和交易后活动——以及主数据（master data）、各种变更等的角度来看待业务流程，比如产品及客户的生命周期管理等。

没有其他任何一个行业会像金融服务行业那样渴求信息——（维持行

业运转的）所有原材料就是信息本身。与其他行业相比，信息管理的能力也显得尤为重要。金融服务行业对实体经济（real economy）的潜在影响（尤其是负面影响）已经被充分证实（参见《联合国环境规划》（United Nations Environment Programme），2015）。颇具讽刺意味的是，金融服务行业是一个在（顾客）购买（金融产品）节点对信息需求最多的行业——因为一些产品（人寿保险、抵押贷款）的覆盖期限很长以至于影响非常深远（far-reaching）。顾客需经过深思熟虑购买此类金融产品（保险、投资/退休计划和抵押贷款），而这些金融产品的营销与购买过程则显得非常轻松。（显然）这两种状态形成了鲜明的对比。

归因于技术创新的飞速发展，信息和时机对批发银行（wholesale banking）与零售银行（retail banking）而言都至关重要。交易生成了大量额外的数据，而客户与金融服务提供商之间的交易方式却各不相同，这些都对信息技术、可获取性及安全性等提出了新的要求。

作为导论，我们在本章主要讨论数据管理方面的一些最新发展。随后，我们基于供应链视角对信息管理进行概述——也就是将其视为一个类似*物流*（logistics）管理的问题。最后，本章将阐述数据管理问题所涉及的各个方面，以此为下一章奠定基础。

本书涉及的内容范围十分广泛。因此有必要对其中的一些问题仅作初步讨论，而对另一些领域进行更为深入的探索。本书聚焦的领域在于，基于流程视角的信息管理，以及如何根据信息的不同类型而分辨数据管理的要点及实用示例。

1.2 信息管理的发展

近年来，数据管理因成功转型为“大数据”而备受关注。（但事实上）大数据无非就是将当前的信息聚合工具和硬件处理能力运用于业务处理流程之中——应用范围包括向呼叫中心员工传递增加销售（up-sell）的各种建议，以及对所披露的投资策略进行信用评分等。那些促使数据管理在金融服务领域中的地位日益显要之主要发展成果，如下所述：

• 信息量的增长。（主要是因为）客户使用移动设备进行交流，并留下广泛的数据踪迹。

• 高频交易的出现以及结算窗口（settlement windows）的缩小，使得结算周期缩短、交易更加快捷。

• 技术创新的高速发展以及由此导致的竞争（环境之急剧）变化。算力已经大大提升，同时许多研发出来的技术通过互联网零售公司和社交媒体而得以开花结果，并且已经开始应用于金融服务领域了。

• 对于监管信息和监管流程的需求。由于监管报告是监管机构的一项核心职能，因此监管机构会要求企业提供尽可能多的交易细节。而在通常情况下，监管机构的职责就是将分散在各个客户部门或产品中的内部信息连接起来。同时，监管机构也会审查内部流程的质量以及质量的测度结果。

• 容忍度的降低以及客户互动需求的增加。金融服务不再是一项“特殊”的服务。客户习惯于接受通过互联网提供的其他零售服务，并且希望自己查看账户和订单状态的时间与客服响应时间能够达到较高水准。这在无形中给银行的后端基础设施与信息聚合能力带来了压力。

首先，让我们将关注点放在不断扩大的信息规模上。过去在数据管理方面，批发市场一直是信息量增长的重点领域。世界上某些地区经济的快速发展、柜台交易的兴起以及交易场所的增加——同时对冲基金数量的增长以及高频交易的出现——**都会导致交易量增加**。举个例子来说，大型交易所的日交易量一般有数百万笔（参见 https：//www.nyse.com/data/transactions-statistics-data-lib），而中央证券托管机构的清算交易量可达数亿笔，掉期交易则可能是数百万笔（统计数据参见 https：//www.euroclear.com/dam/ PDFs/Corporate/Euroclear-Credentials.pdf；参见 http：//www.swapclear.com/what/ clearing -volumes.html）。

金融危机爆发后，关于零售业与SMEs（中小企业）的可获取信息越来越多，也许值得受到更多关注。由于移动端互动形式的普及，以及顾客与企业线上业务的进行，那些可用于信用评分、预测以及增加销售决策的可获取信息呈爆炸式增长。而事实上，顾客往往也会在不经意间留下很多信息。

交易和结算之间的*时滞*（lag）正在缩小。结算时间的延长给流程带来了一定的操作风险。这种时滞越长，交易对手之间潜在的未结余额（outstanding balance）就越大，结算风险也就越高。与此同时，许多监管条例，比如美国的《多德-弗兰克法案》以及欧盟（EU）的《欧洲市场基础设施监管条例》（EMIR）等，也催生了一些新型的金融产品，比如那些从双边清算转为中央清算的利率掉期等。这就意味着金融服务公司需要更快地获得信息，并且纠错的时间也要越短越好。

与信息量增长同步发展的（hand in hand with）就是用于获取那些新信息集的各种技术。在硬件方面，最新的发展成果使得存储与计算数据的成本得以降低。而在软件方面，情况则是可用来访问数据的工具越来越多——因此处理数据的成本也就越来越低了。

Web 2.0与社交媒体的出现，推动了数据存储及访问技术的变革。NoSQL以及其他非传统数据库技术的引入，为横向扩展（horizontal scaling）带来了一些低成本的方法——（进而）为利用和处理更大的信息集提供了一些方法。在过去，数据在用于分析之前，需要经过特别的处理。而现在，新的ETL（ETL是指提取、转换及下载信息的工具，后文详述，译者注）以及分析工具能够尽其所能地吸收数据并进行破解。但如果用户不了解那些最后生成的统计数据，那么这些数据就很有可能会被误解或者被忽略，从而成为一种潜在的危险。

早期银行的信息管理流程较为冗长——需要从分行或呼叫中心的交互

平台中获取数据，并将其手动输入至预先设计好的数据模板中。这就是结构化数据的时代。（但）现在，客户创建的不再是固定在数据模型中的**结构化信息**，而是大量的**非结构化信息**，比如社交媒体中的帖子、邮件、新闻等。而处理此类非结构化信息的能力催生了许多可能性。例如，可以获取更多的数据，并将其输入到银行的处理流程当中。技术创新的一个重要结果就是，那个可能让数据开始进入分析和决策过程的起点，已经从所筛选的内容（curated content）上溯到了对原材料的直接处理从而推断出客户之购买偏好（的那个节点）（图 1-1）。

图 1-1　数据管理流程的变迁

与此同时，脸书、谷歌、苹果以及领英等互联网公司在客户的智能手机中占据了重要地位，意味着这些公司可能会演变为更大型的客户中心的前大门、金融服务的主要入口以及客户与传统银行之间的纽带。台式机和移动端之间的争夺战还在持续上演，而银行业务牌照的获取则相对比较容易。此外，银行还面临着另一个挑战，即互联网公司可能会拥有更好的公众形象。金融危机之后，对许多银行来说，维持自身作为“值得信赖之第三方”的地位越来越难，而这个地位又是交易链上的一个必要组成部分。尤其是在支付方式上，电子商务的快速发展催生了许多新的金融科技公司，而它们提供的服务原本是由银行来提供的。

1.2.1 监管需求

监管机构对金融危机的反应具有深远的影响，大大地加快了现有之数据聚合能力的发展趋势。监管政策的目标包括：

1.通过增加资本缓冲保护（buffer）来强化银行的资产负债表，使其更加具有弹性。

2.通过提高交易前及交易后的透明度使市场更加透明。

3.保护公众免受不良金融产品的侵害。

4.向银行传递一种文化变革的概念，让它们更加具有风险意识，不仅关注风险模型，而且关注整个过程。

顾名思义，出具监管报告（regulatory reporting）是（监管机构的）一项核心职能。央行或证券市场监管机构需要具有全球视角以及风险意识，而金融职能发挥的领域正是所有不同（信息）线索的典型的交汇之地，也是数据整合问题最为严重的所在。目前针对偿付能力的监管新规，就有关风险敞口、从前没有单独报告的额外风险类别、用于捕捉尾部风险的新指标、以压力测试形式进行的“如果……就”（what if）情景分析等给出了更为详细的规范。从信息透明度的角度来看，这项新规为（金融机构）引入了一项（新的）义务，亦即及时报告那些交易的相关情况并提供规范化的金融产品信息。有趣的是，这也会同时带来大量以交易信息发布为形式的、可用于市场风险及价值评估流程的（信息加工之）原材料。

对投资者保护的关注促使银行去收集关于其所有客户的额外信息，用以扫描他们的投资行为，进而确定他们是否有资格来交易各种类别的资产。在金融危机爆发之前，风险似乎已经形成了一个连续分布的区间状态，可以被切片（sliced）、切块（diced）、混合（blended）以及打包（bundled）。金融产品可以为交易对手“量身定制”。这也意味着风险会隐匿在人们最不了解的地方。那些与零售业、SME以及地方政府有关的违规营销（金融产品）丑闻证实了这一点。因此，那些关于金融产品及目标客户的信息报告要求都被显著地提高了。

监管机构（regulators）正逐步从微观层面出发，尝试对金融产品及其关联的法人机构进行识别与分类。其中最成功的例子之一，就是为法人机构的识别引入了一个全球标准，即法律实体识别编码（legal entity identifier，LEI）。此外，各司法管辖区在追缴漏缴税款方面也变得更加积极了——这一点已经导致了对于那些度量更为精确之额外信息（的需求）。

最后，监管机构扩大了它们的关注范围，不再仅仅关注风险模型本身，还要关注数据的质量以及维护模型之流程的质量。巴塞尔委员会文件BCBS239为那个会对数据管理产生重要影响的风险数据聚合（过程）制定了14条原则。对此，我们将在第3章进行讨论。

在过去的10年里，监管文件的数量以及相应的IT（信息技术）成本急剧地上升。（参见 http：//www. chartis-research. com/research/reports/global-risk-it-expenditure- in-financial-services-2016，它估计全球有700亿美元用于风险IT系统及其服务。IDC也有类似的估计，亦即预计到2018年，对风险信息技术及其服务的支出将增加到963亿美元。汤姆森路透集团则估计，监管警报由2008年的8 704条暴增到2015年的超过43 000条。资料来源：www.reuters.com。一条监管警报就是一份新的文档、分析或者政策新闻项）

1.2.2 顾客偏好

客户与其金融服务公司之间的各种互动方式是一种非常特别的驱动力——已经使分支机构的客户访问次数变得越来越少。实际上，许多银行在通过呼叫中心（call centers）与客户进行互动时，就已经开始启动这种沟通模式了——出乎意料的效果是金融服务提供商的可替代性（interchangeable）因此而变得越来越强。客户基于网络购物的零售体验，使其对服务、收益、灵活性、可获取性、反馈机制以及一个清晰的账户概貌都寄予厚望，但这也在无形中给许多银行的后端基础设施以及信息聚合能力带来了一定的压力。

大多数后端基础设施仍处于EOD（每隔一天）以及批量处理导向的状态。它们不具备全天候（24/7/365）处理能力，只能在单一站点的办公室工作日运转，而不是那种能够随时响应客户在移动应用程序（Mobile Apps）进行业务交易的全球性连接的基础设施。因为来自20世纪70至90年代以及21世纪最初10年的技术通常是同时存在的，所以系统之间的集成性很差。其主要表现为，在交接点上存在着大量潜在的混乱模糊的状况。

特别是对于可提供活期账户、贷款、抵押贷款、经纪、信用卡以及保险业务的银行来说，由于其后端基础设施通常非常分散，所以最大的挑战就是要将其所有已售产品信息都整合到一个账户上来。然而，客户总是希望能够立即获得关于某家公司之所有产品的信息。金融服务业所面临的挑战——除了分散信息的整合问题之外——就是那些有关监管、信息安全以及隐私的问题，而这些问题，较之任何其他零售业中存在的类似问题，都特别令人瞩目。

综上所述，可以认为，数据管理方面的这些发展给当前的信息管理能力带来了一定的压力。银行业利润率的不断下降导致企业在需要克服一些障碍的时刻，用于IT方面的支出变得更为保守。但好消息是，在过去的十年间，数据标准、集成工具以及存储与访问技术取得了巨大的进步。IT部门应对这些挑战的能力将成为金融服务在新时代的主要竞争优势之一。

1.3 数据管理的供应链视角

本节，我们将对信息管理的供应链视角进行讨论。这个视角将会贯穿本书余下各个章节。首先，我们将介绍金融服务行业自动化的极简发展史。

1.3.1 金融服务业自动化的极简发展史

金融服务行业的第一波自动化浪潮始于20世纪60年代，旨在以低廉的成本生产标准化的产品。这些产品主要是为了解决一些企业的投资问题，也就是说，（帮助）那些需要通过股票或债券来融资的公司。当时的衍生品市场狭小，甚至可以说是不存在。但随着金融体系的波动性以及不稳定性愈演愈烈，人们需要对各种金融风险进行*定价*，然后将其*交易和转移*。这一点导致了有那么一阵子的（a flurry of）金融产品创新。

20世纪80年代，利率掉期（interest rate swaps）等新产品线的出现，导致了以大型主机为中心的本地（也称为*分散式*）系统架构的形成。那些具有独立业务逻辑的各种应用程序需要适应各种产品的大批量上线。然而，对于需要运行这些内容的应用程序而言，它们很明显地遭受了这种极端分散化所带来的诸多问题。用于处理应用程序的信息要么姗姗来迟，要么错误百出，要么不够完整。这些情况真是再平常不过了。

如果需要重新审核交易并编制财务报告，那么投入端的各种差异就会对下游造成严重影响。稍后我们将对此进行更为详细的讨论，但其部分问题就在于信息与业务逻辑的有机融合。而实际上，每个应用程序都有自己的存储空间，这些存储空间通常能够独立地提供信息。此外，一些存储空间需要经常地调整，以便更好地适应处理产品时的各种可能变动。

最重要的是，许多被称为“终端用户适用程序”（end user-developed applications，EUDA）的应用程序大都位于桌面层次（desk level）。它们被设计为数据流的*端点*，以充当本地分析工具或者创建并格式化报告的方法。然而，这些EUDA通常扮演生产系统的角色——从而导致了许可性、安全性、审计稳健性以及版本控制等方面的许多问题。

为了解决这个问题，中间件工具（tools in middleware）、Excel版本控制以及验证等应运而生。Excel应该是一个真正的EUDA：它是数据流的端点，也是终端用户交流的传达媒介。但是如果它既要发挥那种作为数据流之中介部分的功能，又要作为演示工具（staging tool）或发布工具（publishing tool）而进入下一个信息处理程序，那么就有可能引发灾难性的后果。

半个世纪以来金融服务行业持续自动化的一个后果就是，其组织化流程已经被锁定并被连线接入（hardwired）IT系统之中。IT可以加快现有流程的进展速度，但同时也会随时将其固化并冻结。一家银行或投资管理者的信息结构，看上去就类似于我所说的**数据沼泽（the data swamp）**。许多信息流从同一流程的不同位置进入，有时还会多次进入。如果内容需要从一个流程位置移动到另一个流程位置，那么就有可能出现多次转换的情形。（在此背景下）各种（用以促使各种来源的信息协调一致的）调解应用（reconciliation applications）程序应运而生，其功能就在于尽量减少不必要的信息毁损。Excel则往往扮演着“强力胶”的角色。偶尔，其也会尝试通过引入中间件或者一个数据主框架（data backbone）以为这片（数据）丛林安排一种秩序。（但）通常，那些复杂的人事关系（political）或者技术性问题不仅会阻碍这些措施的执行，甚至还会（反过来）阻碍它们本身所期望的成果得以顺利实现。事实上，它们本来也是可以在一定程度上缓解这种混沌局面的（图1-2）。

一家大型金融服务机构可能拥有数以千计的应用程序。这一点意味着，大部分的IT预算都将用于维护这些应用程序（的运转），但这些应用程序却通常使用那些已经过时的各种技术，因而不再能够满足用户的各种需求。更糟的是，大多数应用程序都是在对等的（peer-to-peer）基础上集成的，（这就）会导致出现海量的连接及潜在的故障点。

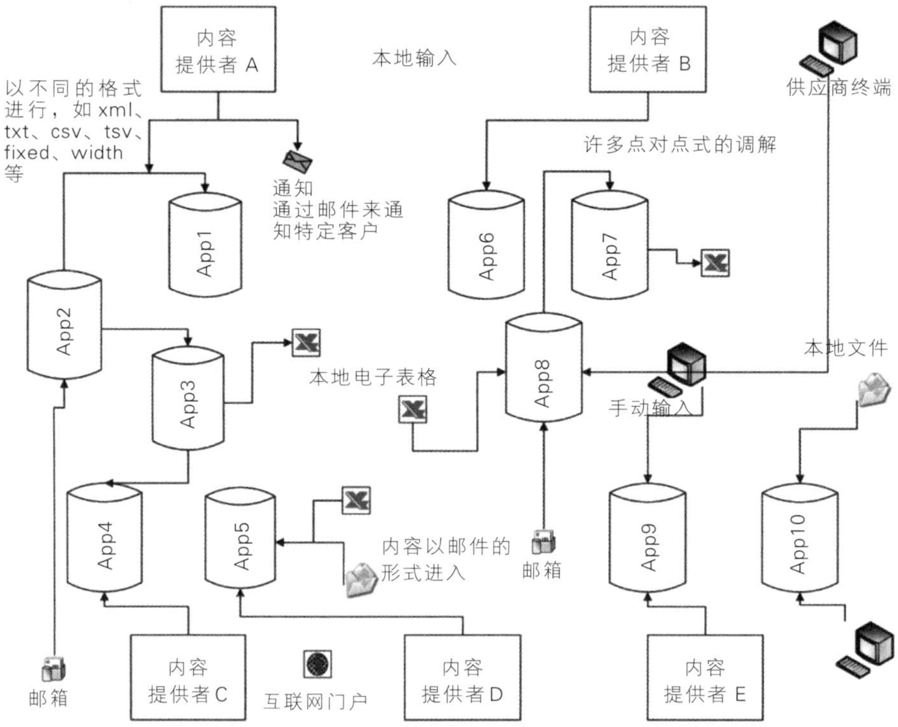

图 1-2 典型的意大利面式架构

在典型的制造业中，出现类似金融服务中的这种IT浪费可能是无法接受的。在很多场合下，如果事情还不至于糟糕透顶，那么就只能说明Excel的功能强大并且桌面用户有进行无数次临时调解操作的聪明才智（图1-3）。通常，那些——如果被整合——可以作为已知交易及投资决策基础的信息内容，一般都高度分散地待在整个公司的各个角落。（那么）为什么这种不可访问以及数据碎片化的情况会长期存在呢？为什么数据经常会被隐藏而不可访问呢？应该如何释放这些数据的价值呢？

	20世纪60年代	20世纪70年代	20世纪80年代	20世纪90年代	21世纪前10年	21世纪10年代
供应商产品	IBM主机、纵向整合	备选平台的出现	资本市场金融科技的发展	资本市场产品孤岛	将IT和ops进行外包/离岸处理	共享服务、减少App数量
业务驱动因素		浮动汇率	放松对资本市场的管制	OTC衍生品的繁荣	巴塞尔协议Ⅱ、对冲基金的爆炸式增长	降低成本、深化改革、监管变革管理
金融产品	股票和债券	MBS、货币期权、股票期权、金融期货	利率互换、CMOs	外来产品及信用衍生品的增多	新兴市场、外来产品	回归根本、（关注）用户体验、金融科技的竞争对手
科技	开启FSI自动化		“分散式系统”	互联网、中介软件	移动端（技术）大突破、银行App的出现、低延迟率	大数据科技、零售消费金融科技

图1-3　金融服务信息管理的历史概述

金融服务行业的从业者都十分了解这些数据问题。其中，被吐槽最多的问题包括：搜索信息或者引入新的数据元素时缺乏灵活性、标准不同、请求及接收报告的时滞太长、访问数据困难、格式晦涩、缺乏审计或谱系（lineage）方面的信息、历史信息难以访问，以及——最重要的是——**永远存在**的各种差异之处。

这种状况所引致的成本往往是（正常情况的）三倍开外：

• *重复性的直接成本*。这些成本用于维持并协调彼此分离的信息流、雇用员工以追踪上述活动，以及运营那些冗余的产品与服务等。

• *运营风险所带来的更高的成本*。这些成本包括那些交易失败及其后续索赔（产生的成本），以及因为运营风险的提高而导致资本费用增加等。

• *机会成本*。吊诡的是，面市时间（time-to-market）的压力不经意间促成的“意面式状态”（spaghetti situation）反而意味着新产品的面市时间可能要非常久。尤其是当前，考虑到市场新进者可能用到那些颠覆性的技术，机会成本将会大到非常惊人的地步。

• *监管风险*。对流程的监管审查意味着，很有可能会导致实质性失败的过程节点（process points）数量真的非常之多。

云计算已经改变了为消费者及企业等存档与维护数据的方式。那些在存储、集成与分析等方面出现的各种新技术，如NoSQL、商务智能以及可视化工具等，为更改基础设施与终端用户的生产力提供了强有力的选项。对那些深深扎根于交易所、清算所以及证券存储中心等金融市场基础架构的流程而言，分布式记账等技术可能会扰乱其（现有的秩序）。

把数据管理视为一种物流方面所面临的挑战，同时将该行业视为一张由一组参与者及他们之间的链接所构成的网络，是有所裨益的。参与者之间的互动，一方面需要信息，另一方面又会生成信息。而那些网络节点本身既是一些工具，又是那些通过交易以及其他合同来进行交流互动的交易对手方（图1-4)。

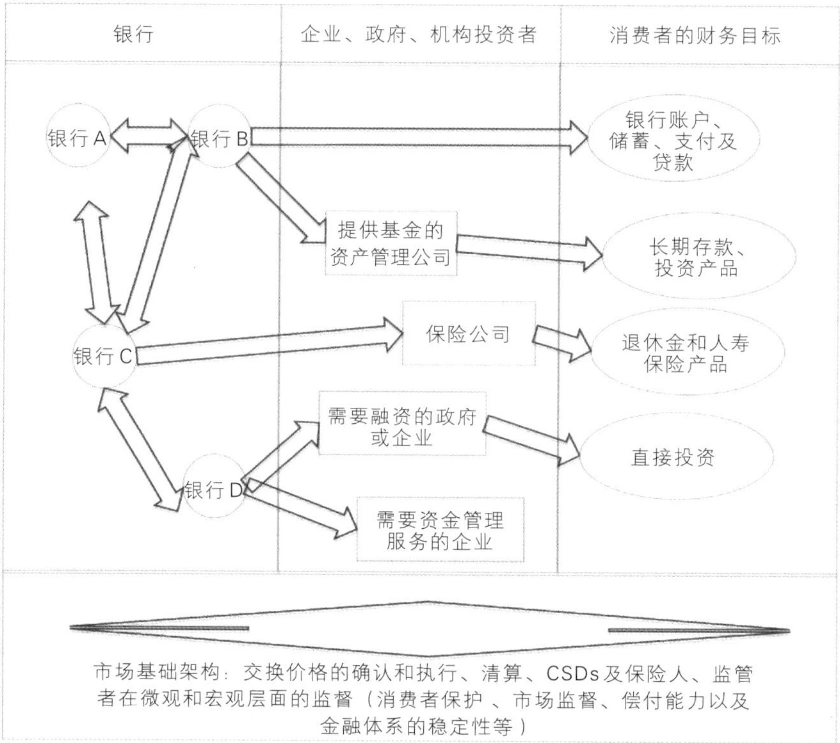

图1-4　金融服务过程中的不同参与者——各个互动环节的信息生成

从开户到新客户的加入、新产品的开发和销售以及股票的交易等，每开展一个新的行动都是一种决策。每种决策都需要通过信息供应链来交付信息，而信息供应链的工作就是将内容进行转换以使其顺利通过各个必经的环节，在这些环节上该内容得以获取、验证、充实、塑造、分析并最终被有针对性地采取某个行动。

1.3.2 信息供应链

持续变化以及参与者（客户、交易对手方等）的进进出出是金融服务网络的基本特征。客户在进入这一服务网络之前，需要接受合规性以及信用度的审查，此后，还需接受定期的核验与监测。新产品的出炉（是这样的）：公司上市、债券发行，以及投资结构等都需要根据财政监管的边界条件以及投资者的风险/回报及其预期范围等来创立并做出必要的调整。

金融工具与客户的生命周期管理问题可能会相互交织：（因为）交易之前的深入研究常常就是为特定投资者或投资者群体来量身定制的恰当的金融工具。就OTC衍生品而言，每笔交易都是全新的、独一无二的双边合约，交易一旦开始就会与金融工具的生命周期相互重合。信息行业服务于（生命周期之）每个阶段的决策制定需求。而在向人们及其所需应用之程序提供各种相关信息（研究成果、流动数据以及公司行为等）的背后，通常有一条很长的供应链，承载着那些将在各个阶段得以充实、派生、绑定以及验证的（各种）内容。

在过去，客户寻求基础设施（服务）时，一般先是找到实体分支机构，然后是呼叫中心以及家用电脑；而现在，银行的信息技术能够延伸到每一个空间、每一台设备，（取而代之的是）银行来找你，而不再是你去找银行。（但此时）客户可能会希望能够在任意时间即时地访问相关信息汇总的视图，而信息需要进行必要的管理以防触犯那些关于安全性、隐私权以及监管等诸多方面的限制边界。这一点给信息供给带来了一定的压力。

出于以下原因，信息供应链（图1-5）有持续延伸的趋势：

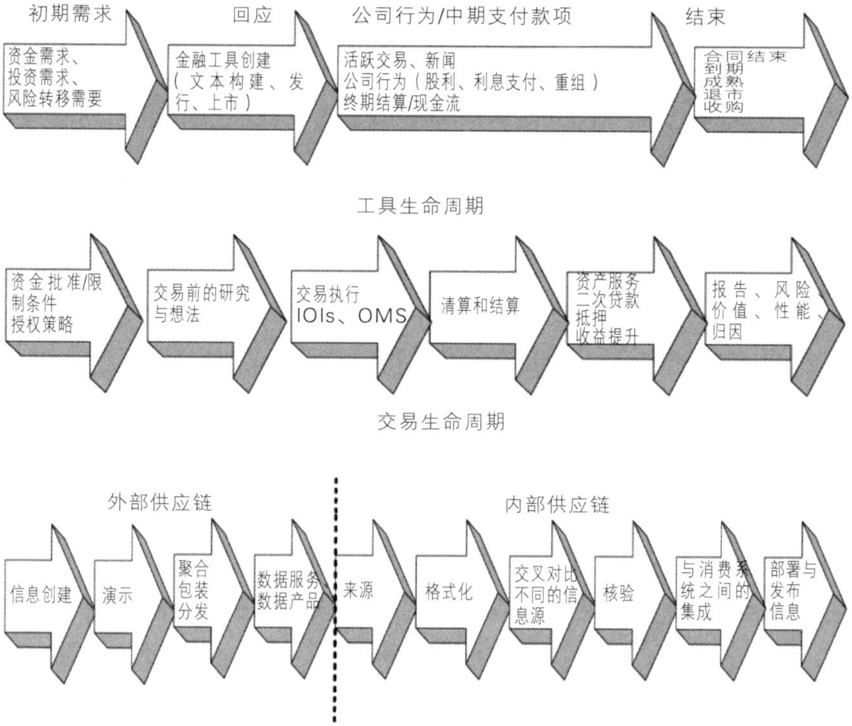

图1-5　金融工具和交易生命周期以及信息供应链

• 数据存储在不同的数据中心——包括外部存储器；

• 由于外包以及附近的离岸业务，银行经营中交接点的数量已经大幅增加；

• 为了维持内部报告、客户和监管等方面的业绩指标，增加了信息管理费用；

• 存在更多的信息以及大量的资源可供整合之用。

与此同时，对信息可用性之延迟的容忍度也已经（明显地）下降了。

1.4 数据管理问题

当前的IT业格局显然是早期及其后续自动化与技术创新浪潮的必然结果。美中不足的是，大量的本地工作（local work）导致了格式迥异、同一工具或客户使用的标识符不同、信息提取及组合方面的主要挑战等（诸多问题），以及最后但非最终的问题（last but not the least）——数据分散化与缺乏明确界定的数据功能之所有权。在通常情况下，信息归各个部门所有并被管理，因此权益投资部门、固定收益部门（分别指股票、债权投资，译者注）以及资金管理部门都将分别储存并且保护自己部门的数据，即使各自所保存的数据有重叠之处。直到最近，**数据治理**（data governance）的重要性才逐渐为人所知。

形成典型的复杂架构的原因如下：

• *涉及了复杂的人事关系*（political）。机构通常是根据客户群体、地理位置以及产品线来组织设置的。每个机构都想自我掌控，决定其关于应用程序与内容之预算的去向。但由于面市的时长往往至关重要，因此前端系统决策者的重点一般会以短期目标为导向，通常很少考虑那些实施一种解决方案而对整个体系架构的影响或者其未来维护成本的问题。一般来说，你添加一个能够自行控制的、小小的应用程序或者内容，远比依赖他人更加容易。

• *内容许可问题*。许多内容供应商（content vendor）都愿意迎合它们客户的办公需求，但没有人愿意一次性提供所有内容。因此存在这样一种倾向，即面向层次最低的组织单位提供许可的内容。每个部门都会有其特定的问题以及相应的预算。这个预算就是针对该特定问题而设置的，用以解决具体的相关问题。但事实上，经常被忽略的一点是，可能还有10个其他部门也有类似的问题，而如果认识到这一点，那么努力去撮合所有的这些部门以同时面对来自内部（面市时间）与外部（反对向企业提供许可内容的供应商）的复合压力，通常是徒劳无功的。

• *内容行业缺乏标准化*。供应商不仅会创建自己的格式，而且还会创建自己的产品标识以及分类代码，使得整合变得复杂很多。本地代码的流行、标准的不统一以及一些导致模糊性的代码叠用则进一步加剧了这种交叉引用的问题。

• （之前遗留的）应用程序中*所嵌入的数据模型*（embedded data models）。应用程序嵌入自己的专有数据模型以及数据被存储之后，（通常）会使得数据集成变得非常复杂。一个普遍得不能再普遍的现象是，（一个遗留程序中的）信息、业务逻辑及其表述常常被融为一体。其中的道理也很简单：（因为）依赖其他各方来提供信息会增加供应商自身的风险。

• *在部门层次有许多具体的需求*。在许多情况下，部门对于复杂的金融产品定价、处理以及建模等已经变得非常专业化了，以至于创建了关于那些内容及应用程序的最小适用空间（niches）。一个多样化的机构可以选择在外部购买多种产品与服务，也可以选择构建一个非常庞大的内部IT及业务分析部门。对于集成不同产品及内容服务等这样的工作，则通常会留给IT部门或者系统集成商（来完成）。它们首先会汇总数据，待初具雏形后对其进行加工与处理，使其适应晦涩难懂的格式，再将其嵌入异体（heterogeneous）架构中，最后对其重新解释与修复。这些程序（的花费）占据了IT总体预算的很大一部分比例。

• 许多机构都有*异体架构*。其中的原因之一就是，许多机构迫于面市时间的压力，进而购买一些当前无法在它们现有平台上运行的各种应用程序。尽管一些集成产品确实可以缓解这种局面，但同时会导致成本的增加以及更高层次的集成难度。

• *专业化问题*（subject matter expertise）。用户掌握着具体内容及业务逻辑的知识。但由于金融产品的多元化发展，其范围涉及信贷、利率、权益市场、货币、商品风险等多个方面，因此建立一个面向所有用户，并且拥有所需预算及人员的中央部门是非常困难的。

一般来说，只要是为公司的IT系统以及内容基础架构添加点什么，就一定会导致无法摆脱的锁定成本（locked-in costs）。由于其大部分的预算都用在维护以往的自动化流程上，因此IT预算一般都有持续增加的趋势。然而这也意味着，唯一可以获得资助的改进项目只能是一种短期扩展的战术行为，而这种战术行为又通常只会添乱，并不能有序地解决问题。只有颠覆性的内外部事件（如金融危机及其监管新规）才能为有序地解决信息管理的缺陷问题提供一个可能的契机。为了精准地解决这一问题，企业数据管理（enterprise data management，EDM）应运而生。更加便捷地获取信息是提升金融机构生产力的一个最好的但又没有得到充分利用的办法。因为信息只有在被利用时才会变得有价值，而有价值的信息又通常散落在特定的系统、用户或者部门之间。

"EDM"是一种有助于内部应用程序、终端用户以及外部报告等有效地获取、验证、合并以及集成数据的能力。它致力于创建那种能够满足组织质量标准的通用主数据集，其中，组织质量标准包括准确性、及时性与完整性等几个方面。EDM的目的是为不同的内部及外部利益相关者提供一个公共数据基础。但由于EDM跨越了不同的业务领域，不得不考虑需求的优先顺序并协调来自公司不同领域的数据定义，因此它经常会面临组织方面的一些困难。

EDM的目标不仅包括提供一个公共数据基础，还包括在数据资产中创建信任与信心，同时要确保业务流程中所使用之数据的完整性。特别是在金融服务领域，其产品种类繁多，而且对内外部报告的要求又很高，因此那种臻于至善的EDM是其不可或缺的。

负责EDM计划或运营的人员通常被称为首席数据官（chief data officers，CDOs）。负责这些战略的人员都将面临着许多挑战。CDO通常要处理下列两项主要任务中的一项：

类似传福音者（信息传递者）身份的CDO	类似警察身份的CDO
小型团队	预算持有者、COO/CIO的竞争者
软权力（soft powers）	由上而下的管理（line management）
向CIO或COO报告	向CEO报告
矩阵组织	集权组织

EDM和CDO的目标主要是促进业务顺利开展，即完善信息供应链。这个目标的实现需要结合利用完善的信息集、工具集及其流程。（也就是说）通过深入了解你在什么时候、什么地点需要什么东西，来更好地设计和管理你的业务流程。这一过程通常始于披露一份数据存储清单及其数据定义中可能存在的歧义——进而促使各种定义和技术标准的协调统一。接下来的步骤是，明晰数据的所有权并变更管理程序。最后的工作是，引入可以促进业务顺利开展，同时有利于信息分发与控制的工具和技术——而不是锁定今天的流程来阻止明天的机会。

一旦上述基础工作妥善完成，那么它就将为更加轻松地解答运营、商务以及监管报告中的基本业务问题打开了方便之门。问题示例如下：

• 客户是否会付款？可能性有多大？客户可以贷款的额度有多高？

• 哪里可以找到新的业务？

• 我还能卖给这个客户一点别的什么吗？

• 我为这个客户服务的成本是多少？维持这个产品的成本又是多少？

• 客户应该进行这场交易吗？我应该进行这场交易吗？这笔业务的所有真实风险都已经暴露了吗？

• 我们交易的产品设置正确吗？我们的价格反映了最新的情况吗？对于业务主体、公司行为以及金融工具方面的情况变化，我们是否都作了处理呢？

鉴于其所承受的成本压力及竞争压力，金融服务行业是否具有利用一切可利用的信息以快速而坚定地回应这些问题的能力，显得比以往任何时候都更为重要。

这个问题到底有多重要，金融服务行业又为此付出了多大的代价？（可以看看以下这些相关统计资料。）在数据方面的总开支估计为265亿美元（参见https：//burton-taylor.com/）。用于金融服务的IT总支出预计超过4 600亿美元（2015年用于硬件、软件、内部和外部IT服务的IT总支出预计为4 614亿美元，预计到2018年将达到5 347亿美元，折算的年复合增长率为4.7%，参见https：//www.idc.com/getdoc.jsp？containerId=FI251689）。对于低质量数据的直接成本的估计差异则相当明显，部分原因在于质量定义方面的困难与分歧："质量差异在4%～30%之间，包括缺失的问题、缺失的数据元素、不一致的编码以及不匹配的数据值等（EDM委员会标准；参见www.edmcouncil.org）。"大型公司的年度数据管理成本估计在2.38亿美元到12.42亿美元之间（Grody et al.，2006）。

金融服务业IT部门所面临的挑战，并不在于减少结算失败、降低数据成本或者遵守监管法规。其最根本的挑战是利用所有应该利用的数据并赋予终端用户一定的操作能力。

对终端用户来说，金融服务公司所获取和保存的信息，有一大部分是他们无法访问的。这些信息要么被隐藏在独立的格式、数据库以及应用程序中，要么就是非结构化的信息，亦即其流入与流出公司不会明显地影响到任何流程，因为当前的基础架构还无法对其进行任何处理。无论属于哪种情况，此类数据的价值都是未知的，因此我们将其称为**暗数据**（dark data）。暗数据通常藏身于终端用户的所见范围之外，它们可能是过时的、琐碎的数据，也可能是有价值的数据。据估计，一家公司大约有一半的数据都是暗数据。（参见全球数据报告，https：//www.veritas.com/product/information-governance/global-databerg）

不能使用那么一大部分的可用数据，将会导致巨大的机会成本以及（负面的）竞争影响。

1.5 本书各章的大纲

本书结构以及各章内容安排如下。**第2章**和**第3章**主要概述不同类别的财务数据（**第2章**）以及介绍这些数据所支撑的业务流程（**第3章**）。为此，本书采用多个视角（来进行讨论），包括交易生命周期、客户互动以及监管报告的视角等。**第4章**则是主要概述金融服务公司的信息管理基础设施所面临的挑战与压力，其中包括不断变化的业务、客户与监管需求，以及新技术发展所带来的机遇等。这一章的内容主要是关于“需要做什么”的。

第5～7章讨论的则是“怎么做”：企业如何从技术（**第5章**）、数据管理过程与质量管理（**第6章**）以及组织层面（**第7章**）等角度来应对这些挑战。例如，**第5章**将讨论云、数据保留以及信息安全管理等，而第6章则将阐述信息不确定性的度量以及信息记录的缺口。关于信息质量指标的管理问题将在**第7章**中解答。从这些不同的角度来看，对数据质量度量与数据治理等重要领域的探讨将贯穿这些章节的始终。最后，**第8章**给出研究结论并展望未来。

作为一个重要的讨论主题，我们采用财务信息的*供应链*视角——金融机构利用各种流程、工具及技术从内部和外部来收集数据，以供终端用户及报告所用。这种供应链视角可使本书所有章节的主题更加明确和具体，并为讨论信息管理的*基本性质*（foundational nature）提供一个良好的框架。这一点与大数据领域息息相关，因为在这一领域，不仅需要从大量非结构化数据中提取特定的数据集和指标，而且数据质量管理以及选择合适的汇总指标作为管理参照标准也是非常重要的。尽管现在可以越来越多地获取关于客户与市场的信息，但客户及监管机构对其预期往返时间、质量以及可用性等的要求也相应地提高了不少。

许多行业组织都在极力推广数据标准与通用数据模式、工具以及场所分类法。但是由于现有的格式和系统都难以被简单地更改，并且替换成本高昂，所以惯性的状态经常得以保留。此外，运营人员也始终保持着“物善则勿修”（if it arn't broke don't fix it，意思是“能用就凑合着用”，译者注）的心态。但事实上，这些也还并不是真正的问题所在。因为尽管系统确实没有“损坏”，但其中肯定存在着流程缺陷以及利润受损的问题。更重要的是，它们会阻碍创新，由此所产生的机会成本要远远高于那种维持次优流程的运营成本。

至于实施数据标准的问题，第一位使用者可能会非常不情愿。因为第一个实施新标准的行业参与者很难从中受益。尽管标准的实施是经过深思熟虑的，并且也确实很有可能对其自身内部较为有利，但他/她承担着第一次尝试实施标准的所有风险及成本，当然（主要是因为）*无法向任何人*（no one）讨教如何去实施（那个新标准）。但随着监管机构自身在信息处理中面临着越来越多的挑战，它们越来越倾向于尽快出台一些非常具体的标准。

最后，EDM应该深入了解关于交易及主数据生命周期各个区域内的各种需求与服务。它应该完全理解处于工具和交易生命周期各个阶段的各种内容需求以及信息供应链。适当的度量标准与报告应该能够深刻洞察各项业务的状态如何。诸如“我们在哪里？我们在做什么？我们会在哪里出错？”等问题也应该被轻松解答。EDM应该有助于信息供应链及数据管理过程在监管审查中保持必要的稳定性。最重要的是，EDM不仅需要将公司的所有数据都（恰当地）投入使用，而且还应收集任何一项以前“遗漏”（left out）的数据，清除那些诸如非一致性以及定义混淆等阻碍因素，以为可持续的业务增长提供一个坚实的基础。

参考文献

Grody, A.D., Harmantzis, F.C., Kaple, G.K., 2006. Operational risk & reference data exploring: exploring costs, capital requirements and risk mitigation. J. Oper. Risk 1(3).

United Nations Environment Programme, 2015. Effects of financial system size and structure on the real economy. What do we know and what do we not know? Inquiry Working Paper 15/10.

第2章　财务数据的分类

2.1　引言

2.2　主数据与交易数据的对比

2.3　结构化数据与非结构化数据的对比

2.4　财务信息的来源

2.4.1　按照来源类型的分类

2.4.2　关于数据供应商的简要概述

2.4.3　信息源的碎片化及其相互合并

2.5　数据创建过程与信息生命周期

2.5.1　数据来源

2.5.2　数据供应商与授权

2.6　信息集概述

2.6.1　安全主数据

2.6.2　交易支持数据

2.6.3　公司行为

2.6.4　价格、报价以及流动性

2.6.5　分析

2.6.6　法律实体数据以及实体关系

2.6.7　投资组合数据

2.6.8 交易
2.6.9 财务报表
2.6.10 风险及监管报告
2.6.11 税务信息
2.6.12 其他文件
2.6.13 通信记录
2.6.14 新闻
2.6.15 信用信息
2.6.16 其他
2.7 结论
参考文献

2.1 引言

本章中，我们将从功能、来源以及类型等多个方面来介绍财务信息。首先，我们将从高级功能数据模型开始讨论，然后分别针对数据的创建过程、数据提供者的角色，以及金融数据业务的商业应用等展开分析。本章的主要内容是明确区分各种不同类型的财务信息。

在后续介绍数据模型时，我们将根据交易生命周期（transaction life cycle）对财务信息进行分类，并逐一详细地讨论这些类型（信息的特征及异同之处）。

首先，我们需要明确区分主数据（master data）和交易数据（transactional data）（图2-1）。

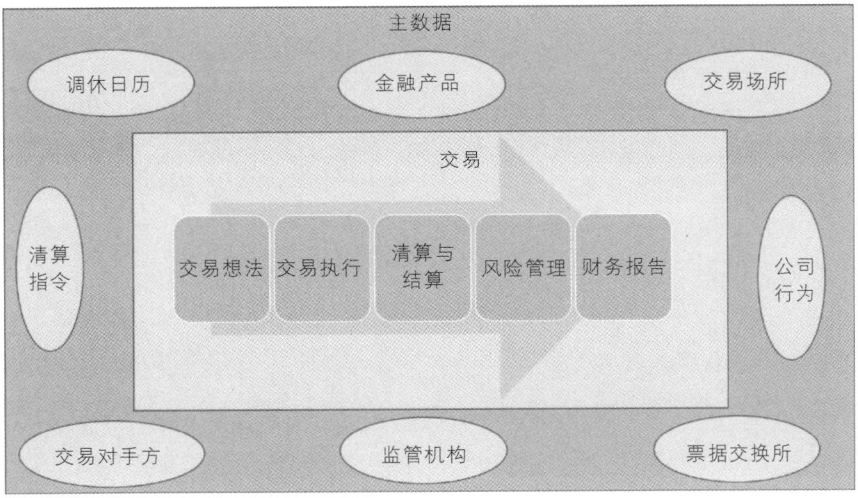

图2-1 主数据和交易数据

2.2 主数据与交易数据的对比

主数据包含了开展业务时所必需的信息集：（开展）交易的边界条件。主数据是一种概念界定性数据，需要在所有交易开始之前进行设置。首先，它包括用以识别客户的信息以及关于公司本身的信息。其次，它包括关于可供交易之业务类型的信息，即可向这些客户销售或购买的产品信息。最后，它包括管理公司与客户之间交易的附加信息，如营业时间、日历信息等。

交易信息（transactional information）是交易参与者之间，或者先前提到的高级数据模型中节点之间的特定业务信息。（换言之）它是导致双方义务发生变化的任何元素。

主数据不会频繁地变动：（变动的情况是）偶尔有客户的地址变更、新客户的进入、产品的下市以及新产品的推出等。交易信息则是频繁变动的，因为任何一笔资金的转移都属于交易信息的范畴，而银行每天处理的交易可达到数百万次。（此外）那些被分别设计用来处理及管理二者的系统之间也存在着很大的差异。

在一些特定的情况下，交易数据与主数据之间也可能存在一定的重叠关系。如果交易双方所交易的是必须双边同时行动的单一工具，比如一份复杂的OTC产品，那么就会出现上述情况。这时，用于描述工具或合同的主数据本身就是交易的一部分——所交易的产品不能脱离双方之间的特定合同而另寻藏身之所。

2.3 结构化数据与非结构化数据的对比

在决策过程中引入非结构化数据（unstructured data）使得财务数据管理发生了许多（明显的）变化。技术进步意味着，以前无法获取或者超出可触及范围的数据现在可以作为自动化处理的一个自然组成部分了。在过去，信息技术就是将信息组织成固定的结构，比如文件格式、数据字典以及数据库表格等。而现在，越来越多的信息能够通过非结构化格式进行处理。表2-1给出了（这方面的）一些例子。

结构化数据（structured data）一般都有预先商定的格式及一组域值，例如：

• 日期格式可以是“年月日”（YYYYMMDD）或“日-月-年”（DD-MMM-YYYY）；

• 一套固定的ISO货币代码或国家代码；

• 具有一定规模的信用评级，每级从Aaa到D都有具体的说明；

• GPS坐标；

• 用于金融交易的FpML或FIX消息；

• 用于诸如公司行动公告或付款之类的SWIFT消息；

• 遵循一个标准、具有预定义结构的监管或财务报告，如XBRL等。

结构形式的覆盖范围很广，小到一组三个字母的货币代码，如USD、GBP、EUR，大到SWIFT消息或者财务报表之类。

非结构化数据可以是任何不符合特定预定义模板的数据，例如：

• 推特、短信、聊天；

• 任何自由格式的文本，比如新闻、通话报告、社交媒体更新、电子邮件等；

• 图片和视频；

• 音频、直播对话；

• 白板上的草图。

表2-1　　结构化数据与非结构化数据

结构化数据	非结构化数据
固定的定义和域名	自由格式文本
数据库表定义	文档、新闻、邮件
文件格式及其规定	视频、音频、图片

值得注意的是，非结构化数据通常也有一些基础性结构（underlying structure）。例如，一条推文的上限是140个字符，而会议纪要或电子邮件也需要遵循某种社交惯例等。此外，它肯定还有更深层次的**技术性结构**（technical structure），这一点将在后文中（详细讨论）。例如，自由格式的文本可用ASCII字符代码储存；音频可以存储为mp3格式；而图片可以是.jpeg或者.bmp格式等。

有时，我们会同时运用结构化数据与非结构化数据。例如，给电子邮件设置固定格式或者添加XLS格式的附件，或者给固定域组成的SWIFT消息添加一些“叙述”类型的栏目等，亦即可以自由输入内容的文本框，而不是那些被严格控制的限定选项集。

结构化或非结构化数据（的区分）并不在于何者简单或何者复杂。结构化数据已经兴起并被强制（甚至不惜以精度与细微差别度的丢失为代价）用来发展自动化。得益于大数据技术，可处理数据的范围正在逐步向上游延伸，数据也可在其筛选过程中被挖掘得越来越早。近期出现的一个重大变化是，商务智能和报告工具可*直接*用于处理非结构化数据。随着记录、存储以及算力成本的不断降低，越来越多的非结构化数据可以被大量收集，以备使用之需。

2.4 财务信息的来源

2.4.1 按照来源类型的分类

如果我们纵观整个涉及财务方面之内容的行业，那么我们就可以将信息源分为四个主要的类型。图2-2给出了一个关于这四种信息源中数据类别的概述及示例。

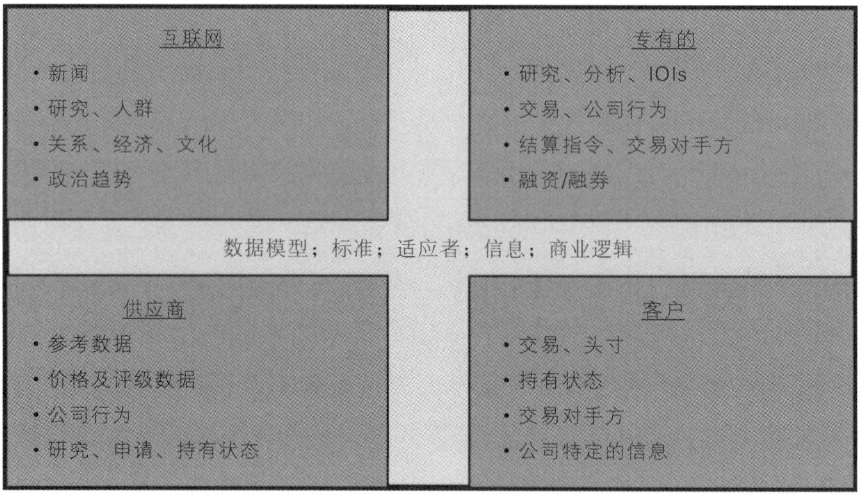

图2-2　基于来源类型的数据分类

基于信息供应链，我们可以根据以下四种信息源来对数据进行分类：

- 公共互联网（新闻；研究、人群；关系、经济、文化；以及政治趋势等）；
- 供应商（参考数据、价格及评级数据；公司行为；研究、申请、持有状态等）；
- 专有的（研究、分析、IOIs；交易、公司行为；结算指令、交易对手方；融资/融券等）；
- 客户（交易、头寸；持有状态；交易对手方；公司特定的信息等）。

任何公司都需要使用信息来管理金融工具以及交易生命周期流程的运行，而上述四个类型中的每种信息都在信息的提供过程中发挥着至关重要的作用。一方面，技术变革使得期权大行其道，同时也使得创立及发行新的内容产品更加方便易行。根据信息披露监管要求而增加的接入端口，使得一些类型的信息越来越商业化，也越来越容易被获取。另一方面，新型金融市场及其产品的开发也催生了许多专业化的数据服务。

2.4.1.1　公共信息源

公共信息（public information）是指可以免费获取的任何信息，既有可能因为监管的披露要求（比如，申请、招股说明书等），也有可能关联政府公布的相关信息（比如，宏观经济数据）。它具体包括商业信息的专门发布空间以及财务公开文件（现金流量表、损益表、资产负债表等）。得益于互联网以及在线数据库的兴起，使用者不再需要任何成本就能方便、快捷地访问这些材料。然而，在许多情形下，数据供应商会借助公共信息的整理来增加足够的价值，从而打造出一种可售卖的产品。这些包括新闻稿、专利局信息、政府或中央机构所发布的信息，比如宏观经济统计数据或者央行的利率变动信息等。它还包括那些可能影响产品定价的信息：宏观经济数据，比如GDP数据、政府气象部门的天气数据，或者地理位置数据等。其他相关信息还包括法院或主管部门的裁决、监管机构的政策、诉讼裁决、破产案件等。以上这些高度结构化的信息范围通常受到监管规定或程序的严格管制。除此之外，还有一组不那么可靠的公共信息，亦即那些来自论坛及博客的大量的八卦或传闻等。

2.4.1.2 商业数据供应商

在此，我们可以区分一下*数据提供商*（data providers，实际*创建*内容）和*数据供应商*（data vendors，专门*汇集并传播*数据）。前者包括那些专门对某类衍生品进行价格评估的小众供应商，以及那些仅在较不发达国家发行评级工具的评级机构。后者则包括那些对高度集中的信息进行整理及重新格式化的专业参与者（例如，MBS就主要汇集来自美国政府关联机构等公共渠道的信息），以及少数在全球范围内较为活跃的大型聚合器（aggregator）。这些聚合器拥有数百个信息源，其中包括评级机构、经纪商、交易所、政府以及银行等。

2.4.1.3 专有数据

每个金融机构都会拥有大量的专有（proprietary）信息，这些信息构成了公司自身的“边界”，是商业决策的基础。专有信息主要包括：客户的特定或私人信息（如具体的信用信息等）、特定工具的定价、机构的战略规划、当前状态（当前的投资组合），以及通过自有金融模型（从宏观经济发展到特定的内部信用评级）所得到的研究（成果）。除了以上那些能为机构带来竞争优势的各种信息之外，专有信息通常还包含运行各种业务流程所需的信息，比如常设结算指令（standing settlement instructions，SSIs）、交易双方的唯一标识符、不同工具标识之间的相互参照，以及ISIN（international securities identification number是指根据ISO标准（6166）设定的国际证券识别码）范围以外的OTC工具的标识符等。这类数据虽然是专有的，但通常不具有竞争性，可以和同行之间共享以提高操作效率。

2.4.1.4 源自客户及交易对手方的内容

最后一个主要类型的信息是指通过机构之间业务关系所获取的信息。首先，这一类型的信息包括那些定义相互关系的数据，如客户会交易何种产品、其投资组合的构成如何、用以评估投资收益的基准何在，以及达成一致的执行策略如何等。此外，特别是就专业的交易对手方而言，它还包括规定交易净额结算以及其他结算相关信息的“主导性”（master）协定或者法律框架，如SSIs等。在内容来源方面，一个非常有意思的发展成果就是，通过同行群体之间的*信息池*（pooling）就能以较低的成本收集到质量更高以及范围更广的数据。在下列各种情况下，信息池的作用比较明显：每个机构通常都是零零散散地收集各自归类的信息；不存在现成的商业内容产品构成那种并不能作为竞争（优势）之基础的数据集。示例如下：

• 关于法律主体的非敏感信息（比如公司所在地、法律架构、地址、身份、注册地、公司章程的法定全称等）；

• 结算指示，比如地址与账户信息、付款指示及关于公司行为处理的常设指示等；

• 关于操作风险的信息，如亏损等。所有对运营风险进行建模的银行都需要有关亏损的数据，但要拿到这些数据非常困难。同时，需要一个很大的数据集才有可能（使风险建模）达到统计意义上的估计效果。

在最后一种情形下，只要数据集是匿名的，数据池就能有所帮助。对于客户数据，数据池可以提高数据的质量，并为客户提供更全面的视角。但需注意，有关客户的竞争性信息并不适合共享，如信用评估（内部评级）等，因为这些资料更为接近银行的核心业务。P2P（peer to peer）的采购优势就在于它更便宜也更可靠，因为它来自每天都在使用它的人。

2.4.2 关于数据供应商的简要概述

无论是进行一项交易、通知一位投资者、销售一个产品，还是遵守一些关于工具和交易生命周期的监管规定，新鲜的内容就好比金融市场的氧气供应，它是任何决策的必要条件。

许多公司都将那些关于内容的创建或者打包并且发布的工作视为其核

心业务。比如，在第一类数据供应商中，我们发现有：

- 那些提供工具及公司层面资料的评级机构；
- 那些对某些行业或地区的前景进行展望的研究团体；
- 那些正在构建用以反映特定市场或特定投资策略的指数提供商。

第二类是包装商，其中包含了许多金融行业知名品牌，如IDC、Thomson Reuters（汤森路透社）、Six Financial Information（希格斯金融信息）以及Bloomberg（彭博社）等。诸如路透社这样的公司通常都会拥有一个大型数据收集部门，它可以从数百个不同的交易场所、经纪人那里收集数据。后加入的内容供应商可以通过成为某些子领域的市场领导者来突出自身的形象。据估计，未来的金融市场数据、分析以及新闻领域的总收入将会超过260亿美元（参见https：//burton-taylor.com/ for 2016 Financial Market Data/Analysis GlobalShare and Segment Sizing report）。

2.4.3 信息源的碎片化及其相互合并

在数据创建者（造市商、研究机构、交易所以及发行方等）与终端用户之间存在着一个复杂且冗长的信息供应链。信息只有在使用或者用于创建新信息时才是有用的。深刻理解信息供应链以及信息在每一阶段的变化与增加，对任何严重依赖这些信息的业务活动而言，都是成功开展的一个先决条件。然而，不幸的是，在迫切需要信息的地方，信息却往往是姗姗来迟、不够完整或者已经过时。更有甚者，信息还有可能会被丢失或者卡在供应链的某个阶段——比如说，传递了不完整的记录或者做出了不正确的设定。

交易生命周期取决于来自内部及外部的那些信息，而金融工具生命周期（instrument life cycle）则通常取决于外部数据。外部供应链包括最终信息源以及内容中介，比如信息聚合器、验证者、充实者以及分销商等。一家机构通常可以从不同的供应商那里获取有效的信息，然后进行大量的内容整合及质量评估工作。在购买、整合以及交叉对比之后，信息供应链会继续在组织内部运行，直到用户签收或者抵达其可生效的应用程序为止。

有效的内容管理就是在正确的时间将正确的内容送到正确的位置——同时成本还要尽可能低。供应链上的中介越多，时间延迟就越长，误差的可能性也就越大。

由于以下种种原因，内容市场将持续成长：

• 技术进步使得更多的数据可以在特定的时间内流入应用程序或者定价模型。

• 定价模型与风险模型对数据的需求在不断增加，并且需要更加精确的数据方可运行。

• 新的金融产品开发需要更多的投入。

• 更多数据被推送到公共领域——包括来自OTC产品的交易数据。

• 监管机构及客户都更加强调报告的准确性与及时性。

• 新开发场地和银行内部化导致执行场所激增，以至于形成了新的数据来源。

随着金融服务公司的合并及全球化，内容产业（content industry）的结构也在同步改变。其中的一个例子就是，无论是在内容管理方面，还是在信息提供者的销售及营销战略方面，针对某些具体国家的产品正在逐步减少，而面向世界各地的产品则稳步增加。

尽管如此，内容提供商的竞争维度却在很大程度上仍然保持不变：

• *覆盖范围*。客户通过某种渠道或数据格式，能够获取哪些金融产品、哪些市场以及哪些其他类型的数据？一站式服务——从商业和技术上来说——能够达到何种程度？

• *内容的独特性*。什么样的内容是在其他任何地方都找不到的？比如说那些非常具体的指标、信用情况研究等。

• *可访问性*。将数据集成到流程中的难易程度如何？是否可以跳过供应链中过于冗长的一个或多个步骤？可以使用哪些访问选项，比如API及某些服务，来动态检索内容？数据检索可否根据机构的需求而量身定制？例如，基于投资组合来检索？属性的次选择能否用来限制不必要的数据流及其成本开支？是否使用了数据标准？

• *附加价值*。在不同数据元素之间的交叉引用及链接，是否会产生足够的附加值？通过提供交叉引用以及那种横跨多种类型数据的结构通常会创造一定的价值以及洞察力。

• *延迟性*。产品交付的及时性达到了哪种程度？及时性既可以指为了信息能准时到达而及时分批交付，也可以指传送数据的延迟时间较短以及传递价格变动信息（比如新闻稿、盈利以及公司行为等）的最长滞后时间较短。

• *质量、定价及服务*。供应商的可靠性如何？信息的质量如何？这些质量维度是否符合机构的需求？围绕产品的整体定价及服务（这一点还包括培训与支持）会是什么样子的？

2.5 数据创建过程与信息生命周期

2.5.1 数据来源

信息销售商的总数已经数以千计，其中包括许多本地数据（交易所）以及专业产品数据（研究公司）的销售商。但是那种能够提供综合性内容解决方案的大型聚合器，数量则非常之少。由于进入市场的门槛很高，因此要想成为主要的全方位包装商与数据分销商，就必须形成规模经济。同样，市场新进者若想在这个领域凸显自身的优势并且占有一席之地，则必须能以更低的成本以及更快的速度来聚合各种信息，或者通过使用各种新的渠道以及新的——技术或商业——模式来实现这一目标。

数据正在持续不断地被创建，新的财务信息也可能随时出现，因为：

• 新产品的创建，公司上市、政府或企业发行的债务，以及衍生品交易所根据预定的时间而创建的新的期货及期权组合。

• 新客户上线，新公司成立。

• 企业行为，公司股票被买入、分拆，以及公司破产并提前赎回债券等。

• 发布新闻及研究报告、公布财务报表、员工更换工作以及公司合并或实体分拆等。

信息技术发展所带来的一个重要趋势就是脱媒或者“去中介化”（dis-intermediation）。过去，内容创建者需要通过聚合器来接触他们的用户；而现在，他们更多的是进入市场来直接销售数据。这些内容创建者包括那些已经收集了大量数据的公司——这些数据其实是清算及交易等其他活动的副产品——只不过（通过市场销售来）实现其自身的一些或者更多价值罢了。

那些大型交易所、经纪商、中央证券托管中心以及托管机构等都在发展传统业务之外的数据业务。在发布实时价格信息方面，交易所与经纪商是最早的先行者。其他的例子包括：

• 作为一种营销策略而免费提供内容（一些银行提供的客户定制指数，可以表明某一产品集在市场上的领先地位）；

• 将数据产品与技术产品相结合。例如，内容与交易、风险及投资组合系统的结合。

在某些情况下，监管方会通过将新的内容推向市场等方式来促进新数据业务的创建。例如，《欧盟金融工具市场法令（MiFID）Ⅱ》的实行就促进了交易存储库信息以及新交易场所的创建（MiFID Ⅱ是旨在提高欧洲金融市场的效率、透明度以及为保护欧洲投资者的最新法规）等。

一些银行不仅开始销售数据，而且开始销售基于数据的工具以及分析方面的增值服务。销售的内容可以是衍生的数据集，如通过自身的定量模型而得到的评估价格或者风险因子等，也可以是基于特定组合而量身定制的风险咨询服务等。同时，单纯的信息提供商也在向下游垂直整合的方向移动。例如，扩展到数据显示终端以及应用程序等。

2.5.2 数据供应商与授权

2.5.2.1 授权与合同管理

许可协议（license agreements）是内容提供商保护收入及其知识产权的一种方式，也是确保未来盈利的一种方式。它们的构造常常与客户的感知价值等相互关联。

内容市场很庞大，而且还在增长。因为供应链冗长且复杂，所以内容可以在处理过程中的不同位置进入一个组织。有些内容可被直接分发到一个桌面，但另一些内容则需先被自动化处理，然后再在企业范围之内分发。鉴于早期内容市场的规模，适当的授权及数字版权管理显得非常重要。在本节中，我们将围绕内容及其各种定价模式的授权问题展开讨论。

2.5.2.2 授权与合同数据库

授权（entitlements）主要与内容管理以及数据使用情况的报告有关。因为诸如交易所等很多数据所有者开始意识到了内容的价值，所以在关于其信息产品之价值的法律维护方面（monetizing）变得越来越咄咄逼人（assertive），于是越来越多地要求得到那些关于用户或应用程序使用数据情况的各种报告，因此用户们恰当地控制报告数据的使用水平就显得尤为重要。有些产品，比如汤森路透DACS（DACS是指“Data Access Control System”（数据访问控制系统；参见https：//customers.reuters.com/developer/rmdsandtools/dacs.aspx?）就可通过各种（特定的）应用程序来跟踪其数据的使用情况。数字版权管理的出现确保了这些应用程序将来会处于一个更加重要的位置（即得到更为广泛的应用，译者注）。

由于用户可以复制和粘贴信息，并且可能会在机构内部甚至外部到处翻找（rout）信息，因此数据供应商并不总是能够控制其内容产品的下游分发。合同亦并不总是清晰明确的，往往存在灰色地带。我们可以将内容提供商的“收入流失”分为几种情况（来源：FISD；参见http：//www.fisd.net/presentations/20031205redistributionoutline.pdf）：

• 可能存在那种不受控制的内部性数据的重新分发。数据可能被传递给合同规定使用范围之外的一些用户及应用程序。

• 可能存在那种未经报告的外部性数据的重新分发。例如，机构可能会把（客户资产）余额以及投资组合报告中的价格数据等传递给外部客户。

• 数据可以从所显示的产品中抓取或者分解，比如web页面、终端或者代理页面等。这种做法，如未经授权，就可称为*数据窥探*（data snooping）。

除此之外，与那种完全商业采购的信息截然不同的是，金融机构在利用自身专有模型及内容等创建衍生内容时，供应商所提供的内容只是其输入内容的一部分。假设把价格数据作为输入的部分内容用以创建其他内容，比如价格指数或者基于专有模型而对衍生品进行定价等，此时，就可能无法总是清晰地指出，供应商（对其所提供内容的）知识产权主张应该终止于哪个节点。如果离开其（所提供的内容）输入相关结果就会走样的话，那么供应商就会声称自己所提供的内容是至关重要的。无论如何，市场数据的使用都将受到越来越严格的审查，特别是在收入增长较慢的时期。

2.5.2.3 数据所有权

尽管机构有时可能会过度使用某些数据，但同时，它们也常常会为那些从来就没用过的数据付费。一方面，随着数据采办及采购变得越来越集中化，这种不匹配的现象也变得越来越明显。另一方面，IT部门的合并以及处理过程中冗余问题的解决，也使得机构中的数据处理中心数量正在逐步减少，从而导致合同约定与真实情况之间不一致的问题彻底暴露无遗。任何机构及其数据使用者都必须根据市场中可以获取的数据服务情况来谨慎地匹配一个部门的使用需求。由于合同以及由此产生的发票可能非常复杂，因此内容行业的合同与支出管理本身就是一个利基行业（niche industry）。该领域的合同管理应用程序提供商以及咨询公司能够提供有关（市场）数据需求以及包装（packages）业务的咨询服务，如包含商业数据产品信息的合同数据库等，金融机构可以在其中跟踪自己购买的数据产品。例子包括 The Roberts Group（https：//www. trgrp. com）、MDSL（http：//www.mdsl.com/market-data- management），以及 Screen Consulting（http：//www.screenconsultants.com/home.htm）等。

2.5.2.4 授权模式

所有的定价模型都只关注一个主题，即如何在既能恰当地服务客户又能从供应商的账户中获取一定的价值这两者之间取得一种平衡。定价模型还有利于为销售方保留潜在的优势：供应商通常不希望为其提供的所有内容签署那种整个企业范围适用的、不受限制的永久性授权，因为这实际上是从未来市场中拿走一个账户，寅吃卯粮。从短期来看，这样的一笔交易确实颇具吸引力，但从长期来看，这绝对是个彻头彻尾的坏主意。

我们可以区分以下各种授权模式（licensing models）：

• *分项定价*（itemized pricing）。这是指那种与项目的数量及访问频率相称（commensurate）的定价方式。通常情况下，“投资组合”类型的内容产品就是如此，也就是那些通过CUSIP、ISIN或SEDOL等工具代码列表针对客户的特定领域来交付信息的产品。此类模型的定价通常是指每个项目每个时间窗口（time window）的金额。例如，一个月等。此类模型的一个变化形式就是，任何时候只要是请求了信息或者点击了一个API，那么就要按照所使用或者所查看报告的次数来付费。我们在那些提供硬性拷贝（hard copy）报告的供应商那里看到了此类模式。例如，关于信用评分或者关于公司法律结构的报告等。

• *基于文件的定价*（file-based pricing）。与分项定价相比，这种模式更加细致化，即基于每个文件而将数据产品划分为不同类别，然后再进行定价。例如，可以将产品分解成代表不同市场、地理区域或者资产类别的多个板块等。

• *用户数量限制*。在使用受限的情况下，定价一般不是基于内容，而是基于用户数量（来操作）。*显示与非显示定价*（display and nondisplay pricing）之间可能存在差异，尤其是在实时数据领域。（如果）公司区分了显示使用费及自动处理费，（那么这就意味着即使是为）吸引“眼球”也要收取特定的费用。内容还可以按部门、已命名的或者正在使用的用户数量、站点以及国家等进行授权。在用户计数模型中，必须清楚地定义度量单位。度量单位可以是一个通用的用户账户，也可以是一个自然人，并且还有可能会出现共享相同的密码/用户ID等特殊情况。产品的性质决定着供应商的限制力度。一般认为，这一点对于一个（空间狭小的）目标利基产品来说并没有太大影响，但是就大型聚合器而言却意义非凡。

• *基于用例的*（use case based）。这种模式与业务流程或者向监管机构及客户提交的那种特定报告密切相关。特别是当该内容用于面向客户端外部报告的时候。

由于数据源与终端用户之间可能存在多个中介，因此需要清晰地界定那些计算使用量的单位以及向信息源报告该信息使用量情况之单位的责任。一般来说，通常是由中介或者终端用户等向最初发起者报告（该信息的使用量情况）。

供应商在定价方案方面的灵活性会随账户规模的扩大而相应增加，其中规模最大的账户有资格就诸如培训、支持或定制内容产品等一系列交易的打包事宜进行协商，而不仅仅是内容的交付。一般情况下，全球授权或选点授权会提供一定的折扣；而在更困难的时期，不透明的授权协议会通过限制那些消费系统或用例的授权模式，而给予内容提供者几个方面的帮助，以使其保持一定的商业优势。

表2-2列出了关于各种定价模式的一些关键特征。

表2-2　　各种不同的内容定价模式的特征

分项定价	基于文件的批发定价	用户数量限制	基于用例的
所交付的实物，如报告等 单位金融工具、单位投资组合 可被绑定到一个特定的服务模型 在开展新业务时具有较强的吸引力，因为它可以根据具体使用情况而扩展	按照每个类别、每个市场、每个资产类别（来定价） 基于地理或地点的分布（基于企业范围是一种极端情况）	定价与特定用户名、用户数量以及限制使用系统或部门的授权证等相互绑定	授权与各种活动相互绑定。例如，估值、风险、证券借贷、客户报告、监管报告等

定价模式首先应该区分市场数据的系统性消费（通过各种应用程序）及个人消费（通过各个终端）这两种消费方式，同时还要与内容的访问方式等相互关联。

2.5.2.5　数据载体

如果通过文件来提供内容，那么供应商可能就无法控制其最终结束的位置，因为文件可能经由一个组织而被无休止地复制及发送。而企业之间达成一些共同遵守的协议，或有助于防止这种情况的发生。消费方公司可能仍然需要计算使用量，以便在其内部分摊成本。

如果使用受密码控制的显示工具来提供内容，供应商则可对其实行更多的控制。在浏览器访问方式（browser-based access）下，可以通过Web浏览器来查找内容，而不是通过文件或消息等机械地传递内容。这样的话，用户就可以根据需要随时随地地查找信息。同时，这种做法也便于参考信息的查找。通过*终端*来提供信息是一种*以用户为导向的*定价方式。在这种情况下，数据的访问被绑定到特定的桌面。供应商不会每时每刻都在监控用户，因此必要的控制只是用于防止（用户）在终端数量方面（可能千方百计地）漏报、少报数据的使用量。

那些用于投资组合管理、研究或交易等的终端产品通常是内容与应用程序相互结合的。这些分发方式的优点主要是，既可进行广泛的查询定制，又可将其与分析及其他应用程序相互结合。在此情形下，信息被直接提供给终端用户，但又不能轻易地使用自动化的处理方式。根据文件形式对产品进行定价的模式，通常有比预期更为广泛的使用范围。

一些供应商往往针对同一内容而发布不同的版本，其不同之处主要体现在质量等级方面。一个常见的例子是，即时流量交换数据和延迟流量交换数据（immediate versus delayed streaming exchange data）的质量等级（之间就有所不同），但内容产品也可以同时提供（数量等级存在差异的不同版本，比如）一个详细版本以及一个摘要版本。

2.6 信息集概述

本节我们将详细介绍第2章开始时在数据模型中所罗列的各种类型的内容。各种新闻会驱动价格的变化并触发交易。各种法律主体之间是相互联系的，它们发布财务报表、拥有信用等级，同时还会雇用那些能够管理一系列头寸或投资组合的交易员或投资组合经理等。根据规定，交易者的通信记录通常会被保留下来。投资组合则会随着交易的进行而同步更新，并且交易的执行需要那些可以支持交易的数据。投资组合是投资人持有的一组金融工具，而关于这一资产组合的各种风险分析、流动性以及绩效度量方法等都能被清晰地界定。税务信息则可以应用于各种头寸、交易以及工具本身（图2-3）。

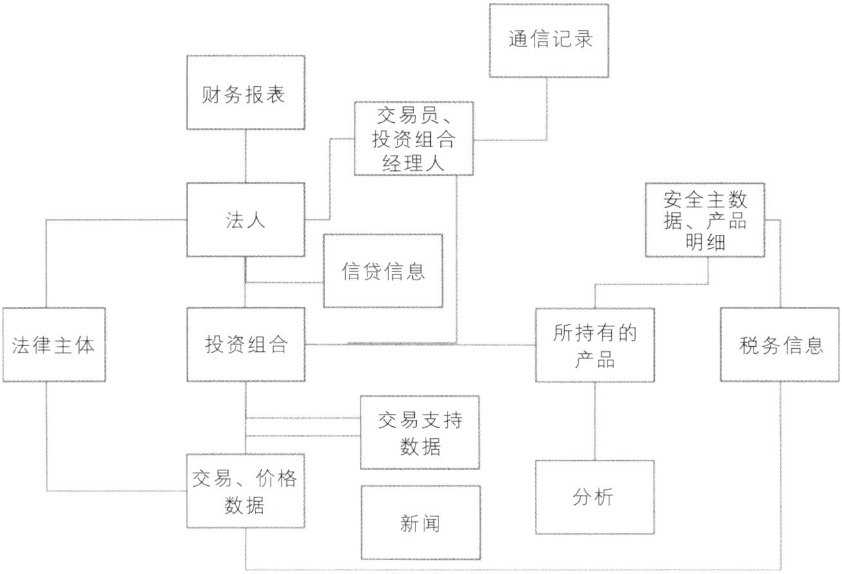

图 2-3　财务信息类型概览

2.6.1　安全主数据

安全主数据（security master data）用来描述金融产品（所设置）的各种条款和条件。它可以是相对简单的（比如关于外汇和存款的）条款和条件，也可以是大量复杂的（比如关于固定收益及结构性产品的）条款和条件等。

创建金融产品（图 2-4）的目的在于：

• 为一段时间内公司或政府的融资需求与投资者的投资需求之间牵线搭桥——例如，股票和债券，但也包括存款等；

• 为套期保值而提供特定风险的敞口——例如，期权和期货等；

• 为获取所需金融商品而提供直接的途径——比如，FX（外汇）等；

• 通过互换不同的利率来优化融资——比如，互换与掉期期权等；

• 向这些产品的供应商提供费用收入；

• 获取税法给予的优惠政策——比如对“绿色”投资的补贴等；

• 以上几点的组合。

图2-4 金融产品之家族成员

可以采用多种不同的分类方式来对金融产品进行分类。最常见的分类方式包括：

• 金融工具分类（classification of financial instruments，CFI）代码或者ISO标准10962。这是一种多层次的类别区分，从大类（权益工具、债务、期货、基金、指数、其他）到细类共分为6个层级。例如，ESNTPB就表示“权益工具（equity）/股票/无投票权/限制/部分支付/无记名”，而OPASPS则表示“期权/看跌期权/美国期权/股票/实物/标准”。

• ISDA以及发布了关于信贷、利率、大宗商品和外汇衍生品的分类方法（参见 http: //www2. isda. org/functional-areas/technology-infrastructure/data-and-reporting/identifiers/upi-and- taxonomies/）。

新工具的类别创建较为粗糙，比如（就是将其）简单分为新型债券或者新型权益工具等，需要定期根据预定义的规则以及时间表（场内交易的衍生品）来重新创建，或者以双边合同的形式在参与双方之间临时创建。主要CFI工具类型的常用字段（common fields）包括：

CFI类别	**常用字段**
权益工具	股利、名义金额
债券	到期日、票面利率、货币

基金	主要持股情况、基金经理
期货	失效日期、标的资产
期权	看涨/看跌期权、行使价格、到期日、标的资产
其他	互换货币、互换期限

投资者需求以及税法的变化意味着总会有新的参数出现，用来描述那些金融工具。

对于许多围绕安全主数据来提供大型聚合产品的数据供应商而言，它们都拥有包含数千个不同字段的数据字典（data dictionaries）。尤其是对于那些结构化产品来说，只有借助大量的参数才能全面、准确地描述它们的结构。但其中的一个根本问题是，金融工具的性质确认。对于普通证券，最常用的确认格式是ISIN代码。根据定义，OTC衍生品是基于双边合约而非单方面的产品，因此在这里（用ISIN代码）很难识别。一种统一协调的努力正在逐步解决这一问题，其结果是导致了唯一产品标识符（unique product identifier，UPI）标准（由支付与市场基础设施委员会（CPMI）以及国际证券监督委员会组织（IOSCO）来管理）浮出水面。此外，MiFID Ⅱ也将ISIN代码的范围扩大到了OTC产品。

指数信息是一个单独的类别。各种指数能够提供对某一广泛市场（FTSE100、标准普尔500指数等）、地区（S&P Latin America index，标普拉美指数）或行业（MSCI World Banks Index，摩根士丹利资本国际世界银行指数）的总体描述。各种指数不仅可以作为一个更广泛市场的缩影，而且时常作为投资产品（绩效）的一种反映。在那种情况下，我们把该指数称为“可以投资的”（investable）。ETF市场的崛起给指数提供商带来了巨大的扩张机会，也是一个重要的收入来源。事实上，指数不仅是市场统计数据，也是一种非常强大的品牌。

2.6.2 交易支持数据

第二类财务信息可以概括为“交易支持数据”（trade support data）。具体指的是那种为了促进交易及结算过程所需的信息，包括SSIs（各种服务，包括来自OMGEO的警报等，将来自各大机构的信息汇集在一起，以便经纪商/交易商可以使用，从而简化数据收集任务；参见www.omgeo.com）、主协议信息、假日日历、市场代码以及公司/个人目录等。

常设（standing）指令是指客户下达的各种指示。例如，在哪里以及如何结算（哪些账户、哪些货币），如何处理股利与其他资本分配，如何处理超额现金与证券销售收益、股东大会上的代理投票，以及在现金股利或股票股利可选的情况下出现的各种违约选项等。

假日日历数据包含一个国家或地区的工作日惯例。例如，典型的工作日、无法进行结算的银行假日，以及交易所的交易时间等，因为一些地方可能在周一至周五工作，也可能在周日至周四工作。假日日历可以由诸如国家、地区或城市等地理标识单位或者交易所等交易中心来制定。假日信息往往比最初想象的要复杂得多，因为：

• 假日可能会受到本周或周末其他假日的影响。

• 有时会突然宣布假日，以配合选举或其他政治事件。

• 有些国家有各种宗教日历上的节日。

• 决定节日的权威性各不相同。有时它被法律所保护，有时只是得到了央行、宗教或者政府等的支持。

假日信息不仅可用于了解何时能够进行交易结算，而且可用于统计那些按利率计算的工作天数。主要的假日信息提供商包括Swaps Monitor（http：//www. financialalendar. com/）以及Copp Clark（http：//www. coppclark.com/）。

市场识别码（market identification codes，MIC）标准以及列出了所有受到监管之市场的ISO 10383，可以用来进行市场识别。它们也经常运用于常设指令，用以指定客户在具备条件的市场执行特殊订单，比如购买股票等。

主协议规定了双方交易所适用的法律框架。这些协议规定了头寸应该如何估值、哪些产品可以交易、在何种条件下需要提交抵押品，以及如何解决相关纠纷等。最常用的协议是ISDA主协议（参见http：//www.isda.org/publications/isdamasteragrmnt.aspx）。

交易支持数据也包括了那些有助于处理交易后顺利推进程序的各种信息，例如：

• 有关公司账户的SSIs信息。交易对手方的情况也是结算中所需信息的一部分。

• 清算的资格。哪些证券可以被Clearstream、Euroclear以及SIS等清算公司所接受？

有关结算及支付的指令主要说明结算付款应该如何进行，或者在何处为某些交易对手结算特定的产品等。这类信息通常是从各个市场参与者那里汇集而成的，因为它们必须指定交易的地点以及相关的结算方式。结算数据包括以下类别：

• 商业支付数据。这一点通常包括SWIFT BIC目录（银行识别码）以及用于外汇交易结算的CLS银行目录等。

• 关于证券结算的指令，目前有几个专门从事账户信息汇集的机构，比如Omgeo（例见http：//www.omgeo.com/solutions/product.php？s=22&p=HJROUEAUGZ-1-0）等。

许多机构直到现在才开始整合它们的结算信息。在过去，机构一般主要是通过电话、传真或电子邮件沟通来变更相关结算指令。使用聚合器电子买卖结算指令的目的在于，提高直通式处理（straight through processing，STP）速率、实现无须任何人工干预即可处理交易事务并降低成本的费率。任何失败的交易都将导致人工成本上升，因为必须对交易进行重新调查，并且交易对手方可能会提出索赔，比如逾期付款的利率费用等（例如SWIFT等就可提供那些提升结算业务效率的服务；参见https：//swiftref.swift.com/ssi-plus）。

2.6.3 公司行为

公司行为数据是有关产品或公司变更的那些信息。主要包括：

• 那些关于预期收益的事件。例如，支付股票的季度股利或债券的票面利息等。股利的金额将事先公布；债券的票息金额在债券的法律文件中已经确定。在浮动利率债券的情况下，票息金额将取决于当前的市场利率。

• 那些关于预期外收益的事件。例如，股票正常股利计划之外的特别股利，或者提前赎回债券等。债券一般是可以提前召回及提前赎回的。

• 那些关于企业必须变更控制权或者再融资的事件。当一家公司增发股票时，可以采用股票配股的形式，让现有股东有权以折扣价来购买公司新发行的股票。在合并或收购案中，企业间将交换各自股权。

虽然现在已经有了一些常用的信息格式，比如ISO 15022及ISO 20022等，但是在公司行为（数据）中，数据清洁化的需求则极其强烈。原因在于，M&A的过程非常复杂，而且必须反映在公司行为（数据）中。此外，还经常会有一些可**选择性的**（choice）事件发生，这就意味着债券或股票的持有者必须对公司的行为做出反应。这些可选择性的事件可能是：

• 在现金股利及股票股利之间进行选择；

• 选择是否接受要约；

• 利用债券中的看跌期权条款要求提前赎回等。

时机很重要，因为这些事件的选择都有一个截止日期（deadline）。

事件数量及其复杂性的增加意味着对专业人士（specialist labor）、对“精通数据人士”（people with data in their blood）之需求的同步增长。在可选择性的事件（投标、股利形式选择）中，银行、托管人以及证券所有人之间需要对话交流；所以信息供应链变得愈加复杂。据估计，每年关于公司行为的信息总数约为400万条；其中，有300万条是关于预定的利息支付以及到期事件的（比如，有关公司行为数量的信息，可以参见Oxera报告 http：//www. oxera. com/oxera/media/oxera/downloads/reports/corporate-action-process .pdf? ext=.pdf）；剩下的100万条中，大部分是股利公告，其余则大多是棘手的案例，比如每年大约有500宗关于配股的信息需要人工干预。中介机构参与得越多，途中信息丢失的风险就越大。

错过一条企业行为方面的信息会影响到大量的头寸，因此而造成的后果可能极其严重。特别是如果所错过的是自愿行为信息的话，往往会导致非常高昂的代价。托管人通常会直接从与发行者及其代理人关系密切的当地市场渠道来获取相关信息。前台需要将公司行为作为证券价格的驱动因素之一。投资经理需要对股利收益率做出准确的预测。出于资本分配与分割以及风险度量的目的，需要对金融工具价格的时间序列进行（必要的）修正。

那些涉及非公司行为的金融机构与部门所扮演的角色会导致各种不同的观点，而这些不同的观点也通常会反映到内容产品当中。那些单纯的公司行为信息，以及那些包含更多公司行为信息的内容产品，都是安全主数据的附属物。为了能在这个领域与单纯的聚合器竞争，一些托管人或者体量巨大的投资者已经能够提供经过整合的公司行为产品了。它们可以利用其自身已经拥有的各种信息来管理它们自己的各种业务。

2.6.4 价格、报价以及流动性

价格数据有不同的类别，我们可以通过它们各自的特点来进行区分：

• 交付频率以及延迟时间。包括直接从起始点开始的实时数据流（real-time streaming）、快照（snapshots）、当日结束/最终的数据以及历史数据等。

• 价格类型。报告中的价格可以是指示性报价、公司承诺的报价、交易发生的价格、模型交付价格、基于对多个参与者的调查所得出的价格，

以及按一定规则来计算的收盘价（例如，从证券交易所那里获取的）等。

现在，我们对各种价格数据类别进行更为详细的讨论。

实时数据，也称为数据流，这类数据主要是经纪人或执行场所的直接报价以及价格信息流。这些数据不仅包括价格，还包括时间与销售信息，详细说明了交易的时间、数量以及订单的信息等。交易场所决定着订单信息披露的程度。而监管趋势就是要使得这些交易前的信息更加透明（特别是根据即将实行的欧盟MiFID Ⅱ/MiFIR规定，交易场所需要发布交易前的信息；那些一个产品所占市场份额超过一定阈值的金融服务公司，会被归类为“系统性内部化公司”，需要进行双向市场报价）。导致这种局面形成的主要原因就是投资者保护：确保投资者掌握最优的价格发现方式，以获得最佳可用价格。如果同一种工具在不同的执行场所交易，那么一家机构就需要在其内部整合不同的报价信息及订单簿，以掌握其全面的流动性情况。

与定价密切相关的其他动态信息包括交易量以及未平仓合约（open interest）。未平仓合约是指未平仓期权或期货合约的总金额。成交量对于判断大型订单对市场的潜在影响非常重要。数据流通常以溢价方式实时发送，而以延迟模式分发的数据流则有可能免费或者大幅度折价。延迟时间因交易所而异，从15分钟到几个小时不等。

收盘价。交易所等受监管的交易场所，在交易日结束时都会报告官方收盘价。收盘价通常是在交易活动结束的最后时刻公开透明地发布——根据交易所制度预先规定的具体程序。不同的交易所确定收盘价的方法也有所不同，如收盘价可以定义为交易日最后5分钟的VWAP。有时收盘价可被简单地定义为最后一笔交易的价格或最后一笔交易时的最佳可获取价格。由Dow Jones以及MSCI等指数提供商计算的市场指数也有一个官方收盘点位。

快照。由于OTC市场没有官方收盘价，因此那些必须对某个头寸进行重新估值的机构需要在某个特定的截止点拍摄快照。在时间期限上，投资组合中的所有工具应该互相保持一致，这一点非常重要。有时，一家机构会在所期望的截止点附近找个区间来获取数据流，取其中间值或平均值，以防止拍摄快照时出现异常值而扭曲图像。有时，机构会从一个在特定工具方面非常权威的做市商那里获取一个像16.00美元这样的价格。有时，也可能将两者结合起来，比如选取可信做市商所报之一组价格的中间值，前提是这一组报价符合风险控制要求。

历史数据。历史收盘数据可用于风险管理，也可用于计算金融产品定价的历史波动性。风险管理规则的制定通常依赖于使用年限为1年至10年的历史数据。同样，压力测试的进行也会运用历史数据，即通过利用历史记录中冲击性最大的事件来校准所需的监管资本。历史数据包括金融产品的每日收盘数据，也包括用于市场影响分析的历史报价数据，以及其他风险因素的历史数据，比如宏观经济变量、拖欠率以及违约率等。很多具体历史事件在压力测试情景中发挥着重要作用，其中包括2008年的雷曼兄弟公司破产、欧洲债务危机，更早的事件则包括1998年的长期资本管理公司倒闭、1997年的亚洲金融危机、2000年的互联网泡沫破裂、2008年的雷曼兄弟股票退市等。监管机构已经开始针对历史事件或者更具探索性的目标来制订具体的方案（英格兰银行、联邦储备委员会CCAR/《多德-弗兰克法案》压力测试（DFAST）以及欧洲银行管理局（EBA）计划等）。历史价格数据除了可以用来观察一些事件冲击对投资组合的各种影响之外，还可以用来对投资组合及其交易策略进行反向测试。

过去的盘中数据及报价数据（historical intraday and tick data）不仅可用于回测那些依赖市场微观结构的各种策略，还能用于研究市场的影响以及衡量流动性等。此外，交易前区域的历史数据还可为一些研究与技术分析所用（历史与现实之间到底有多大的相关性，更像是一个哲学问题或者说研究兴趣的问题。这就是数据与价值判断之间的较量）。

一些主要的交易所历史非常悠久，因此其价格历史也可追溯到很久以前。以Dow Jones Industrial Average（DJIA，道琼斯工业平均指数）为例，可获取的股票指数可以追溯到19世纪90年代（该指数最初的30家成分股中，只有通用电气得以幸存；其他主要交易所的股票篮也出现了类似的流失率）。信用评级可以追溯到20世纪初，当时John Moody（约翰·穆迪）意识到独立的公司评估是很有市场前景的，于是开始为美国铁路债券进行评级。这些可以看作早期的财务报表及信用风险分析的外包（无论是在经济学还是气象学上，时间序列出现的历史都比DJIA长得多。Rabobank编制的荷兰政府债券收益率图表可以追溯到16世纪80年代。天气数据的时间序列最早始于18世纪初，当时荷兰和波茨坦开始每天都记录准确的气温观测值）。

如果需要对一个投资组合进行重新估值，那么通常就会发现其中某些资产的估值相对更为容易一些。对于流动性较差的金融工具，“按型号进行标识”（mark to model）有时是唯一的选择。通常，银行采用以下两种方法对此类金融工具进行估值：采用来自独立中间商的报价，该报价来源可靠并对适用模型没有限制；采用来自交易员的报价，而中间商会将这些报价与一个（特定的）价格，比如中立的市场价格等进行对比。

总的来说，评估投资组合中的资产（价值）至少有以下五种不同的方法：

• *评估价格*。这种观点认为，根据评估时的工具属性、市场条件以及可比产品的价格等（信息）可以得出一个准确的定价。

• *征集价格*（contributed prices）。这是指根据一组被征集者所提供的数据得出的一种综合价格。一个征集价格池（a pool of contributors）可以带来一个平均价、中位价，或者去除最高价和最低价之后的一个平均价。

• *交易价格*。这里用到的是来自交易商所做交易中的一些价格，交易者对他或她自己的投资组合进行重新估价。在涉及风险与估值时，监管方一般倾向于使用“真实的”价格。而与此同时，由于监管方致力于提升OTC市场的透明度，因此那些可获取的“真实的”价格也越来越常见（这一点已经促使在美国出现了许多新的数据存储库，参见http：//www.cftc.

gov/industryoversight/datarepositories/index.htm，并且同时在欧洲出现了来自清算公司的各种交易数据存储库，参见 https：//www.regis-tr.com/以及 http：//www. lseg. com/post-trade-services/matching-and-reconciliation/unavista/unavistasolutions/unavista-trade-repository）。

• *理论价格或公允价值*。这里指的是，通过使用某种折现率以及信用评估而对现金流进行折现之后，所得到的一种“客观的”估值。

• *交易数据*。（它）使用那些来自受管制的交易所的各种官方收盘数据。

在定价过程中，覆盖率、及时性以及准确性是评价数据服务（质量）的重要标准。当一个投资组合被重新估值时，各种价格也应保持（必要的）一致性。一致性指的是时间的把握以及所采用的报价内容都要保持一致。如果你在做多的时候选择询价而在做空的时候选择报价，那么价值就不仅会被歪曲，而且还有可能过于激进。此外，报价的时间也应大致同步，否则市场的变化就只会体现在该投资组合的某个部分，而不是另外的某个部分。特定的因素模型已经开发成功，用以根据美国收盘时间来调整那些来自欧洲或亚洲各个市场的收盘价。

宏观经济数据是一种获取频率较低的时间序列数据。例如，失业、通货膨胀以及 GDP 等数据通常是按月度、季度或者年度来公布的。财务报表也可以看作时间序列数据，因为报表通常是每个季度、半年或者一年才提供一次的。

时间序列的概念运用逐渐超越了价格、订单以及成交量。正如后文中所涉及的评级问题那样，作为监管要求的一部分，银行还必须记录那些关于内部信用评级与经营亏损的历史。

*流动性*主要体现在时间及地点这两个方面。如果所有的交易都在同一时间与同一地点进行，那么经纪人或交易所的存在就形同虚设。流动性可以定义为，可被交易双方利用来快速便捷地实现其交易想法的机会（关于流动性的精彩讨论，请参见 Harris，2003）。有组织的交易平台的功能就

在于可以将买卖双方联系在一起。以下是衡量流动性的各种不同的维度：

• *即时性*（immediacy）。交易执行的速度有多快。

• *宽度或广度*（width or breadth）。这是交易的成本，如买卖价差加上佣金等。它告诉你关于交易成本的一个方面，亦即流动性成本。

• *深度*（depth）。这是指在一定的成本要求下可以安排的交易规模。例如，卖100股股票可能要比卖100 000股股票更加有利可图，首先是因为做市商不会有那么多的库存，其次是因为做市商可能会认为较之那些真正想买100 000股股票的人，自己对相关信息的了解相对更少，所以会在调整报价之后仅仅卖出100股。

• *弹性*（resiliency）。弹性是指因为不知情的交易员而引发的大规模订单流（large-order flow）失衡之后，价格恢复到以前水平的速度。“不知情”是指交易员没有根据最新信息来采取行动，而只是想重新平衡头寸。不同的参与者会关注流动性的各个不同的方面。想要处理大宗商品的大型交易员一般主要关注的是深度；而缺乏耐心的交易员则注重的是即时性以及市场广度。

流动性是交易成本的一个组成部分。频繁的交易可能会使这种策略所带来的收益减少。它将与其他成本一起进入交易成本分析（transaction cost analysis，TCA）程序。值得注意的是，降低交易成本通常比改进投资组合决策来得更加容易且可靠，而且交易成本的降低将会直接影响到利润。

流动性取决于市场的类型及其所涉及的工具，同时它还可以非常迅速地发生变化，正如2007—2009年金融危机期间（的情况那样），当时抵押贷款产品以及商业票据市场在一夜之间消失得无影无踪。在通常情况下，蓝筹股以及OECD（经合组织）货币的外汇交易具有很强的流动性。政府债券可以有一个合理的流动性；许多公司债券和市政债券的交易则往往稀稀落落。外国货币通常缺乏流动性。流动而活跃的市场通常有大量的基于不同原因及视野而参与市场投资的投资者。与不太活跃的市场相比，你会发现在那种更为多样化的市场结构中，如果你要执行一项交易策略，就会有更多的订单类型及市场模型可供选择。

对于大型交易来说，由直接费用以及市场影响所构成的交易成本可能着实不少。如果机构投资者就在同行之间直接进行交易，那么就可以节省一定的交易成本。使用Liquidnet（参见www.liquidnet.com）等系统的目的就是要让交易更加便捷可行。这些系统通过查看记事本上的交易记录来检查本次交易是否能与他人匹配，如果匹配，则使用匿名消息来协商价格。

流动性数据的发展趋势包括：

• 交易活动的透明度会越来越高。过去，透明度仅限于交易所中交易的产品。即将出台的MiFID Ⅱ规定了交易后的报告义务，而EMIR与《多德-弗兰克法案》规定了某些OTC（柜台市场）产品的报告义务。由于这些规定都已经得到了落实，因此可以获取更多关于OTC的信息，比如关于掉期市场中交易的各种信息等。这些信息通常都被收集在交易存储库当中。

• OTC产品的中央结算已经促使OTC市场在一定程度上走上了标准化的道路，进而导致关于交易量的比较及汇总等工作变得更加方便易行。

• 流动性会受到法规的影响，比如Basel Ⅲ等。如果持有证券的成本变得越来越高，或者在Basel Ⅲ的要求下，持有某些高质量的流动资产（high-quality liquid assets ，HQLA）变得越来越重要，那么供给方面就会出现频繁的换手现象。

• 监管机构也越来越多地要求报告流动性风险。这不仅适用于银行，也适用于投资经理，进而推动了新的流动性评分体系的逐步发展（例如，对过去OTC交易的债券进行评级；有关数据产品的一些信息，请参见https：//www. theice. com/market-data/pricing-and analytics /analytics/liquidity和 http：//www. markit. com/company/files /Download Document？ CMSID = 3 e73ade9d7c1461091776bd 5 afefa65d）。

2.6.5 分析

为了能够更好地分析大量的时间序列数据集，各种不同的统计数据及指标被研发出来。其中，零利率曲线、票面收益率曲线以及远期利率曲线等是体现利率结构随着时间变化而变化的不同方式。作为执行价格与到期时间的函数，波动率微笑曲线及表面形态表达了结构期权合约中所隐含的波动率。不同的数据供应商通常会提供不同的服务，比如Riskmetrics（参见http：//www.riskmetrics.com/index.jsp）就会提供那种可直接进入应用程序的各种市场摘要信息。Riskmetrics还会提供那种可直接用于风险与定价引擎的相关性及曲线等。

风险因子数据是衍生数据组的一个组成部分：它可根据市场数据、工具的条款及条件来计算价格。风险因子是一种概括性的衡量指标——通常可以将投资组合中的价格驱动因素归纳为一小部分风险因子，但这些风险因子能够解释大部分的市场变化。我们将确定这些关键风险因子的过程称为*主成分分析*（principal component analysis）。其他分析指标包括：

• 成交量权重，如VWAP。这是一段时间内的成交量加权平均价格。在一段时间间隔内的所有交易中，将价格与成交量相乘，再对其求和。VWAP表示的是这个总和与该时间段内总交易量的比值。它是衡量交易执行水平的一个关键基准。换言之，它反映成交价格的好坏。

• 价格调整。基于特定（隐藏）风险来纠正一个名义价格的调整方法多种多样。例如，信用估值调整（为了降低交易对手方信用风险的价格）、融资估值调整（FVA）以及借方估值调整（DVA，根据你自身的信用风险进行调整）等。这些调整统称为XVA。估值的方式越来越趋于保守，并且采用各种不同的*审慎估值*（prudential valuation）*方法*进行调整。在数据来源方面，如果涉及不同的价格信息来源，比如交易所价格、内部与第三方的交易价格、交易报价、共识服务数据、指示性报价以及交易对手方的抵押品估值等，那么其趋势就是越来越倾向于网罗更为全面的数据（比如，参见欧洲银行管理局关于审慎估值的标准 https：// www.eba.europa.eu/ regulation-and-policy/market-risk/draft-regulatory-technical-standards-on-prudent-valuation；或者参见 http：//ec.europa.eu/ transparency/regdoc /rep 3/ 2015/EN/ 3-2015- 7245-EN-F1-1.PDF，chapter 1，article 3）（图 2-5）。

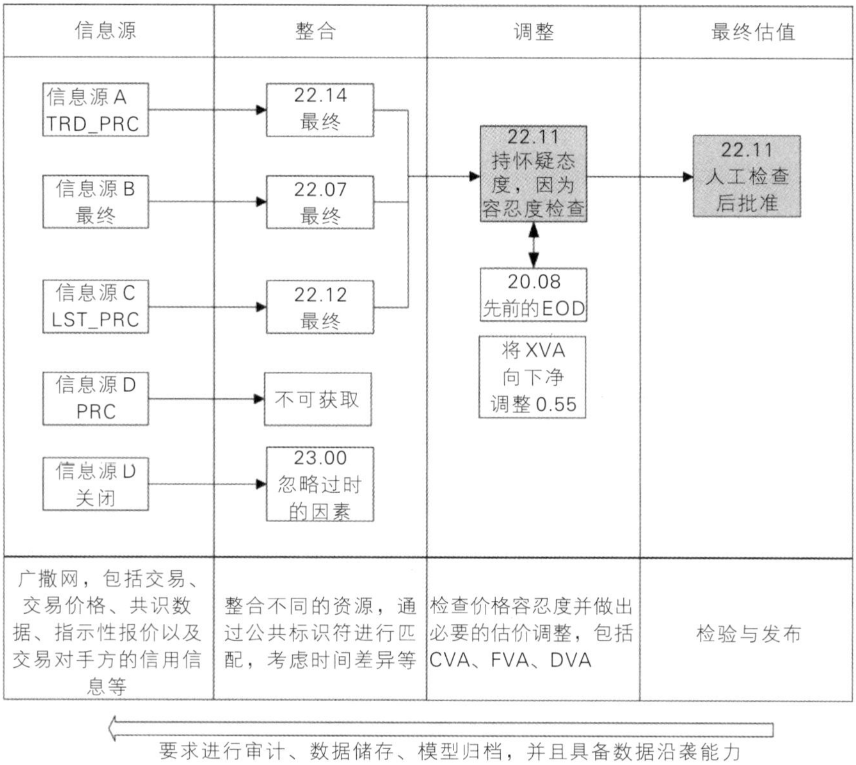

图 2-5　评估流程——数据管理步骤

就风险因子数据而言，同样也越来越需要得到现实交易价格而不仅仅是模型的支持（例如，*对交易账本的概要回顾*，参见 http：//www.bis.org/ bcbs/publ/d352.htm，paragraph 183c）。

• 对非线性敏感效应的价格修正需要不同类型的修正方法。例如，凸性（convexity）调整是在利率期货中使用的修正因子，而期权调整利差则是固定收益证券收益率的一部分，这部分收益率是嵌入式期权的结果，如可转换债券或可交易债券等。

• 另一类数据是经常用于统计套利的因子模型。因子模型是一种统计模型，通过一组加权的公共因子加上特定工具的因子来表达金融工具的收益。权重又称为因子负荷，这些因子可以包括宏观经济变量、利率、通胀、信贷利差、股票指数水平以及波动性等。

许多分析性指标都可表示一种价格对某一变量的*敏感性*（sensitivities）。接下来，我们将讨论那些最常用于分析期权、股票以及固定收益的各种指标。

期权。期权敏感性也被称为“期权希腊值”（option Greeks）。这些指标衡量了期权价格相对于各种潜在的价格驱动因素的敏感性。分析指标如下：

• *delta*。建立在价格变动基础上的价格敏感性。

• *gamma*。基于delta变化的价格敏感性。换言之，这是期权价格相对于标的资产价格的二阶导数。

• *rho*。相对于头寸融资利息率变化的价格敏感性。

• *vega*。基于标的资产价格波动性变化的价格敏感性。

• *tau*。相对于到期时间变化的价格敏感性。

在计算这些指标及期权价格时，需要期权合约参考数据、标的资产的当前市场价格，以及用于期权剩余期间（相关计算）的当前无风险利率等所有的信息。

权益工具。*贝塔*和*阿尔法*（beta and alpha）是权益工具领域的两种衡量标准。贝塔系数用于表示某投资组合与基准组合（即市场组合，译者注）之间的相关性，以及衡量二者行为的相似性。阿尔法用于表示指数或基准的超额收益。与基金相关的比率有很多，比如Sharpe ratio（夏普比率）、Treynor ratio（特雷诺比率）以及Jensen's alphas（詹森阿尔法指数）等。这些比率都可以用于各种基金的排名及其比较（阿尔法/贝塔范式主

要用于股票投资组合，也经常用于宣传材料）。

在衡量权益工具绩效时，需要考虑公司行为的影响。在分析时间序列时，可以考虑忽略股票分割、股利发放以及其他资本分配行为的影响。一些供应商会提供未经修正的历史时间序列数据，而其他供应商则可能提供修正后的历史时间序列数据。由于用户的需求可能有所不同，因此这一点将对金融机构内的公共数据服务提出一定的挑战。

固定收益（工具）。固定收益类金融工具的发展走势通常比权益工具更加系统化。在固定收益领域，通常用两种指标来衡量利率的敏感性：*修正的存续期间*（modified duration）以及*伽马值或凸性*（gamma or convexity）。修正的存续期间是债券真实寿命的一种度量指标，它度量现金回流到债券持有人手中的速度，同时考虑中介现金流的影响。它衡量了债券价格相对于利率变化的敏感性。伽马值或凸性则是二阶效应，衡量了修正的存续期间相对于利率变化的敏感性。实际上，修正的存续期间类似于期权的delta值，凸性则类似于期权的gamma值。基准收益率曲线的数据质量容不得半点马虎，因为它决定了债券组合的全部价值。

商品（commodities）。尽管商品种类繁多，但并非所有商品都有一个交易活跃的期货市场。由于产业需求以及供给动态决定了其价值，因此每种商品都有其特定的风险因素。*基差*（basis）指标是常用的风险衡量指标，它表示的是两种类似商品价格变动的差异。例如，原油与航空燃油等。除此之外，价差（spreads）是另一种常用的风险衡量指标，它描述的是商品在产业供应链的不同阶段中的价格转换效应。例如，由燃气到电力或者由糖类到乙醇的价格转换等所产生的价格差异（crack spread）。衡量风险的主要数据源应该是基准商品组中流动性最强的那一种商品。

除了数据之外，许多数据提供者还在此基础之上提供相关的风险因子及其分析指标。然而，监管机构更倾向于提高交易的透明度，这一点意味着公司仍然需要获得基础数据，并且需要能够复盘（即再现）并解释导致该分析结论的计算过程。

2.6.6 法律实体数据以及实体关系

法律实体——高级金融市场数据模型中的参与者，其范围涉及客户、场所、发行方、监管机构以及市场基础设施等——的数据包括以下几种不同类型的信息：

• 基本信息，如法定全称、所属国家以及所处地址等。

• 行业分类与客户类型。常见的行业分类框架主要包括美国的北美产业分类体系（NAICS，参见 http：//www.census.gov/eos /www/ NAICS /）以及欧盟产业统计分类（NACE，参见 http：//ec.europa.eu/ competition/mergers/cases/index/nace_all.html）等。根据财政义务以及相关监管要求，可以将客户与交易对手分为不同的类型，如金融/非金融交易对手（EMIR）、零售客户、合格客户或者专业客户（MiFID Ⅱ）等。

• 用于识别参与方的标准标识符。它可以是个人的社会保障号码、身份证/护照信息，也可以是企业的商会会员信息等。近期，法律实体识别编码（LEI；ISO 17442）已被列为金融市场的全球标准标识符。截至撰写本书时，全球已发行超过46万份LEIs（2016年9月；参见https：//www.gleif.org/en/lei-data/gleif-concatenated-file）。

• 法律层面的信息，主要是指显示公司法律结构的信息，包括所有的子公司、股东、董事以及管理层等方面的信息。一些实体数据产品就专门研究各种标识符之间的交叉引用情况，据此揭示发行者和已发行工具之间的某种联系。这一点有助于银行内部的客户识别，亦有助于通过连接发行者与发行物等来管理信用风险。

从客户上线开始，就必须对这些信息进行尽职调查。调查形式如下：

• 针对政治公众人物（PEPs）的姓名展开个人筛查，并确定其公民身份，以防止税务机关提出某些指控；

• 由一个合规部门对多家公司进行筛查。公司需要谨慎决定是否要与某个交易对手方进行交易，如果确实要进行交易，那么就需要确定哪些产品以及何种限制较为适合。

另外，增加信贷额度也要求用到法律实体信息，亦即要求对公司的财务报表、经营计划、执行能力以及管理状况等进行全面的检查。

许多数据产品被研发出来，用以提供关于法律实体的信息。我们可以对这些产品进行分类。后文将具体介绍这些类型（的数据产品）。

2.6.6.1 公司结构

关于公司结构的内容产品显示了一家控股公司及其所有全资或控股子公司。谁拥有谁、谁拥有什么以及谁最终要为法律体系中发生的任何行为负责等，这类信息的质量好坏至关重要。许多供应商倾向于提供自下而上的汇总后的基本信息，以便客户能够找到终极（国内的或全球的）母公司的名称，但也有一些其他的供应商专门提供那种比较完整的结构，以便客户能够自上而下地从控股公司追踪到旗下的所有子公司。因为一些大规模公司名下可能有1 000多家子公司，并且这些子公司的名称往往又很相似，而在结构上还可能有6个或7个层次，所以往往呈现出一个非常复杂的结构图像。

关于公司结构的其他信息包括持股比例、董事会成员姓名以及控股公司主要股东姓名等。这些产品的使用者将是公司的信贷部及信用风险部，因为公司信贷部需要了解自己所提供咨询的客户的来龙去脉，而信用风险部则需要了解某些信贷是如何累积成一种风险敞口的。

这方面的产品实例包括来自Reed Business的BankersAlmanac。它提供关于银行与Van Dijk电子出版事务局（Bureau Van Dijk Electronic Publishing）的具体财务与组织方面的信息。该公司提供不同的公司数据库，包括Amadeus（覆盖2 100万家欧洲公私企业）、Bankscope（提供全球3.2万家银行的信息）、Oriana（专注于亚太地区）以及ORBIS（覆盖2亿多家企业）等数据库（来源：www.bvdep.com）。

2.6.6.2 行业分类

除去NAICS与NACE等官方规定的行业分类框架之外，被广泛运用的商业分类标准还包括由S&P（标准普尔公司）和MSCI（摩根士丹利资本国际公司）所拥有的GICS（全球行业分类标准），以及来自FTSE（富时指数）和Dow Jones Indexes（道琼斯指数）的ICB（行业分类基准）等。通常，这些标准会提供一个多层次的树形结构，用以指定主要的行业组，并进一步将其细分为更精确的公司门类。这些信息有助于把公司面临的行业组别风险归入行业类别（different industry buckets）风险，以便监控那些集中化风险，同时，这些信息还可以用来创建行业细分指数并创建用于业绩评估的对比组等。

2.6.6.3 KYC支持

近年来，对客户端数据管理的要求越来越高。其中部分原因乃是相关部门为了发现一些非法的活动，加强了对消费者保护的立法以及对客户行为的筛查。具体的措施包括实行"了解客户"（Know Your Customer，KYC）工作，亦即银行在客户被确定之前必须对客户的背景进行尽职调查，并排除洗钱的可能性，亦即监控客户的资金转移行为。KYC包括将客户的姓名及已知洗钱者或罪犯的监视名单进行比对。这些名单通常由政府及执法机构来保存，比如Office of Foreign Assets Control（美国外国资产控制办公室）特别指定的国民名单（参见http：//www.gov/offices/enforcement/ofac/sdn /t11sdn.pdf）。AML（anti-money laundering，反洗钱）包括根据客户预期的或记录在案的状况来检查客户的行为。那种专门侦查支付行为中隐含的嫌疑模式的专用软件可以把所有客户集中起来配合调查。

2.6.6.4 关系

一个特定的信息类别就是金融服务生态系统中不同参与者之间的（特定）关系，而该生态系统在前文的数据模型里略有提及。它包括多种关系类型，例如：

• 注册人关系。哪些人担任董事会职位，以及非执行董事职位的数量是多少？他们之间是否存在亲属关系？越来越多的监管机构将活跃在金融服务业的人员登记在册，它还可以包含一个PEPs（政治公众人物）注册表。其主要用途是行为跟踪，并且针对某单独个体在其成为客户、员工、主管或服务提供者之前对其进行筛选。

• 来自LinkedIn或Facebook的社交网络信息。它显示社交图中人与人之间的各种关系，而个人线上活动的信息则显示B2C广告需要用到的个人偏好及其行为模式等。

• 企业之间的关系超越了法律层级上的母子关系。有关所有公司及其客户－供应商关系的具体信息可用于投资决策、信贷决策或者分析特定行业等。

• 高级数据模型中的参与者和对象之间的各种特定财务关系。其中包括担保人关系（比如，一家公司为另一家公司的债务提供担保）、发行人关系（比如，在债券合同中识别法律实体等）以及不同的代理关系（包括抵押品、清算以及结算等）等。

• 关于某一特定证券持有人的机密信息。其主要用于衡量市场效应，了解买卖关系或者连接买卖双方等。

• 那些通常包含各种产品信息的基金经理或交易商姓名及其联系方式的目录，可以分为产品类型目录（如外汇交易员概览）或者公司类型目录，比如对冲基金目录等。这些目录可以用于销售与营销目的以及客户关系管理等。此类信息的发布者包括Euromoney（参见http：//www.euromoney.com/）等。建立并管理你自己的列表，以及通过使用诸如LinkedIn等工具并根据职业兴趣来对个人进行分组等，（这些工作）已经变得越来越简便易行了。

• 在一家公司内部，可以使用私人社交网络来代替电子邮件进行项目协作。

图形数据库（graph database）技术是为表述及跟踪关系属性而开发的一种特定技术，我们将在第5章对其进行详细阐述。

与受益于长期标准化的安全主数据相比，对手方数据管理领域有着更广泛的复杂性，包括：

• 来源较为广泛。法律实体数据来源十分广泛，其中包括商会、评级机构、法庭程序、新闻提要、直接研究、网站以及大型数据聚合器等。

• 内部来源的信息。由于一些信息是专有的，如内部评级、客户状况（例如，MiFID的客户分类与最佳执行协议等）以及报告层次结构等，所以很大一部分数据来自主体内部。

• 内容授权的多样性。安全主数据以及分组定价（streaming pricing）信息中通常包含商业性的内容。然而，有些信息是公开的（上市公司的各种财务报表），而有些信息则是要通过业务关系才能对等地获取，甚至可能是保密的（限制条件、客户档案、持股状况、内部信用评级以及风险敞口等）。将其与安全主数据或定价数据进行对比可知，后者可能更为同质化。这一点意味着在访问权限及数据保护方面存在着诸多具体的挑战。

• 数据所有权方面更具复杂性（politics）。谁拥有了客户数据，谁就拥有了客户关系。产品主数据（应该）是更为价值中立性的。

• 不同的数据质量处理流程以及标准标识符的缺乏会带来不同的匹配流程。LEI正在改变这种情况，同时还在计划着不断扩展——不仅仅包括标识符，还包括那些可以表明法律结构的各种链接。有别于安全主数据，你不需要对供应商进行大量冗余的交叉检查或者确保业务的连续性：该过程将更多地通过采集相关补充数据集（财务、研究、关系信息等）来完成信息的拼图（jigsaw）。这一点意味着数据管理过程更多的是集成而不是比较，而且该过程通常是模糊匹配的。标识符标准的欠缺意味着需要通过查看许多不同的属性（法律形式、公司所属国家、部门、字符串匹配等）或内部标识符来匹配那些链接信息源。

2.6.7 投资组合数据

一个投资组合可以被定义为，一个特定投资决策机构负责的由不同金融产品所组成的头寸集合。一个投资决策机构既可以是一个委员会，也可以是一个董事会，抑或是某单独个体的投资组合经理。从某种意义上来说，每个消费者都是一个投资组合经理。

在卖方，交易账簿也通常被当作一个会计账目。如果你拥有了交易账簿，那么你就有责任将风险控制在一定范围之内，并且根据特定的条件状况进行交易。如果负责管理的是第三方资金，那么就可以用到“投资组合经理”这一特定术语。

投资组合可以采用投资结构的形式来构建，既可以直接在一个独立于客户的账户中完成，也可以通过建立一个起媒介作用的基金来完成。基金的类型多种多样，一般根据目标客户所假定的复杂程度而实施不同的监管。例如，一项互助基金（mutual fund）要受到欧盟可转让证券集合投资计划（UCITS）规则的约束；相比之下，一项对冲基金（hedge fund）所受到的监管则要宽松得多，但它并不会向普通投资公众开放。有关一项投资组合的信息包括它的：

• 投资组合经理。投资决策的负责人。

• 授权。投资策略是什么？投资组合可以投资哪些类型的产品？基金能否借款，是否有最低持有现金要求等。

• 操作信息。谁来评估该投资组合？谁来管理这些资产？这一点涉及基金管理人员与托管人之间的关系状况。

• 绩效标杆（benchmark）。投资组合的绩效是根据哪一项指标进行评价的？它可以是公开可用的参考指标，也可以是顾客所要求的特定标杆。

• 法律地位。投资基金可以是那种只对特定客户开放的对冲基金，也可以是那种受特定监管的互助基金。

• 风险规模。某些类型的基金，比如欧盟的UCITS等，会要求披露相关的风险规模与投资者信息等（参见http：//ec.europaa.eu/internal-market / investment / investor-information/index-en.htm，查阅那些主要投资者资料文件的内容）。

• Morningstar或Lipper所提供的针对消费者的风险/收益评分的其他信息。

• 历史收益信息以及关于本基金所支付的任何股利方面的信息。

• 主要投资和/或按国家、货币或行业划分的投资项目组成部分。

2.6.7.1 收益分析

在分析一份交易性投资组合或者一只基金的收益时，必须清楚地界定该收益的具体衡量指标及其度量期限。除了简单地比较该产品所观察期间的开始及结束时的价值之外，还有一些其他的收益度量方法。例如：

• *风险调整后收益*。这种方法结合了风险管理与管理会计（的相关原理）。这些指标在用于比较业务部门和投资组合的业绩时，考虑了所使用资本的成本费用。通过这种方式，一致性被引入经营单位的绩效考核指标当中。诸如风险调整后的收益率等指标，是考察那些机构之资本运作效率的较好的关键绩效指标（KPIs）。

• *风险调整后的超额收益*。在这种情况下，该收益率被用于与市场收益率乘以投资组合贝塔系数之后的数值进行比较。

• *总收益*。该指标将再投资（所获的全部）股利考虑在内。

针对一个收益指标，需要考虑的不同因素及输入信息包括：

• 该收益是应缴税款（例如，预扣税）之前的毛利还是之后的净额？

• 该收益是扣除基金管理开支及费用之前的毛利还是之后的净额？

• 何谓回报期？该收益是从年初至今的收益，还是滚动的一整年的收益，或者上一个日历年度的收益？

• 如果要求超额收益，那么应该使用什么样的基准来对标？在基金的整个生命周期和收益期间内，该对标基准是否保持了一致性？

• 收益率与风险之间的匹配关系如何？相对于所承担的风险水平，期望获得什么样的收益？换言之，每单位绩效的风险单价是多少？

• 是否存在一个有保障的（最低）收益率？例如，通过（设计一个）期权结构保障收益率？是否可以检验该期权结构的价格，或者通过其他产品来复制（验证）它？

• 基金的中期现金分配是否包括在内？对这些现金分配进行再投资的

假设前提是什么？

• 自上一次现金分配之后的应计票面利息与应付股利等应计项是否含在收益指标中？

• 持有这项投资还有其他好处吗？如果有，是否可以量化并加计该收益指标。例如，出借证券的收益？

• 投资组合在计算收益之前是如何估值的？是否使用了交易市场的数据？它的非流动性资产是如何估值的？使用什么评估方法？是按市价计价吗？如果是，采用什么价格？是否与模型相符？如果符合，是否对模型进行了独立验证？在2006年引入公允价值计量之后，会计人员和风险经理人的计量标准开始变得更加一致。公允价值的计量标准规定了重新评估头寸价值的三种方法（参见 http：//www.fasb.org/summary/stsum157.shtml）：

• 通过评估价格的市场法；

• 采用现金流量折现法来评估价值的收益法；

• 通过查看资产重置成本的成本法。

在使用评估价格时，如果没有可用的报价，那么一般都是重新使用贴现现金流的方法。在通常情况下，诸如报价、价差、提前支付速度以及给定违约损失（loss given default，LGD）等信息会被用于价格评估程序。金融危机之后，人们越来越关注公允价值计量，并且尽可能地使用那些锚定在实际交易之中的各种价格。

• 是否考虑到币种的影响？如果是，那么是否使用了准确的汇率？

基金可能都有自己的基准（收益率），（作为自己）努力模仿或者超越（的目标），如果出现一定的差异，这就是*跟随误差*（tracking error）。那么应该选择哪个基准来对标？但有时可能真的无法找到一个合适的基准收益率。个人的跟随误差就是其他人的阿尔法值。如果一只基金没有可对标的基准，那么投资者仍然会根据该基金的风险状况及其过去的行为来设置一定的预期收益率。

2.6.7.2 投资组合的业绩归因

一项投资组合的*归因*（attribution）流程主要是确认其是否针对那些规定的风险因子及风险敞口而设置了恰当的头寸规模。良好的投资组合业绩归因流程，通常要从战术和战略这两个方面做出考虑，一般会：

• 使用一个能够反映投资组合/基金（战略部分）战略（以及监管要求）的对标基准；

• 深入了解每个风险驱动因素对投资组合绩效的相对影响；

• 突出投资组合经理在资产配置（战术部分）方面的技能。

归因所需的数据包括投资组合组成成分的权重及其收益，以及基准组成成分的权重及其收益。无论是在内部还是在外部收集所需的数据，良好的归因流程都意味着高昂的数据成本。

2.6.8 交易

交易是数据模型中参与者之间具体的交互行为。简单地说，交易的组成要素包括：

• 交易发生的日期/时间。

• 交易双方的身份证明，以及可能成为一个中介的代理人或清算人的信息。如果是在交易所，那么这也可能就是发生该交易的那个场所。

• 交易产品的标识及数量。可以是股票的数量、债券的名义金额，也可以是OTC衍生品的名义金额等。

• 就衍生品而言，就是描述该产品的一些术语，如期权执行价格或掉期的利率指数等。

一种特定类型的交易就是基金交易。例如，因临时清算某金融工具而进行的回购行为等。倘若在卖出金融工具的同时又达成了一份协议，亦即约定在未来以略高的价格回购该工具，那么这就属于一种有担保的贷款行为了。

相关各方已经制定了一些具体的数据标准来描述交易，以期提高信息处理的效率，包括：

• FIX和FIXM。该标准主要用于那些已经上市的产品（参见http：//www.fixtradingcommunity.org/）。

• FpML。该标准主要用于衍生品（参见http：//www.fpml.org/）。

出于多方面的考虑，交易记录需要被保存，因为客户可能会质疑交易或交易中的价格。由于监管力度的加大，需要报告的交易信息越来越多。为了更有效地监管市场，同时提高普通公众的价格发现能力，OTC交易信息也应发布到交易信息库之中。

这一发展始于美国的《多德-弗兰克法案》，该法案规定了掉期市场向美国商品期货交易委员会（CFTC）报告的规则，并与规范OTC衍生品的《欧洲市场基础设施监管规则》（EMIR）一起扩展到了欧盟。与此同时，对交易信息的需求贯穿于整个估值与风险评估过程，而这些过程更多地依赖于现实的交易信息，而非数据模型。为了帮助银行及经纪商收集这些交易数据，TR（交易数据储存库）如雨后春笋般涌现。这些公司包括UnaVista、DTCC、Regis-TR、ICE、CME和Bloomberg等。需要报告的金融产品的范围正在扩大，在欧洲，MiFID Ⅱ使得更多的交易信息不再神秘莫测。

2.6.9 财务报表

作为信息供应链的末端，风险管理及财务处理必须将那些来自不同客户群、产品、部门以及国家的各种信息线索结合起来。财务报表在经由外部审计师签字之后才对外公布，因此经过了专门的审查。此外，财务报表代表着公司对交易的准确概述，旨在告知投资者相关信息，因此对如何记录资产与负债的价值等这些事项都有较为具体的规定。许多国家过去都有自己的具体原则及规则（*公认会计原则*，Generally Accepted Accounting Principles，GAAP），但现在全球都在向国际财务报告准则（IFRS）靠拢。

财务报表包括现金流量表、利润表以及资产负债表。财务报表通常按季度和年度进行编制，因此需要对月末、季度末，特别是年末使用的（市场）数据进行额外的质量检查。

当前的趋势是，那些使用可验证之市场数据的估值可能会受到越来越严格的审查。此外，报表中的那些重大错误对财务总监及会计师所产生的影响也愈加重大。

对上市公司来说，那些关于其财务报表细节的要求最为广泛。在美国，这些细节信息可以通过“电子数据收集、分析及检索系统”（EDGAR）数据库来跟踪查询（参见 https：//www.sec.gov/ edgar.shtml）。

XBRL（可扩展商业报告语言）标准越来越多地被应用于交换业务信息。它经常用于向诸如联邦存款保险公司（FDIC）和EBA等监管机构提交财务报告（FINREP）。向税务当局提交报告的标准也是XBRL（参见 http：//www.xbrl.org/glkeyfeatures/gl_webseminar_lutescohen_051215.pdf）。

2.6.10 风险及监管报告

与财务报表类似，风险报告主要面向公司外部，代表着关于公司状态的综合信息意见。风险报告的使用者主要是监管机构而非普通公众，因此报告的内容显得更加专业化一些。

特别是自2007年9月金融危机爆发以来，监管机构对信息涉及之广度和深度的要求越来越高。在广度方面，目前的趋势是，要求报告能够涵盖越来越多的风险类别。监管报告发源于信用风险报告——银行的主要业务之一。20世纪90年代，随着资本市场和交易活动的发展，市场风险也在逐步增加。随后，《巴塞尔协议Ⅱ》将操作风险指标引入其中，并在最近的时期又增加了净稳定资金比率（net stable funding ratio，NSFR）以及流动性覆盖率（liquidity coverage ratio，LCR）这两个指标，用于衡量中期和短期的流动性风险。

与此同时，信息的深度也在不断增加。除了日常的投资组合风险指标之外，监管机构还引入了各种“如果……就会怎样”（what if）的假设情景，用以衡量不同程度的冲击性事件对银行所产生的影响。对这种“如果……就会怎样”假设性分析的需求正扩展至其他类型的金融公司。在欧盟内部，EBA一直在协调财务报告（FINREP）与普通报告（COREP）的报告框架以及标准的报告格式。事实上，这是很有必要的，因为欧盟每个成员国都必须在当地执行这些规则，当然也就非常容易出现报告方面的各种差异。

作为EBA根据《资本要求指令》（Capital Requirements Directive）而颁布的标准报告框架，COREP涵盖了多个类别（的信息），其中包括信贷风险、市场风险、营运风险、自有基金以及资本充足率等。除欧盟成员国家之外，该框架还被近30个欧洲国家所采纳。而用于定期归档的数据标准则是XBRL。

金融服务业正在寻找降低监管成本的方法，其中一种方法就是确认报告过程中的哪些部分可以共享。以KYC的义务为例，其中有很多关于账户及新客户的验证步骤。就市场风险或信贷风险而言，一些基础数据是可以汇集在一起的，比如那种可以提供标准风险因子集的高等级市场数据服务等。或许监管机构自己就可以提供这些信息以提高风险报告的可比性，类似于它们所提供的各种压力测试。

试想，如果监管机构能够要求企业将信息完全地对外开放，那么监管机构就可以直接从企业那里获取头寸及贷款水平的各种详细数据，便于自己随时形成各种报告。实现这一过程的技术壁垒已经消除，但行为和法律方面的一些障碍仍未破除。

就一份经过认证的意见书而言，监管机构可能会认为它更具有权威性，公司管理层则可能会觉得它更容易被理解。在这种情况下，代理模式的产生似乎更有可能，公司可以把更详细的数据集中放在一个共享的环境中，而监管者可以从中抽取数据。这种不断更新的数据库有大量关于贷款和头寸水平的详细数据，其优势得到了各个行业长期一致的高度认可，因为（在这种情况下）监管机构总是实行自己擅长的外部（outlier）检测，并且灵活地运行自己的“如果……就会怎样”的场景测试。可以想象，这对减轻银行的报告负担十分有用，但银行需要为监管机构的数据库访问创建一个持续的“滴灌式”（drip feed）的详细数据流。

2.6.11 税务信息

每个管辖区都有自己的税法。从金融工具的角度来看，需要考虑以下税种：

• 资本利得税。这是指当售价高于买价时所征收的税款。

• 交易税。这是针对每笔交易所征收的税款。其中，最著名的例子是适用于货币兑换的托宾税。股票购买者所支付的印花税是英国最古老的税种。最近，越来越多的国家引入了金融交易税。这是一种难以规避的税。

• 证券所得税。这是各国针对股利和利息收入所征收的预缴税（withholding tax）。在欧盟，预缴税由公民账户的所在国家代扣，但这一税收将被转移到公民居住地的所在国家。越来越多的跨国信息正在被共享，这意味着此类税收将会更加难以逃避。

• 《海外账户税收遵从法案》（Foreign Account Tax Compliance Act，FATCA）要求居住在美国境外的美国公民披露其非美国财务账户，并要求非美国的外资金融机构（FFIs）向美国财政部报告其账户中那些拥有美国个人身份的客户的相关信息。每一种金融工具都拥有经由FATCA所认定的地位或属性（是、否或者不受约束），并且需要适时地向美国财政部报告相关个人以及资产的身份状况。

由于各方加大了对逃税的打击力度，因此银行需要更加了解客户的纳税地点。在FATCA下，确定账户持有者的身份对银行来说是一个沉重的负担。迫于国际压力，瑞士等国家已经放宽了银行保密法。尽管主权国家之间正在加强税收信息共享，但是一些国家仍然只是在收集有限的关于公司股权的信息，因为它们无法分享那些彼此都还没有收集到的信息。

在税收信息中，有一个操作术语是“最终受益人”——这是指身处幕后但支持公司并从某种结构中受益的人。毕竟，避税“天堂”通常并不会披露一家公司的股东到底是谁。

2.6.12 其他文件

合同信息是指由交易双方共同建立的法律框架，包括关于各种结算条款的协议等。结算风险可以通过交易双方达成一种特定的协议来有效地降低，即按照ISDA主协议的规定而仅仅使用某一特定类别的产品（如信用衍生品）来完成双方所有的交易。ISDA主协议出台于OTC衍生品市场增长之后的1987年，并在1992年及20世纪90年代末市场危机爆发之后，于2002年再次修订。该主协议涵盖了各种产品类别与地理区域，并且确定了双方交易的基本框架。

按照主协议的规定，对各项特定交易的确认必须遵从该主协议的相关条款。这就可能涉及*轧差协议*（netting agreement），即双方之间的转账只涉及主协议下所有交易的总金额（经过坐支结算之后）的余额。*交易性轧差*（transactional netting）是指当事人可以在同一天以同一种货币计算应付款项相互抵消之后的净额（net out amounts payable）。但*平仓轧差*（close-out netting）的范围更广。在主协议被取消的情况下，需要对根据主协议所进行的所有交易（重新）进行估价，以期确定其结算金额。这些结算金额将被转换成终极货币并相互加减。其最终结果是，由参与交易的一方向另一方支付净差额。

合同数据还包括关于向哪个客户出售哪种产品的相关管理信息。这一点既包括机构风险的敞口限额，也包括那种向零售客户、高净值（high-net-worth）个人以及专业交易对手方提供“合格”产品的敞口限额。金融机构必须越来越小心谨慎，只能向客户提供符合其风险偏好以及投资目标的那种产品。就专业交易对手方而言，合同信息还可以包括有关“最佳执行”（best execution）协议的详细信息。比如，合格的交易执行场所与其他执行标准等。

除了管辖双方交易关系的合同之外，每种证券都还必须有以招股说明书形式出具的法律文件。招股说明书的篇幅大小取决于该证券（相关情况描述）的复杂程度。在欧洲，旨在加强投资者保护的法律已经开始实行，主要措施是，所有的招股说明书都必须提供那种足够明确而全面的信息。这项规定的另外一个目的就是，促使那些公司在欧盟范围内的筹资更加简单快捷。也就是说，只需通过其中一个成员国当局的批准即可。

除了招股说明书之外，**各种相关研究报告**是在某金融工具发行之后才公开发布的，（内容主要是）某个经纪人对各个公司或者特定产品发表其个人的相关意见。分析师往往只关注某一特定行业、追踪多家公司，然后就是否买卖某只股票而提供相关建议。经纪人创建那些研究报告的目的就是生成订单，因此毫无疑问，其大多数建议都是多少要买点什么东西。

盈利预期及其基本情况是非常重要的数据类别。上市公司必须定期提交财务报表，比如利润表、现金流量表以及资产负债表等。因此，关于过去之业绩的信息属于公共信息，可以通过多种不同的方式来进行披露。美国有EDGAR数据库，加拿大也有类似的SEDAR数据库（参见http：//www.sec.gov/edgar.shtml以及http：//www.sedar.com）。而在其他某些国家，则是由商会（chamber of commerce）来负责各家公司及其财务报表的登记工作。

许多分析师都会预测公司盈利及其股利。那些关于不同财务指标的预测信息，比如收入、现金流、股利、每股收益以及一些特定的会计项目（accounting terms），如EBITDA等，需要被用心收集。像FactSet（参见http：//www.factset.com/，如Lionshares数据库等）等这样的公司，就会通过一个前端的端口来为财务信息及其相关分析提供那种可以访问多个基础数据库的接口，其中还包括有关股票所有权的一些信息。

其他的研究信息是由媒体公司提供的，比如着眼于国家以及石油与钢铁等行业未来发展的工业部门报告等。这种类型的研究是在买方公司及卖方公司内部完成，再通过专业研究公司公开发布的。

2.6.13 通信记录

通信记录（communication logs）的数据主要来源于电子邮件、电话录音、聊天平台以及社交媒体活动等（渠道）。对交易前的一对一互动过程进行记录，是保留及使用*非结构化数据*的一个典型事例。这样做的目的是防止市场被滥用、保护投资者，以及创建一种机制来维护那种有助于交易顺利进行的环境。《多德-弗兰克法案》要求保留所有的可能导致交易执行的口头（电话、语音邮件）及书面（电子邮件、聊天、短信、传真）通信记录。例如，对于单独的一笔交易来说，需要保存的可能是通过彭博社进行的多次聊天记录，以及确认电话的录音等。此外，包括《萨班斯-奥克斯利法案》在内的早期立法也提出了关于保留电子邮件的政策。特别是在伦敦LIBOR操纵丑闻爆发之后，银行需要更加密切地追踪那些个人交易员的通信记录。

这方面监管的重点（包括MiFID Ⅱ等）是记录交易的**全过程**（context）。诸如交易对手方与交易标识符等结构化信息以及诸如语音通信、电子消息和社交媒体等非结构化信息都要被（完整）保存下来。这就意味着大量的信息将与特定的事务相互关联——不仅要加上那些必须被存储的数据，而且还要加上那些需要重新组织的以及可被检索的各种数据。与《多德-弗兰克法案》相比，MiFID Ⅱ影响了更为广泛的市场参与者以及员工群体。

传统的文档管理系统以及新兴的文档数据库都可以有效地存档、检索并挖掘这些信息。对此，我们将在第5章进行详细的讨论。

跟踪社交媒体信息不仅是为了防止市场被滥用，而且也是为了获取零售客户信息。越来越多的消费者自愿提供那些可用于产品营销（Facebook、Twitter）或寻找新员工（LinkedIn）的个人信息。对金融服务公司来说，社交媒体还是它们品牌的延伸。LinkedIn或Twitter上的API提供了访问这些信息流的机制。Twitter占据了（非正式）介于新闻与社交媒体之间的空间，是情绪分析的可靠资料来源（参见https：//dev.twitter.com/streaming/firehose）。

2.6.14 新闻

新闻通常是由一些机构来提供的，它们可以是商业通讯社、社团以及合作社，比如汇集其内容的报纸等。有关宏观经济数据、关键招聘、财务业绩、专利、客户胜诉以及诉讼结果等财务新闻都是可能诱发应对之策的信息，也是价格变化的主要驱动因素。Factiva等服务机构（参见http：//www.dowjones.com/products/product-factiva/）通过提供一些附加服务，简化了那些关于新闻内容的分类、处理以及分发等各种相关的工作。

国际新闻电信理事会（International Press Telecommunications Council，IPTC）创建了一个新闻格式标准，称为NewsML（参见http：//www.iptc.org/pages/index.php以及https：//iptc.org/standards/newsml-g2/，可获取关于该标准的一些具体信息）。创建NewsML的目的在于，促进那种由通讯社、编辑系统、新闻聚合器以及用户所组成之新闻供应链的格式化及平滑化。该标准包括元数据，如状态信息（新闻稿的发布可能会受到禁止）以及版权信息等。除此之外，该标准还允许识别各种多媒体类型的内容，比如图像及视频等。如果被应用于新闻申请，那么它会促使信息的查询与检索等工作变得更加简便易行。

像NewsML这样的标准有助于提供分析新闻的扫描软件。其运用程序非常之简单。例如，通过扫描公司股票代码等关键词即可将新闻条目放入正确的位置，或者制作个性化的网页。而更有趣的是，该软件还可用于实际粘贴一则新闻、帮助分辨哪条信息就是一则盈利声明、过滤出公司新闻稿中的关键数字并且将其与分析师的预测进行比较，或者在一份新闻声明中推断正面或负面的情绪等。该软件运用的下一步便是对新闻进行自动解读，以及可能触发相关的投资决策。RSS（really simple syndication，简易信息聚合）之类的协议有助于过滤互联网上的公共信息源，从而为桌面创建一种自定义的新闻提要。

除了对新闻进行格式化以便于解读分析之外，新闻供应商还有可能在客户的指示下，*标记*（flag）新闻故事以显示那些有趣的内容。除此之外，它们还可以提供*新闻档案*（news archives），帮助那些可能通过这些档案围绕新闻报道研究价格行为的客户进行相关分析。还有一些特殊的新闻服务。例如，来自Bureau van Dijk的Zephyr（参见www.bvdep.com）等，其主要功能是收集有关并购的各种信息。这类服务提供大量关于并购活动、风险资本交易、IPO、合资企业以及私募股权交易等方面的最新信息。

为了方便机械化处理，越来越多的新闻（格式）从平面文本转变成了标记文档。扫描服务可能有助于读取到主流的情绪，从而评估市场人气并进一步生成投资（与否的）信号。与此同时，像owlin.com这样的网页所提供的服务还可以追踪到大量的网站及新闻服务，并将其与机器翻译结合起来，以便更好地利用大量的本地语言媒体。当地媒体通常能够更早地获取信息。除了机器可读的新闻与爬虫服务（crawling services）之外，新闻指示板还能跟踪信息，或者在任何可能影响到一次操作行为的事物（供应链、供应商价格）上建立起一些交易的信号或警告。像Twitter这样的服务就是介于新闻和社交媒体之间的一种中间形式。

个性化的新闻指示板（news dashboards）非常普遍，可以为你梳理网络信息（crawl the web），并提炼那些与每个用户都密切相关的信息与关键统计数据等。

2.6.15 信用信息

信用评级，就是对散户（retail）或公司客户、发行人，以及诸如债券或结构性产品等金融工具甚至一个国家的信用可靠性进行评估，其（结果）要么是由一些研究机构通过行为研究、财务分析或统计分析而得来的，要么就是由一家金融机构在其内部自行创建的（内部性的评级）。在本节中，我们将对下列各种类型的评级加以区分：

- 信用评级
- 互助基金评级
- 商业评级
- 散户信用评分

每个类别都将在后面的章节中进行详细讨论。

2.6.15.1 信用评级

穆迪（Moody）、标普（Standard and Poors）以及惠誉国际（Fitch）等大型评级机构主导了信用评级市场。在美国，这三家评级机构是国家认可的统计评级机构（Nationally Recognized Statistical Rating Organization, NRSRO；参见 http：//www.sec.gov/answers/ nrsro.htm），这一点意味着它们的评级结果可以在SEC的规定范围内被广泛采用。规模较小的评级机构则通过对当地市场的深入了解，而针对某些产品系列或地区建立初创企业或专家团队（诸如Mikuni与JCR等日本特有的评级机构、印度评级机构，以及来自Dominion的加拿大债券评级机构等）。信用评级通常建立在会计及宏观经济模型的基础之上，旨在"贯穿整个周期"。换言之，信用评级并非信用价值的市值快照，而是相对稳定并具有一致性的信用评估，因此能够在整个商业周期内得以（长期）存续。

发行人、发行项目以及主权国家（主权评级）都必须拥有相应的信用评级。一般来说，生成评级的费用由发行人承担，因为信用评级有助于投资者评估产品，进而可使证券出售变得更加容易。评级的范围从AAA级（或者根据机构而定的Aaa级）到D级（违约概率很大）。也有一些其他的级别设定方法用来评估特定的公司类型或产品。例如，针对银行的"财务实力指标"（the financial strength indicator）等。评级机构还会保留一份观察名单，表示某个发行人或发行项目在不久的将来是否可能降级或升级。评级机构已经把评级产品做得越来越专业化了，经常为本币及外币同时提供长期和短期的评级服务。*综合评级*（composite ratings）是指选取各种评级的平均值，类似于一个大家一致认可的财务业绩预测估计值。

信用评级可用于产品定价和信用风险管理，以评估一个风险敞口的信用状况，同时也可作为选择投资地点的一个判断标准。某些基金只允许投资那些位列最低级别之上的高级别产品。一般来说，信用等级中的BBB级通常就是（达标）*投资级*（investment-grade）产品与*高收益*（high-yield）产品之间的一道分界线。

评级机构通过提供各种附加的内容产品来帮助银行处理信用风险。这些附加的内容产品通常包括，提供关于每个被评级的发行项目或发行人的历史记录及*转换矩阵*（transition matrices）等。其中，转换矩阵可以显示一个发行项目或者发行人在一定时间内从一个信用等级转换到另一个信用等级的概率大小。这种评估信用风险的方式又称为*精算法*（actuarial approach），因为它依赖于那些经过精心汇编的历史数据。除此之外，还有另一种方法，即创建一个分析模型来模拟信用等级（credit bands）之间的转换状况。

随着时间的推移，评级机构（的工作）已经逐步从研究驱动的评级转变为市场驱动的评级。这种发展以穆迪的“市场导向的评级”（market implied ratings）为代表。该评级方法综合运用了那些来自信贷及股票市场的各种信号、财务报表分析，以及“传统”评级中使用的各种信息（资料来源：www.moodys.com）。那些直接由市场来评价的其他信用指标都是通过一些金融工具（来测算的），比如公司债券、信用违约互换（credit default swaps，CDSs）等，同时也会用到股票价格方面的数据（现在已经成为“穆迪分析”的一部分，即通过股票估价来评估上市公司的信用风险并以此作为莫顿模型中的公司期权价值，这种方法最早由用以评估预期违约频率（expected default frequencies，EDF）的KMV模型所开创）。这些发展使得那种基于宏观经济研究以及财务报表分析的信用评估，与那种基于市场动态信息的信用评估之间，不再是各行其道、互不相干了。

2.6.15.2 互助基金评级

互助基金评级的目的在于，帮助投资者更好地利用数额巨大的互助基金。该评级主要是从基金的分类（例如，Morningstar through their Stylebox等，参见http：//news.morningstar.com/ pdfs/FactSheet_StyleBox_Final.pdf）以及某个同类基金的历史表现这两个方面来进行。一般的做法是，比如，在其业绩统计分析结果上标记星号以显示数量的不同。

2.6.15.3 商业评级

商业评级又称为公司评级，但其评级的目的与其说是为了评估偿付能力，不如说是为了指出供应商的风险。商业评级体现了公司在支付账单时所需的时间，据此，商业评级的结果可以被资金管理部门用于预测营运资金的需求。商业评级不仅被金融服务机构所采用，而且还被拥有大量（企业）客户的公司所采用。邓白氏咨询公司作为提供商业评级服务的主要机构之一（参见http：//www.dnb.com/us/），还能提供关于公司的其他信息，拥有着世界上最大的公司数据库。它的公司识别码，即数据通用编号系统（data universal numbering system，DUNS），是现在通行的公司识别标准之一，被强制要求用于任何一家与美国联邦政府做生意的公司。邓白氏咨询公司的评分也被称为Paydex评分系统。

2.6.15.4 散户信用评分

除了对企业客户进行评级外，银行还要求对其零售客户的信用价值进行评估。一些公司的做法是汇编那些针对私人个体的信用报告，而另一些公司的做法则是向银行提供其内部进行私人个体评级的信用评分模型。Experian和Fair Isaac是那些能够提供散户信用评分服务的主要供应商之一（参见http：//www. fairisaac. com/fic/en以及http：//www. Experian group. com/）。许多国家也会通过运用贷款及信用卡信息来保存全国信用风险登记册，而银行以及其他贷款方则可在发放新的贷款之前查阅这些资料。此外，按揭还款的信用风险也可以通过查看欠款信息来确定。（但是，）在所有的这些情况下，隐私法的重要性都必须受到密切关注。最为常用的信用评分系统就是费埃哲公司（Fair Isaac Corporation）所开发的FICO评分系统。

2.6.15.5 内部评级

既然信用定价是银行的核心业务，那么接下来很正常就会有些问题：为什么要把它交给代理机构来处理？（这是因为）首先，评级机构是一个独立的第三方，所以作为另一种意见是非常有价值的。打个比方说，在重新评估一项投资组合时，公司通常不会使用交易员自己给出的价格，而是使用另一个独立的报价。其次，中介机构本身也扮演着其他角色。它们在票据上的信用戳记往往具有一定的监管意义。例如，对于一种金融工具以及一种能够获得养老基金及互助基金投资的结构工具来说，中介机构的信用戳记就能体现出两者之间的差异。

随着时间的推移，原来被银行用于评估信用及贷款定价的内部评级，已经逐渐被监管机构官方认定为可靠的风险衡量标准。根据巴塞尔偿付能力规则，银行可以在自己的账目上计算资本金要求，自主地对信用风险因素进行评估。《巴塞尔协议Ⅱ》允许采用不同的方法来衡量信用风险。第一种是只依赖外部评级的*统标法*（standardized approach），第二种是内部评级导向法（internal ratings-based，IRB）。在第二种方法中，银行可以使用自己的信用评级系统来衡量信用风险。第二种方法又分为两种类型，分别是*基础方法*及*高级方法*。

评级可以帮助银行保存关于违约概率（probability of default，PD）的历史记录，用以计算LGD（借款人违约时所注销的那部分资产）。LGD取决于具体的贷款属性，也取决于该项贷款的抵押品及其年限。最后得到EAD（exposure at default，违约风险敞口）值。巴塞尔偿付能力规则允许采用不同的方法来衡量信用风险。它们对历史信息的要求也各不相同。就IRB高级方法来说，估计LGD需要7年关于损失的历史数据，估计EAD需要7年的关于风险敞口的历史数据。而在IRB基础方法下，估计PD则只需5年的历史数据。在美国，随着通过DFAST（《多德-弗兰克法案》压力测试）项目的不断增加（参见 https：//www.federalreserve.gov/bankinforeg/dfa-stress tests.htm），许多历史上不受巴塞尔偿付能力规则约束的银行不得不保留那些关于信用的历史信息。

2007—2009年金融危机的经验表明，经过充分研究的信用评级结论与公众对金融产品的认可之间，存在着一条明确的界线。因此，评级机构受到了越来越多的监管审查。ESMA（欧洲证券与市场监督管理局）已经成为欧盟内部信用评级机构的单一监管机构，而在美国该机构则是SEC。最新的相关规定要求，（企业必须）披露过去的评级信息，以帮助投资者做出更加明智的判断。

2.6.16 其他

随着越来越多的原材料被生产出来以供利用，新的内容产品一直有广阔的发展空间。但人们只为有用的内容付费，不会为噪声买单。产生的噪声越多，识别信号的能力就越有价值。

内容市场发展迅速。新的供应商主要集中在现有的内容类型。但随着金融产品开发以及新执行场所的变化，我们也可以看到许多新型的内容产品。因此，公共领域中的可用信息在持续不断地增加，其中包括通过社交媒体提供的个人信息、通过谷歌地图提供的空间信息，以及利用大型数据集的更多选项等。这些将推动新型分析工具以及内容产品的不断发展，大致的方向可能包括以下几个方面：

• *涉法数据*（legal feeds）。例如，那些可以涵盖某个司法管辖区所有法院判决的内容产品。该产品可以在散户基础即个人层面上提供那种足以影响到个人信用评分（破产、离婚）或公司相关裁定的信息。例如，新的特许权、授权证，或者任何其他可能对股价或公司信用评估产生重大影响的信息等。目前，这种信息可以通过不断过滤新闻来源而积累到一定的程度，但有时也可以直接获取。达到这种效果需要一种用于对法院裁定进行分类的数据模型，以便快速地对信息进行分类，促使信息不会被无声淹没，而是被便捷地传递到用户手中。

• *地产信息*（property feeds）。有些内容产品可以提供土地注册部门辖区之内所有的地产交易信息，其中包括所有权的变更、地段划分、新的分配政策以及交易信息等。同样，如果这些信息可以根据城市及某些规划授权来进行过滤，比如是商业地产还是自住房产等，那么它就将有助于提升股票价值。这类信息可以应用于新兴的房地产衍生品市场。

• *天气数据*。国家气象局和商业气象公司提供了越来越多的关于温度、降雨以及风速的各种信息。这不仅可以应用于诸如“需要降温度日数”（CDD）和“需要升温度日数”（HDD）期货等关于天气方面的衍生品，而且还可以广泛应用于任何实体商品的交易策略。例如，温度能够决定天然气的消耗以及农业产量等。

• *死亡率表*。这些信息是可以被获取的，但是不会被轻易地披露。人寿保险公司和长寿掉期等衍生品需要有关寿命的信息。例如，生命与长寿市场协会（Life and Longevity Markets Association）最近就定义了此领域的相关参考指数（参见 http：//www.llma.org/）。

在前面提到的那些案例中，相关的信息其实早已存在，只是内容产品尚未完全跟上电子处理以及与其他数据类别之间自然集成的发展速度而已。投资者的需求以及监管的改革都将继续推动新内容产品的开发。

2.7 结论

在前面的各个小节中，我们对那些可公开获取的内容以及那些由供应商所提供的内容展开了讨论。就专有数据而言，比如关于交易及控股的信息，在其供应链中还需考虑其他因素。而对于那些可通过商业途径获得的数据来说，你必须遵守相关的内容授权协议，如果是专有数据的话，还有可能涉及一些与客户之间的保密协议。监管机构在不同的部门之间设置了必要的“防火墙”（Chinese walls），而隐私法可以限制访问那些未经授权的各种信息。

在本章中，我们对财务信息的分类进行了更深入的探讨。通过从不同的角度来划分场景，概述了数据创建过程以及供应链中各个参与者的角色。除此之外，我们还概述了不同类型的内容集，研究了动态的内容市场以及可从金融机构外部获取的不同类型的内容。新的参与者以及新的产品不断涌现——由于信息供应链过于冗长且昂贵——市场对那些更易于有效利用的产品有了更多的需求。那些对于信息收集与发布的需求将会不断增长，而新的内容产品也将持续不断地被开发出来。其主要趋势包括：

• 从内容的角度来看，这些产品需要使用行业标准标识符，或者提供那种用于金融工具最常用之启动项（used keys）与发行人之间的交叉引用方法，以便更容易被各方所获取。

• 从技术的角度来看，这些产品也应该更容易被各方所获取，因为它们应该更加容易地直接与各种应用程序（这是软件与内容供应商之间进行垂直整合的潜力）或者与组织的分销基础设施，比如中间件等，相互整合而连成一体。

• 从用户的角度来看，这些产品应该更加符合实际的数据需求。这就意味着接收方需要对所接收到的信息域进行调整，同时供给方也应根据产品类型以及市场需求来提供更加颗粒化的多种选项。产品已经变得愈加“量身定制”（pay as you go），而不再是采用千篇一律（one-size-fits-all）的解决方案。我们已经逐渐看到了这种趋势，即越来越多的“投资组合”类的内容产品被不断地推出。首先由客户向供应商提交其对金融工具的愿望，随后供应商便会牢记那些所选定的工具并持续更新其相关信息。

参考文献

Harris, L., 2003. Trading and Exchanges—Market Microstructure for Practitioners. Oxford University Press, Oxford.

第3章　信息是金融服务业务流程中的燃料

3.1　信息获取的步骤

3.1.1　信息供应链

3.1.2　技术挑战

3.1.3　数据部署

3.2　金融工具生命周期视角下的数据管理

3.2.1　发行

3.2.2　资产服务

3.2.3　托管

3.2.4　案例研究：公司行为处理中的信息问题

3.2.5　证券借贷

3.2.6　抵押品管理

3.2.7　基金管理

3.3　交易生命周期视角下的数据管理

3.3.1　交易前阶段

3.3.2　交易

3.3.3　交易风格与数据需求

3.3.4 清算与结算
3.4 客户互动视角下的数据管理
3.5 监管报告视角下的数据管理
3.5.1 监管主题
3.5.2 监管的生态系统
3.5.3 监管关注点的多样化
3.5.4 扩展了的流程关注重心及数据需求
3.5.5 巴塞尔规则的例子：对交易账簿的基本审查
3.5.6 例子：更高的估值标准
3.5.7 总结
3.6 业务数据结构
3.7 结论
参考文献

3.1 信息获取的步骤

金融服务是一项关于信息处理与风险评估的业务。所有的金融服务大致可以分为几个主要流程，以及围绕该主要流程的一些次要的或者支撑性的流程（图3-1）。

金融服务的主要流程包括：

• 交易：以主要责任人（principal）的身份购买或出售金融产品

• 投资：以代理人（agent）的身份购买或售出金融产品，通常采取特定实体的形式，比如一只基金以及对冲预先商定的风险及标的资产（的套保合约）等

• 贷款：包括消费贷款、抵押贷款、依赖大型银行贷款的SME（中小企业）贷款等各种形式的信贷供给

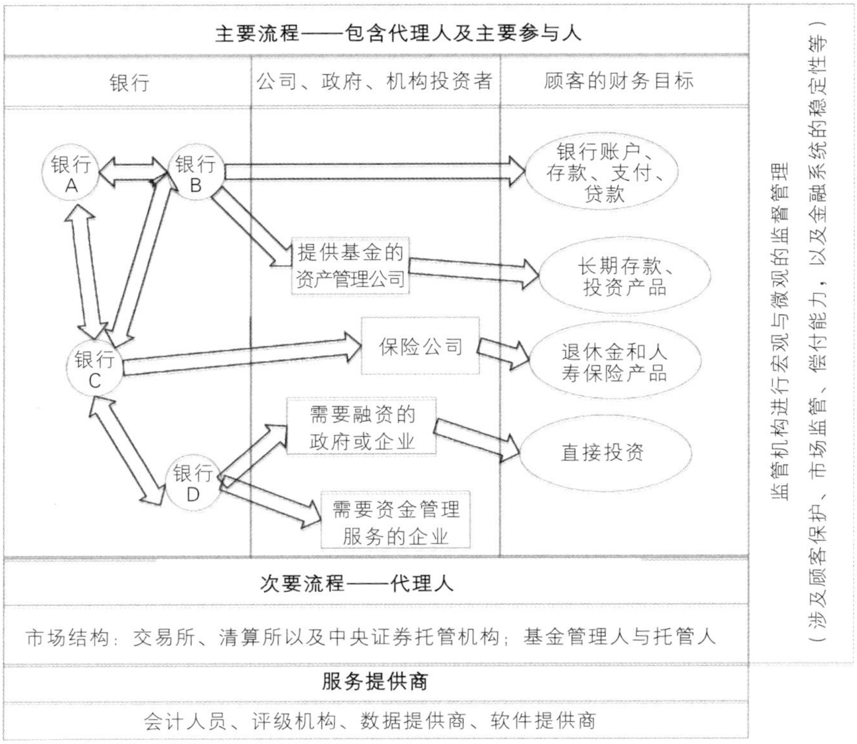

图3-1　金融服务的各类参与者

•（再）保险：通过提供一些保险政策来承保风险

•中介代理服务：通过出售及发行各种证券（债券、股权）来为公司筹集资金

•付款服务

•金融产品分销：通过代理人或分支机构网络来分销有关投资、储蓄、退休金、保险等各种产品

金融服务的次要流程包括：

•交易/执行场所（exchange/execution venues）：使金融产品的买家和卖家聚集在一起的组织化流程

•清算和结算（clearing and settlement）：提供在交易细节上的各种服

务，同时确保交易双方达成明确的协议

• 托管与证券服务（custody and securities services）：管理其他公司的证券账户，根据所持金融工具追踪生命周期事件（这一点会涉及一些辅助服务，比如支付代理、税务扣缴代理、证券服务代理，以及抵押品管理等）

• 基金管理：对投资基金的估值、账号管理及其相关处理等

• 内部风险管理、内部审计以及金融服务规则（financial services regulation）

金融服务规则覆盖了所有的主要流程及次要流程——但在大多数情况下，并不会扩展至那些金融服务提供商。

本章我们将从供应链视角以及生命周期视角进一步讨论信息的收集过程，其中生命周期这个概念已经在前面的章节中有所提及，它被认为是数据模型的一个主要组成部分。当前，越来越多的待处理数据（ready-to-process）可以随时通过公开的渠道来获取。要知道，在过去，行业参与者（若想获取信息）就必须四处搜寻——小心翼翼地收集、准备、组织（curate）各种数据，然后再将其放置在预先设计的数据库中以备分析之需——而现在，这些信息似乎都是自己找上门来的（voluteered）。然而，如果没有加以适当的关注，那么日常业务流程所需的数据质量就会随着时间的推移而逐渐下降，通常会最终导致如图3-2所示的情形。

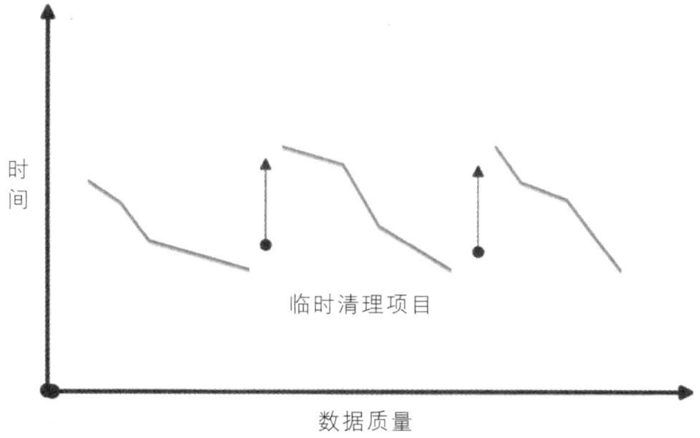

图3-2　数据质量波动：（质量的）逐渐下降及其定期清理

数据处理方面的一些重大变化包括：

• 可以获得更多的非正式信息——同时这些信息往往也是非结构化的，因为它们不受关系型数据库中预定义表结构的形式所限制。

• 随着越来越多的非结构化数据能够得到（类似“结构化的”）处理而不为其名所累，非正式数据与正式数据之间的界限正在逐步地模糊。

• 从上一点可以看出，即使不将数据放在经过正式设计的关系型数据库中，也能深入地了解到该数据的具体含义（图3-3）。

金融服务业一直都在寻求、捍卫并保持着信息收集与处理的（“特定”）边界，无论是利用到那些被他人忽略或无法访问的信息来源，还是观察到被别人忽视的信息价值（引领指标、相关性以及宏观趋势等），又或者是拥有一套可基于这些信息做出各种决策（流程、人员以及算力等）的操作程序等。

对所有的客户以及金融服务业的客户来说，大量的之前难以找寻的数据，现在都可以轻松地访问到。他们还可以接触到大量超强的算力、解除了防护设置的互联网、成千上万个小程序，以及那些专门用于收集、处理和比较信息及金融产品的各种应用程序。但由此造成的一个（不良）后果就是，各种金融服务的进入门槛被不断地抬高了，（尽管它们可能带来）价值增值，（但却很难）越过（日益严格的）信息边界。在过去，交易常常受到*数据的限制*；而现在，许多交易却有数据泛滥的风险（数据过多导致错误决策，译者注）。

筛选那些用于决策的相关数据能够带来增值，这一过程很像那些出版商的筛选流程。通过Excel等终端用户工具所实现的数据可用性以及信息处理的公众化，可能会让用户获得一定的授权，但同时也会造成一大批新信息源的涌出以及信息的不确定性。终端用户工具的使用导致每个单独的用户都将成为信息进一步处理的终点，并导致大量电子表格的无序堆积。一些大数据工具的使用可能会增加这种情形出现的可能性，因为这些

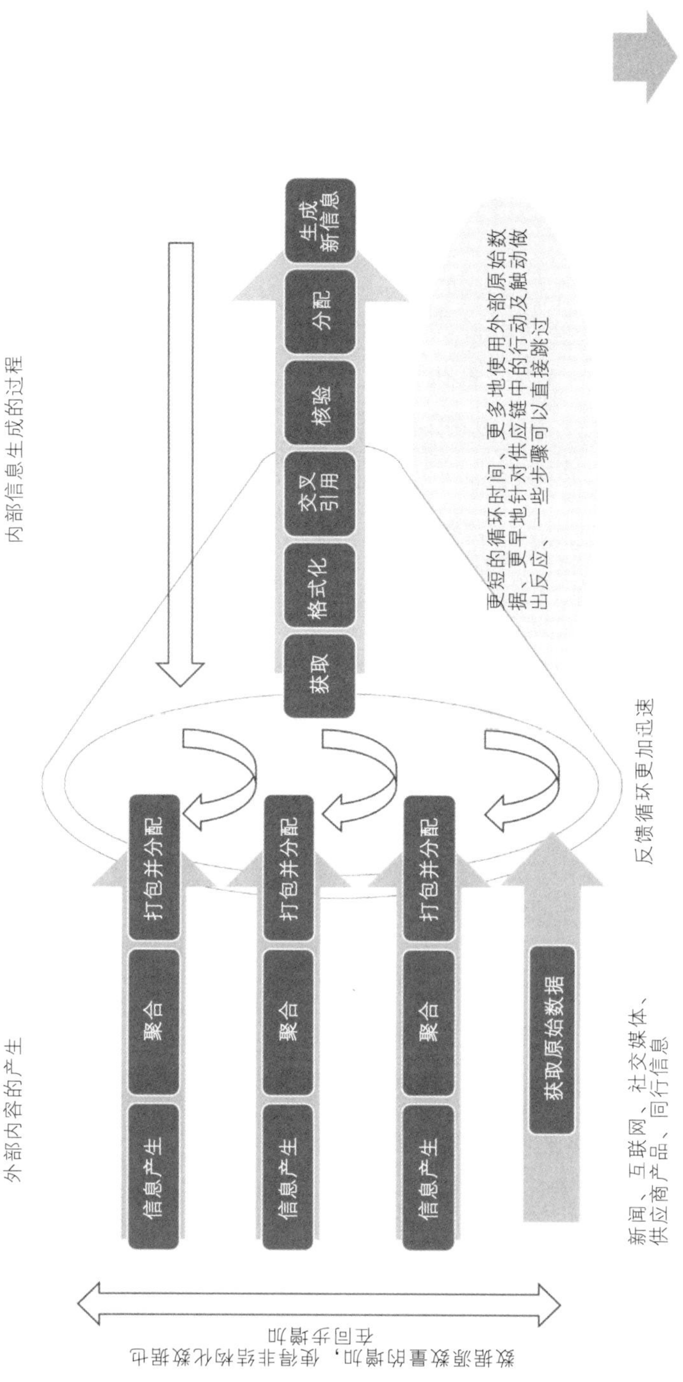

内部信息生成的过程
外部内容的产生
获取
格式化
交叉引用
核验
分配
生成新信息
更短的循环时间、更多地使用外部原始数据、更早地针对供应链中的行动及触动做出反应，一些步骤可以直接跳过
信息产生
聚合
打包并分配
信息产生
聚合
打包并分配
信息产生
聚合
打包并分配
获取原始数据
新闻、互联网、社交媒体、供应商产品、同行信息
反馈循环更加迅速
数据源数量的增加，使得非结构化数据也在同步增加

图 3-3　信息供应链

工具将被快速地学习并得到广泛应用。现在的不同之处在于，终端用户不仅可以控制自己的算力，而且还可以从商务智能（business intelligence）中获得巨大的算力。但是如果没有清晰的数据基础设施，那么这种商务智能就很有可能使终端用户的计算陷入一种混乱的状态。信息管理的主要目标之一就是，将所有的用户及应用程序都放在同一个基础之上，进而提供可以共享的数据服务。如今，收集和筛选信息比以往任何时候都显得更为重要。适用于终端用户的程序总是需要在灵活性与控制性之间进行权衡。共享数据服务可以缓解数据之间的非一致性（discrepancy），因此可能有助于提高终端用户及其应用程序的生产效率。

3.1.1 信息供应链

首先，大多数金融机构一般都有多个商业内容供应商。特别是对那种大型金融机构来说，如果只依靠一个内容供应商，肯定无法满足其所有的信息需求。其次，出于保持业务连续性的目的，以及为了在运营或商业方面不再依赖于同一个供应商，机构也往往会从多个信息源那里获取同一份信息。另外，机构比较及混合多个信息提供者的内容，还有助于识别并纠正一些差异和错误。例如，结合各种价格来源可以得出一个较为合理的重估价格等，这个例子将在后文进行详细讲解。具备那种追踪上游流程的能力通常是金融机构在选择内容供应商时的一项关键要求。就建立一个完整的蓝图而言，公司内部的数据创建及获取也是不可或缺的。

为了保持交易的连续性，多个来源的数据被组合在一起，以弥补单一来源数据在覆盖范围方面的缺口，同时亦有助于提升数据质量。内部信息供应链的各个步骤通常分布在多个应用程序以及多个相关部门当中，详述如下：

• 从供应商处*采集*（sourcing）数据。这一点包括通过复制传真、电子邮件、面对面的客户对话、网络页面以及报纸等来手动输入各种数据。网站或代理页面的自动擦除、刮除或粉碎等也是信息供应链的一部分。这一步包括从网页检索信息、从ftp（文件传输协议）服务器中提取信息、调用一家供应商的API、打电话、扫描章程以及解析电子邮件等。

• 将数据*重新格式化*（reformatting）为通用格式。通常，一个组织会对某种命名惯例进行标准化，同时定义自己的XML（可扩展标示语言）结构，或者采用一种源自某个公共域之某一供应商（所设置的通用）标准。在数据重新格式化的过程中，可能会用到“提取、转换及加载”（*ETL*）工具。ETL是一组专门用于处理及重新格式化数据的产品，其中包括各种XSLT（可扩展样式表语言转换）工具，它们可以将一种XML标准格式转换为另一种标准格式。围绕企业应用程序一体化（enterprise aplication integration ，EAI）的一整套行业体系已经建立起来了。通常，这些工具的配置需要包含大量专有信息及本地信息，所以尽管这些工具有助于解决一些问题，但也只能是提供部分的而非全部的答案。

• *标准化*。用以映射数据的通用格式可以是一种内部专有标准，或者是一种开放式的（ISO）标准。这些标准既有金融工具（ISIN代码，ISO6166 REF）及法律实体识别编码（LEI代码，ISO 17442）、金融工具（CFI代码，ISO 10392）及行业分类标准，比如欧盟代码中的NACE（参见http：//ec.europa.eu/competition/ mergers/ cases/index/nace_all.html）以及美国的NAICS（参见http：//www.census.gov/ eos /www/ naics）等，也有一些用于描述金融交易（ISO 20022、FIX和FpML）并尝试建立一套完整之金融数据模型的标准等（有关这些标准的精确概述，参见McKenna et al., 2014）。随着标准的规范范围越来越广，其应用范围变得越来越狭窄。比如说，那些关于对象识别及分类的标准可以被广泛使用，交易标准也可以找到一个即使是很小的适用范围（用于股票交易的FIX、用于固定收益衍生品的FpML等），但综合金融模型的应用（场景）就罕见了。当其综合性程度达到某个节点的时候，一项标准就从一个促进因素转变成了一个约束条件。

• 为同一金融工具、公司行为以及法律实体等*匹配*、*关联或连接*

（matching，relating，or linking）不同的信息源。这个跨度较大，从通用标识符的准确匹配（例如ISIN码以及上市金融工具的交易场所等）到必须检查同名法律实体的更“模糊的”匹配，都属此列。在比较公司名称时，通常需要对名称进行文本比较以及文本操作，其中文本操作是指将公司名称的缩写完整化，或者去掉诸如“Ltd”、“SA”及“Inc”等法定形式标记。在匹配公司行为时，匹配过程则更为直白干脆，通常要根据所定义之事件类型、有效日期以及标的证券标识符的字段组合来进行（精确的）匹配。

另外，（信息）还有一些发挥着那种标识符聚合器（aggregators of identifiers）之作用的商业来源，主要是提供那些用以交叉引用的信息。因为可能会同时用到多个供应商的专有标识方案，所以这些信息的产生过程较为复杂；也就是说，每个代码所有者都需在那个交叉引用方案中认同一些协议。对于非结构化的新信息源来说，其组织过程并不是以围绕着通用标识符及通用分类标准的结构化方式来进行的。这一点为数据集成带来了不小的挑战。智能就体现在类比与集成能力方面，其价值就在于找到那些先前搁置于各个筒仓（silos）或者来源渠道各异的数据之间的内在联系。通过勾勒相关的社交媒体行为之图像，可以反映出更加准确的客户信用状况。这一点为传统的零售客户（散户）信贷评分提供了一种新的思路。

• *数据集成与合并*。一旦那些来自不同渠道的内容互相匹配，那么就有可能将其组合起来。因为供应商经常会补充信息，所以空缺处可以被补齐，同时差异处也能被发现。例如，供应商之间可能对某些信息存在分歧，或者可能在提供某一信息时一方比另一方较晚一些。

• *验证*。这一点包括格式检查（更正结构并检查ISIN码的数字等）、一致性检查（到期日是否超过发行日等）以及价格验证检查（与指数之间的偏差）等。验证通常采用四眼法（four-eye methodology）的方式来进行。在某些辖区范围内，运用四眼法来处理一些数据类型是必需的。在这种情况下，一双眼睛负责修正或验证，另一双眼睛则负责复核。就验证而言，通常会用到工作流程工具（workflow tooling），主要是用来对相关问题所导致的困境进行分组，以便更好地选择解决并处理它们的方式。此外，那些数据问题还会在工作人员之间进行分配，但要考虑保持他们的负荷平衡。所发现的问题可以按照优先级、投资组合、（内部）客户及所有者等进行分类。通过验证的数据通常被称为*主数据*（master data）或者*黄金备份数据*（golden copy data），当然它们仍需被交付至终端用户以及各个应用程序。

一个近乎哲学范畴的问题是，数据所构成的到底是真相（truth）还是观点（opinion），或者说这两类事物之间能否明确区分开来。（应该说）我们只能区分事实（facts，即所有与官方记录有关的东西，如发布的财务报表、法院裁决、招股说明书中的条款与条件，以及交易收盘价等）和观点（如估值、信用评估、研究、聊天、短信，以及电子邮件等）（二者之间的不同）。事实性数据很少发生变化，而且经常出现在第2章所讨论的参考数据当中。观点则无处不在，随着事实性数据的更新而不断变化——因此它往往是时间序列数据。但这种界限有时是模糊不清的。比如说，当那些所发布的报表存在问题而需要解释的时候（此时用以解释的观点可能就变成了事实，译者注）。数据集成有时也会把观点转化为事实，因为它明确了事实与观点之间的界限，或者构建了一个关于外围各种观点之更为完整的图像。

对数据源来说，其根本性区别取决于其所属的类别。事实性数据的“来源”通常是指信息的散布者或者载体，而且通常只有一个终极来源：创建金融产品的公司。就诸如信贷或报价之类的观点性数据而言，报价方或交易地点则是它们的数据源，而且*通常*存在多个数据源。值得注意的是，当有多个“来源”可供引用时，它们应该是趋于一致的；反之，则其中至少有一个是错误的。就观点性数据而言，其数据源可以是相同的，但给出的估价一般却是不同的，因为要体现出不同的报价时间、不同的交易策略以及做市商的产品库存等。如果说整合多个引用数据来源是一个寻求可比性的问题，那么研究时间序列就更像是一项统计工作。

3.1.2 技术挑战

内容行业一直都在奋力满足其客户的各种采购需求。一方面，那些直接销售到桌面上（desk-level）的应用程序可以实现内容供应商的短期商业利益。另一方面，供应商们业已将其内容产品制作得更加灵活多样，表现在技术上有更多的检索及处理选项（允许选择特定工具与属性相匹配的组合式产品等），而同时又具有一定的商业性（按使用次数来收费等）。

尽管商业数据产品的格式规范并且易于集成，但产品之间的质量差异还是很大。能否轻松集成并自动处理是检测数据供应商产品质量的最终标准。当前总的发展趋势是，数据消费正在向上游转移，而传统的数据供应链及管理流程已经大为缩短。这一点意味着越早获取数据，就能越快发挥数据的决策（支持）作用。

3.1.3 数据部署

数据在获得必要的授权之后，就必须被放置到可以充分发挥其功效的位置上。比如说，应该将信息加载到应用程序中以使其展示一定的功能，或者加载到那些终端用户可以看见、查询、检查以及更改它的任何地方。这一点我们称其为"数据部署"（data deployment）。

一般来说，客户端信息与专有信息之间的关键区别体现在两个方面：一方面，它是供应商所提供的数据还是公共数据；另一方面，它是如何被存储的。那些来自公共和/或商业来源的数据，通常是单独存储的，以此区别于那些来自报告或者业务应用程序的各种数据。这些数据一般会从应用程序中被抽取出来，同时也可以适用于大量的业务功能。

通常（也有一些）专有数据及客户端数据被存储在应用程序之中。这类应用程序包括风险管理、投资组合管理或者银行业务系统等。若将数据与应用程序两者融为一体，则意味着关于数据模型、分类以及语义方面的标准化程度要降低很多。

主数据及交易数据的云存储形式已经改变了数据流的动态。公司自身数据中心之外的数据引发了人们对其安全性及隐私方面的新的担忧，于是便增加了大量的关于内外部主导系统之间数据流动的检查与控制工作。我们将在第5章中探讨各种数据管理工具与技术。

那些已获授权批准的数据可以放在一个分发层的位置上，然后通过这个分发层将其传送到任何需要它的应用程序中去。这一过程可在发布订阅模型（publish subscribe model）中来完成，如此对某个数据空间的更新可以直接被推送到正在使用的系统当中。另外，这一过程也可在请求回复类型的基础上完成。任何金融服务机构都应该仔细衡量并控制信息的分发状况及其使用程度，借以满足交易需求并总结出恰当的授权内容协议，同时还需以一种公平的方式将信息成本及信息处理成本分配给那些交易责任人。分配成本就是控制成本，因为如果只将其视同间接费用（不加以分摊），则有可能导致某些相关需求的（不合理）虚增。

在交易应用程序中，被传送的数据会引发后续的操作及决策（如现金转移支付、金融工具订单、股利发放处理、客户投资组合价值重估、预扣税计算以及监管报告等）。由此所创建的新的信息可以成为下一个信息供应链的起点，因为新信息对外是满足交易方或监管机构的需要，对内则是作为推进其他流程的（动力）燃料。（事实上）一个机构创建新内容的效率决定了它最终能否取得成功。此外需要注意的是，任何来自公司外部的数据都是数据供应方在数据管理过程中的最终产品（图3-4）。

通常，上述供应链能够适用于所有源自商业、内部、关系以及公共领域的各种数据。有时，其中的某些步骤可能会被跳过或者被合并。客户端或P2P式检索的数据是通过业务关系而逐个获取的。专有数据则是内部业务流程的结果，涉及内部评级、客户档案、定价模型以及机构自己的交易组合等。在这种情形下，供应链的总体情况还是可控的，只是自动化程度及标准化程度会相对较低一些。（总之）捕获的信息越多，可以尽快分析的信息就越多。

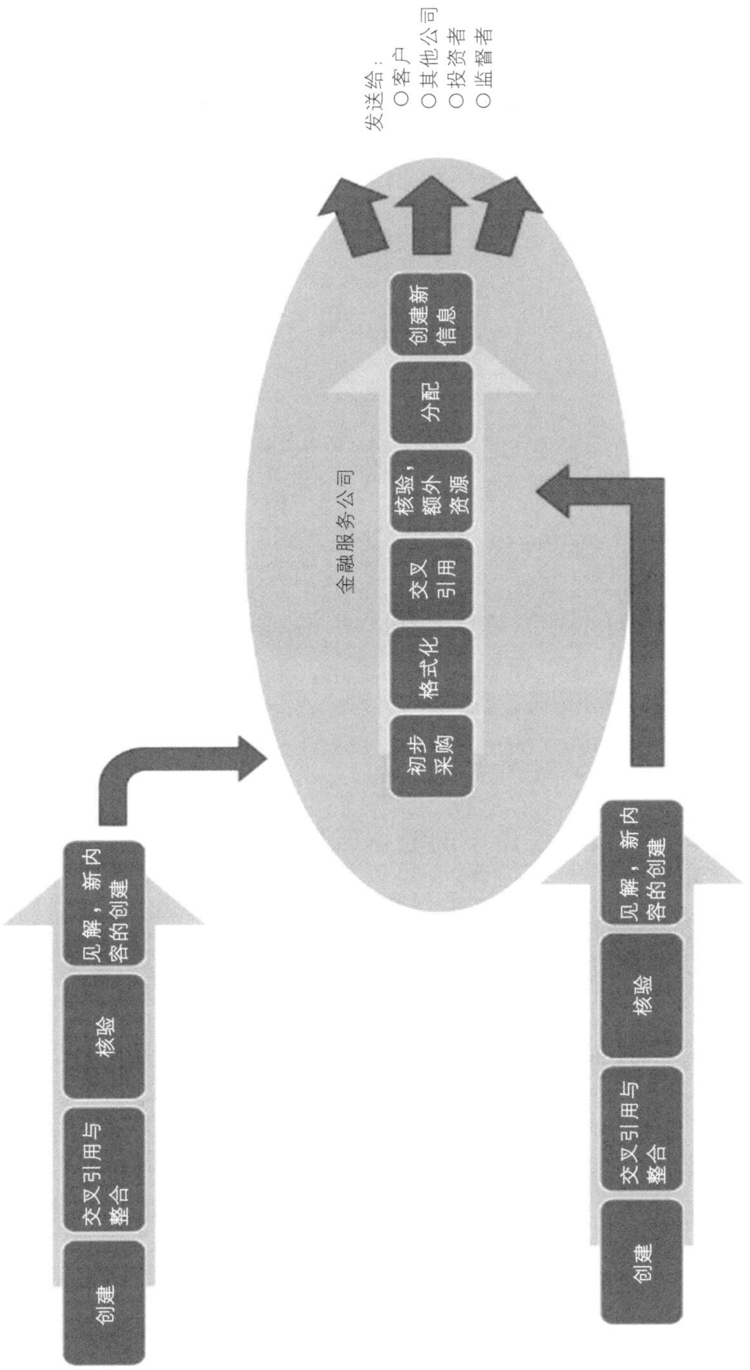

图3-4 公司内部的数据收集与管理流程——数据源可从不同的位置进入

因为数据管理流程（curation process）较长而导致的时间延迟，可能会产生较大影响。所幸随着流程本身变得日益紧凑，每个步骤所产生的时间延迟正在逐步缩短。我们平常看到的所谓供应链内部的步骤（交叉引用、标识以及纠正错误等）在一定程度上也会发生在外部的每个步骤中，即供应商的数据管理流程。速度与质量之间的权衡将会因所服务之业务的功能差异而有所不同。拿两个极端的例子来说：就实时数据而言，速度至关重要。因为交易员需要根据实时数据来了解市场水平，同时还不能受到胡乱报价的过多干扰，甚至因此而分神。相比之下，对监管机构的报告来说，速度就显得不那么重要了，信息质量才是一个关键因素，因为遭受的惩罚与声誉受损的代价是不可估量的。得益于技术及数据集成的发展，数据管理流程正在不断地被压缩。与此同时，越来越多的资源也正在进入供应链之中。基于“钱货两清”商业模式的新型消费模式，以及为了满足消费驱动的需求而相应提高的灵活性，已经逐步走向前台（例如Xignite和Quandl等公司；参见www.xignite.com及www.quandl.com）。

3.2　金融工具生命周期视角下的数据管理

金融产品正在源源不断地被创造出来。金融产品可以是面向公开市场的各式产品，也可以是为特定受众群体甚至个体受众而设计的产品。基于产品的整个生命周期，我们将首先讨论发布新产品的不同方法，然后针对这些产品服务方面的各种情况进行详细分析。

新的金融工具得以被不断地创建是为了满足各种融资、投资以及风险转移等的需要。金融产品的生命周期包括许多阶段，而每个阶段都有着不同的服务提供商。

负责那些金融产品的研发与设计工作的组织有交易所、产品开发集团，以及作为企业融资需求与投资者之间或者专业交易对手与金融机构之间媒介的创投部门（origination departments）。金融工具的交易可以在交易所、交叉网络以及柜台中进行。诸如传统交易所及新执行场所等形式的中央市场，可以促进金融工具的交易。其中，新执行场所具体包括有组织的交易设施（organized trading facilities，OTF）以及MiFID Ⅱ规则下的多边交易设施（multilateral trading facilities，MTF）等。多边交易设施是由投资公司或者市场运营商来运营的一个多边系统，其中市场运营商能够汇集多个具有买卖利益的第三方。而有组织的交易设施则是指非股票经纪人（交易所依赖）的那种交叉系统。

3.2.1 发行

发行股票与债券等证券是为了将公司及政府的融资需求与投资者的投资需求二者对接起来。通常，银行会参与证券的发行计划与定价等事宜。首次公开募股是指一家公司首次公开发行股票。这些证券有自己专有的招股说明书以及相关法律文件。在某些情况下，市场中存在着一个主要的法律框架，比如治理一系列债务问题的商业票据或中期票据管理条例等。

上市的衍生品（如期货和期权等）一般由其上市所在的交易所来创建，比如CME（芝加哥商品交易所）、Eurex（欧洲期货交易所）或ICE（洲际交易所）等。交易所上市这些衍生品的主要目的是创造收入、吸引有投资需求或对冲需求的用户等。上市衍生品按日历发行，通常的周期是一个季度一次。交易所的规则明确规定了有关期权的具体条款及条件，以及执行价格应如何拟定等。

交易双方通常以合同形式达成双边协议，以确立掉期、远期、互换与奇异期权等衍生产品。交易方通常根据主要法律协议来进行交易（参见http：//www.isda.org/publications/ Isdamast- eragrmnt.aspx）。抵押贷款与其他贷款等被不断地创建出来，并通过证券化的方式把自己推向更广泛的投资大众。最终，随着（期货和期权）失效、（债券）到期或（股票）退市，上市工具也将退出市场交易。OTC产品则依照双方约定的合同条件退市。

3.2.2 资产服务

在发行了金融工具之后，那些旨在维护证券持有的各类活动就开始出现了。我们把这些维护活动称为*资产服务*。资产服务包括*证券托管*（custody，安全保管所持有的证券并处理相关公司行为）、*证券借贷*（securities lending，为了抵付某项费用而临时转移所有权）以及*代理投票*（proxy voting）等。这些服务已经远远超出了管理类服务的范围，能够确保证券持有人在获得正常利益（票面利息与股利等）的同时，还能获得更多的增值服务（有偿借出债券与股票等）、风险管理服务以及证券融资服务（抵押品管理）等。证券服务既有可能（通过支付托管费用等）让你花钱，也有可能（通过证券借贷业务等）让你赚钱。

除了定期的证券收益活动之外，还有可能出现一些意想不到的*公司行为*。这些行为包括破产与并购，以及根据发行人的判断提前赎回某些类型的债券（“可赎回债券”）等。各种证券一般由中央证券托管机构（central securities depositories，CSDs）以及各家银行的托管人等负责监控，其主要职责是将相关信息传递给这些产品的相关受益人。同样，期货与期权也需要受到一定的监控。场内交易的期权可以针对看涨期权或看跌期权的卖方行动来及时行权，而公司行为也会对期货和期权产生一定的影响（表3-1）。

表3-1　　　　不同的活动及其相应的数据需求

业务功能	活动	所需数据	数据质量重点
托管	公证功能	证券、受益人的唯一身份证明	受益所有权记录
资产服务	处理产品收益、投票指令、证券借贷	公司行为、受益所有权、证券借贷资格	公司行为、实时流程、抵押品的价格管理
基金管理	估值及税务服务	估值及税务矩阵	合理的价格、合理的持有状态、税收影响

接下来，我们将讨论资产服务领域中的各种活动，比如托管、证券借贷、抵押品管理以及基金管理等。

3.2.3 托管

顾名思义，托管就是指在保险库里妥善保管各种（需保管的）证券，或者说，就像是当今这个年代，在安全系统中保管那些大多数处于*非实物形态*（dematerialized）的证券。除此之外，全球范围的托管还可以包括许多其他服务，例如：

• 收入的归集以及其他的公司行为管理（这一点可能也包括代理投票服务）；

• 针对账户持有人的现金管理、资金以及其他的银行服务；

• 通过运用各种财政制度的专业知识而进行的税务管理；

• 通过关于账目及持有资产的定期报表而进行的报告活动。

此外，托管人还会提供以下各种服务：

• 通过跟踪那些现金流入与流出来进行关于投资的会计核算；

• 证券借贷与各种担保服务（通过证券借贷业务，托管人可以提高账户持有人的资产收益率；证券借贷费将在证券持有人与托管人之间进行分配）；

• 各种信托服务；

• 投资组合估值与业绩报告。

但处理公司行为也可能会造成大量的与风险相关的经营损失，包括（图 3-5）：

• 来自处理失败的直接风险，如是选择收取股利还是选择拿到权证等；

• 延迟支付的直接成本，即由股利支付延迟或者潜在现金流问题而发生的利息费用；

• 因为信息传播受阻而导致前台做出次优交易决策的风险；

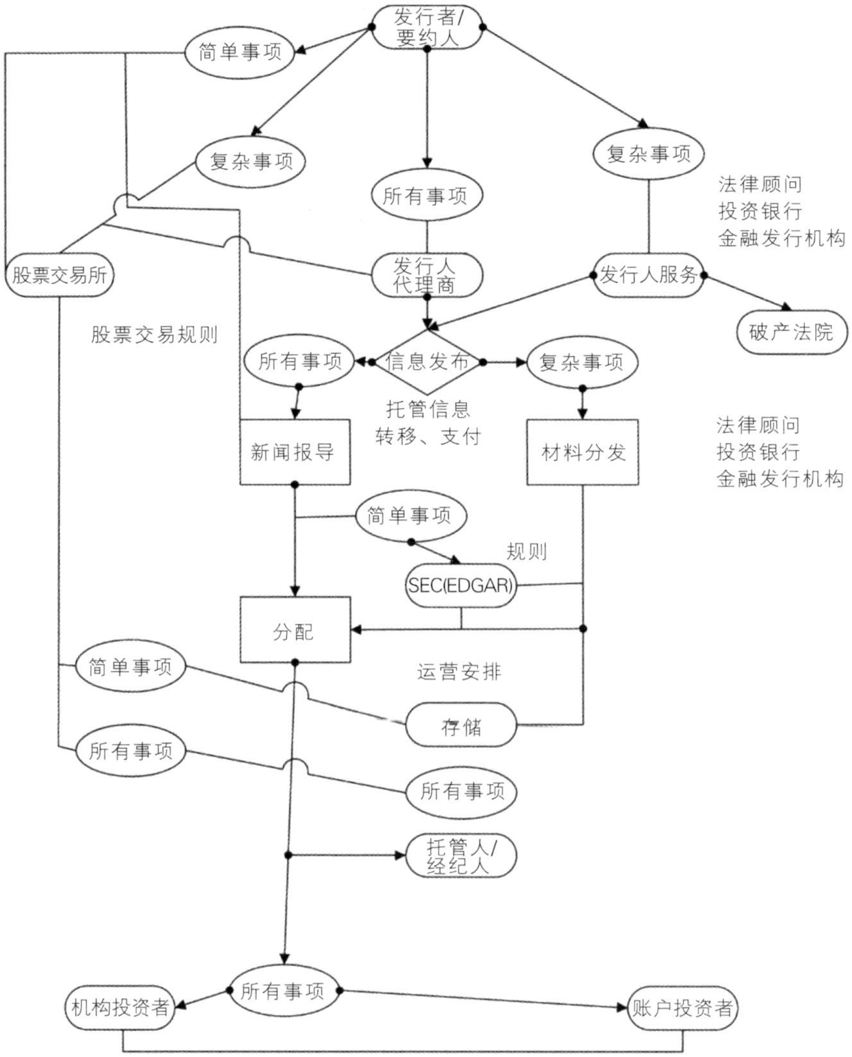

图3-5　公司行为沟通流程

• 因为代理投票过程存在缺陷而导致公司治理效率低下的间接成本；

• 声誉成本以及系统与工作人员之间进行复核的成本。

启动公司操作行为的通常是一则来自中央证券托管机构或者一家托管部门的SWIFT信息。如果你没有在预期时间内接收到这些消息，那么就应该采取更加*主动的方式*来提高信息传递的效率，比如设置一个警报器等。因此，从更接近来源的地方获取这些数据非常有意义。这一成本可以转嫁给那些发布者，亦即要求其以标准格式向数据聚合器或通过SWIFT网络发布公告。

托管与公司行为处理方案通常具备以下公司行为处理的功能：

• 整合那些来自托管人及商业数据供应商等不同信息源关于公司行为的信息（这一点包括数据收集、清理以及创建一份完备记录等）；

• 根据账户持有信息以及事件等而进行相关计算并将到期金额与实际收到的金额进行核对，包括税单以及基于成本的相关计算等；

• 格式化并提交响应指示（MT565）、确认/授权支付数据（MT566）以及响应确认（MT567）；

• 用于组织和排列消息之优先级的系列工作流程，以及对可选事件及其他事件（如索赔与集体诉讼）进行响应的设置等；

• 托管人与账户持有人提供有关如何通过门户网站处理事件之说明的能力。

公司行为处理方案本质上是一种数据集成服务，亦即通过将内外部信息与工作流程相互结合来对公司行为做出响应。这些处理方案的优点是降低了操作风险，同时又提高了处理效率。控制操作风险可以减少破产与索赔的可能性，同时降低那些受《巴塞尔协议》约束的机构的操作风险费用。用以分辨哪些项目需要关注并对其进行排序的目标工作流程，应该可以提升工作人员的效率，进而减少每笔交易的成本。由于托管业务通常是按每个投资组合价值的基点来收费的，因此这是提高托管业务经营利润率的一种有效的方法。

3.2.4 案例研究：公司行为处理中的信息问题

与OTC衍生品相类似的是，不同的公司行为之间也会存在很大的差异，因此长期以来公司行为都无法得到自动化的处理。其中，那些常见的数据问题包括：

• 那些自由裁量的公司行为，如要约收购等。在这种情况下，需要采取后续行动，同时托管人需要确保证券持有人已经做出了响应。信息供应链是一个互动的过程，因此也需要在某个特定的截止日期之前做出响应。

• 嵌入式工具，这种情况是指那些公司行为发生在基础（underlying）工具之上，而该基础工具却又不是真正交易的工具。它可以是认股权证、（股票）指数或者其他什么工具。由于衍生工具会受到与基础工具相关事件的影响，因此需要单独发布一份内部公告，从而明确界定该衍生产品的结构，并将其与基础工具相关的公司事件联系起来。

• 一种关于在名称更改、资本事件、兼并、分拆、重命名以及新标识符等发生之后，*识别并追踪证券家谱*（security family trees）以及一种证券受上述情况影响的特定需求。这一点可能意味着要整合公司行为数据与法律实体数据。

• 如果一家公司分别在德国和美国交易IBM的股票，那么交付的地点就会是两个。以不同支付方式来进行相关处理的工具，一般有着不同的ISIN或CUSIP代码，而你则通常会希望将各个ISIN代码归拢在一起。

• 在数据颗粒度与处理模型之间所必须做出的选择。比如，是基于工具类别还是基于上市级别来处理那些数据。若以工具类别来表示事件，则意味着需要更加深入地了解多个除权日（ ex-date或 ex-day）的状况（一些交易所可能在除权日遇到银行假期）。由于85%的公司行为都是比较纯粹的，因此它们可以用一种更加扁平的亦即基于工具类别而非上市级别的模型来表示。

• 存在那种多重“分数配置”（fraction dispositions）的情形。让我们选取一个2对3的分割值（2 for 3 split）以及一个取值为“5”的当前头寸为例，据此可以规划出（be mapped to ）一个新的头寸，取值为“7.5”。然后，所面临的问题就是如何去处理那个“0.5”（这些分数份额有时也被称为*边角料*（script））。

问题是，大多数供应商通常只会关注分割后的分数，而非分割前的分数。同样，所分割的一些信息可能是区域或国家专属的。分割比例的表达方式可能有所不同：比如2对1既可以表达为1对2的互换，也可以表达为“有1得1（have 1 get 1）”、1：1或2：1等。

• 有些事件可能会随着时间的推移而被改变或被填充，例如，临时股利（provisional dividend）之后紧随而来的便是确切的股利金额，或者有时会被添加一个附加选项。这就需要去追踪了解每个事件的来龙去脉。

鉴于公司行为的多样性，对其进行标准化的尝试目前只能达到这样一个（不太尽如人意的）程度。在大型经纪公司数量有限的情况下，或许可以通过附加的流程协议以及完善使用这些标准的方法，来弥补数据标准中的某些缺陷（有关公司行为及市场实践的一些应用指引，参见证券市场实践组（Securities Market Practice Group）的相关网页：www.smpg.info）。

3.2.5 证券借贷

证券借贷（securities lending）是指一种具有担保性质的证券临时转让行为（此处讨论的内容引自Faulkner，2008）。术语中的“借贷”一词可能有一点误导性，因为它的本质并不是贷款，而是所有权转让。这种“借贷”的期限可以是定期的，也可以是应急的（on-demand）。许多证券的出借方希望保持商业灵活性，尽力做到随时贷出所有权。经济利益一般是给到借入方。然而，借入方通常会“想方设法”地把这些利益返还给出借方。

就证券借贷而言，到底要借贷哪些证券是需要双方相互协商的。在美国，你可以以自己的名义或者行业的名义（street name）来持有证券。在第二种情况下，通常是经纪人公司或者DTC公司以信托的方式而持有证券，然后再由受益人推荐经纪人来进行相关的投票。一旦那些证券被转换成以*行业的名义*持有，则往往意味着该证券可以协商转让了。

证券借贷的动机包括以下多种情形：

• *弥补资金缺额*。由原始交易结算失败而导致的资金短缺，通常会引发证券借贷。为了能够更快地进行结算，所以需要在短期内借入这些证券来弥补资金缺额。

• *提高收益*（yield enhancement）。这是指那种全部用所借入证券来构建一个投资组合的情形，此时这些证券给借入方带来的收益可能会大于需要偿还给借出方的成本。（借入方收到的）所持证券的利息回报减去（偿还给借出方的）那些融资成本，便是*利差*（carry）。

• *税收套利*。如果交易双方分别适用两种不同的税收制度（一方可能获得税收抵免），那么对收取股利或利息的那一方来说可能是更有利的（由于预扣所得税制度的不同）。

• *指数跟踪*。关于证券借贷的另一个有趣的动机源自指数跟踪基金。有些ETFs（部分开放的封闭式基金或部分封闭的开放式基金）必须非常密切地追踪一个指数。但是它们无法获得股票分红，因为一旦获取分红就将意味着它们偏离了对股指的准确追踪。此时，它们就可以借出股票，让借入者获得股票股利（假设股票股利在经济上比现金股利更具吸引力），然后再以高于他们本来可获得的现金回报来收回股票。

证券借贷交易与回购协议（repurchase agreements，repos）之间的界定是比较模糊的。一般来说，证券借贷交易的发生是由于对某些特定证券（ISIN、CUSIP等）的需求，而回购协议则是为了满足一定的融资需求。所以这也是一个关于交易驱动因素的问题；交易一方的回购协议对另一方来说可能正好是它的证券借贷交易。

证券借贷交易所涉及的主要信息包括：

• 交易结算日期

• 条件/持续时间

• 证券标识符

• 证券价格及数量

• 借贷金额及费用

• 抵押品及保证金（追加金额）

值得注意的是，美国和英国的日计数惯例并不相同，因此确定利息计算的基础很重要。

证券借贷交易在过去更多的是一种后台与后台之间的活动，但现在已经演变成了一个利润中心。它经常被外包给第三方证券借贷代理机构。随着证券借贷交易量的增加，越来越多的中介机构正在努力将供求双方汇集到一起。有时，介于两者之间的那些代理商就像其他经纪人一样，需要专门寻找那种合适的证券，而现在则只需安排证券借贷交易即可。这些提供商能够提供各种服务，如交易对手选择、匹配多空投资组合以及提供证券转让平台等。

3.2.6 抵押品管理

在OTC交易中，通常会有关于结算及轧差的主协议。这些主协议包括以抵押物来担保风险敞口的条款。在进行抵押之前，需要明确界定：双方之间符合条件的抵押品、更换或追加抵押品的程序、适用的*估值折扣*（haircut）或者折扣幅度等。对于抵押品组合来说，更精确的NAV（资产净值）计算方法正在逐步取代以往相对粗糙的、仅仅依靠估值折扣的估值方式。这也就意味着，抵押品管理需要那种高质量的定价数据。

估值折扣的幅度一般取决于抵押品的波动性、投资组合中所持有已发行证券的比例以及流动性等。（此外，通常）还有一份关于所认可之抵押品资产的绝对值、初始保证金以及*集中度上限*（concentration limits）的协议。其中，集中度上限指的是某一特定资产、同一发行人发行的所有资产或任何类别资产在抵押品总额中所占的最大比例。抵押品可以是多种债券和股票，但如果它们指向的都是同一个终极信贷方，那么就很有可能存在一种不受欢迎的集中度。这些上限需要根据最新信息来进行实时监测，因为市场可能会迅速转变或者枯竭。倘若判断优质抵押品的资格标准有所提高，则监测也会愈加严格。

良好的抵押品管理，要求及时地更新那些关于市场及信贷的数据并使其保持较高的准确度。金融危机之后，人们对无担保贷款的兴趣急剧下降，因此促成了抵押品管理的蓬勃发展。抵押品管理包括流动性风险管理、错误定价风险管理以及法律风险管理等。如果那些作为抵押品的证券被延迟出售，那么相关风险就会大幅提升。如果抵押品的质量因为各种不利的市场状况而严重受损，那么它便需要被及时更换或填充。诸如Euroclear（欧洲清算银行）、Clearstream（明讯银行）或JPMorgan Chase（摩根大通）等第三方抵押品代理机构在其托管服务的基础上提供许多相关的服务，因为它们已经知道各个托管机构都拥有哪些资产。

3.2.7 基金管理

许多活动的执行支撑着投资过程的正常运行。基金管理的职能已经从各种特定的服务，演变成了身处后台的全方位服务，包括提供日常P&L（损益表）以及NAV（资产净值）计算等。基金管理的工作经常会被外包，其中典型的工作内容包括如下几项：

• *NAV的计算*。NAV的计算包括处理该基金所包含的全部资本流入与流出、基金收入、基金开支，以及保存该基金的财务记录等。我们也把这些活动称为*基金会计*。（就基金而言，最好是控制费用支出（因此也就要限定资金量），同时还要让佣金覆盖所有的服务。佣金不是费用，但会降低投资回报。根据MiFID Ⅱ，研究活动必须区分开来，并单独收费。）

• 运营风险的*管理服务*以及基金的对标与归因管理（fund benchmarking and attribution）。这一服务意味着基金管理提供商需要得到那些良好的对标数据。

• *报告*。为了迎合零售市场或机构市场，投资产品可能是离岸的，也可能是在岸的。这就可能使税务报告变得愈加复杂。此外，基金管理提供商还可以提供关于基金在证券交易所上市的各种相关服务。

• 所有的关于投资组合交易的*簿记工作*（book keeping）：交易结算日、收到经纪人确认函的日期、根据结算质量而将成交额分摊给不同的经纪人等。

• *费用计算*：管理费、运营费以及其他费用。

• *合规性工作*：投资政策的遵守、授权检查以及对合格证券及市场的相关控制等。

• *行政职能*，比如维护基金的股东名册以及转让代理职能等。

3.3 交易生命周期视角下的数据管理

本节，我们将大致阐述交易生命周期，亦即一笔交易自始至终的各个流程。而该交易必然也会用到第2章讨论过的那些数据内容。一般来说，交易就是两方之间现金与/或金融产品的交换过程，同时会导致双方资产及负债的一些变化。交易通常分为以下几种类型：

• 立即实时交付与支付（delivery versus payment，DVP）结算。比如，在美国Fedwire（联邦储备银行）进行的货币转账，以及经由连续关联结算（CLS）银行的FX交易等。

• 证券结算通常有几天的延迟。在交易数据与实际交易之间，许多市场都有3个工作日的间隔，而有些市场的间隔是1或2个工作日。

• 许多衍生品交易都有多个需要结算的“生命周期”事件，比如那些附有初始与终了结算条件的贷款，或者那些附有展期可能超过30年之定期付款条件的互换等。

那些从事交易的公司可以是*主要责任人*（principal），也可以是*代理*

人（agent）。在第一种情况下，那些公司使用自己的资金并承担所有的风险。在第二种情况下，投资者们通常会将其资金委托给投资经理并进行相关授权，因此最终是由投资经理来完成该交易活动。

我们要讨论的是，就其进入交易生命周期的哪个阶段而言，何种类型的数据最为重要，同时我们还要基于速度、准确性、完整性以及控制水平等，给出关于不同流程中数据管理是否成功的核心评价标准。根据不同的颗粒度级别来描述交易流程，有助于轻松地全方位观察大型金融机构活动中的各个流程步骤。（另外）据此还能清楚地了解到，诸如研究、交易、结算、风险以及报告等各种活动是如何通过信息流而高度紧密地联系在一起的。

金融产品类型的演进已经从要么债务要么权益（古典二分法）变成了一个（性质渐变而非突变的）连续体。这一点给金融机构的核心流程带来了巨大的压力，相应地导致了各种技术的高度多样化。内容和软件应用产品都在寻求特定的利基市场并使各个机构占据独特的优势。

量大利薄的标准化产品与量小利高的定制化产品之间的显著区别会影响到信息管理。前者通常利用高度自动化的系统来进行价格发现、结算、估价以及报告等，而后者则更多地依赖于专家的人工操作以及那些较小的且由内部开发而成的小程序（niche applications）。

本节，我们将首先讨论那些发生在机构内部的*信息制造*（information manufacturing）过程。然后概述交易生命周期中的主要步骤：交易是如何产生的、如何执行的以及可能会引发哪些后续活动。我们将按照交易前、交易中、交易后，以及风险和绩效报告的顺序进行讲解，并且同步地针对那些运行上述流程的每一种应用程序类型进行简要描述。

从交易生命周期的角度来看，对交易活动的处理应该始于双方确认了交易并就各项条款达成了一致，而止于双方最终现金流已经交换且不再承担原始交易中的任何与负债相关的义务。

我们将在本节阐述各个主要步骤。

• *交易前*。这一阶段主要包括交易想法的初步产生、价格发现、短期的和长期的相关研究以及产品控制等。在应用程序方面，这一阶段会涉及交易（前）的支持系统，比如分析工具包、报价与做市系统，以及关于研究的各种应用程序等。

• *交易中*。交易是如何执行的？交易对手方是谁？各种交易策略、执行模型以及执行场所都是怎样的？我们将针对不同的交易策略、延迟、订单类型以及流动性等方面的信息需求展开讨论。在应用程序方面，这一阶段可能会涉及交易算法、执行、交易捕获以及订单管理系统等。除此之外，可能还需要其他方面的信息，比如在何处清算或结算、交易适用何种法律框架，以及一方对另一方的风险敞口是否需要抵押等。

• 交易后（*清算和结算*）。那些能够确保现金及金融产品得以安全及时地交接的关键因素是什么？我们将详细讨论交易匹配、各种集中性的交易对手服务，以及那些存在于行业中的障碍（综合清算与结算的各种壁垒）。从应用程序的角度来看，我们的讨论将会涉及那些处理交易后事项的系统，包括结算系统、电子交易确认、交易配对系统、付款系统以及所有权转移等。

• *风险、报告以及绩效管理*。这一点包括投资组合评估与分析、风险报告、合规性，以及财务报告等各种活动。从应用程序的角度看，它包括投资组合管理系统、资产净值计算、基金会计、归因分析，以及绩效度量程序等。在风险方面，则包括流动性与现金管理系统、抵押品管理系统、市场、信贷、操作风险、内部评级系统、会计，以及一个总账系统等。

我们可以把交易周期分成三个部分，具体见表3-2。

表3-2　　　　交易周期内的数据需求内容

	职能	数据需求
交易前	• 量化建模	• 研究；时间序列；参考数据
	• 经纪人/交易人的讨论	• 交易对手；成本
	• 管理审批	• 限制条件；过往的损益表
	• 账户管理	• 账户；交易对手

续表

	职能	数据需求
交易中	• 执行	• 执行
	–订单管理	–算法参数；经纪人、EMS模型
	–订单分派（order routing）	–参考资料；交易对手方
	• 利润计算与证券借贷	• 库存；可用性；利润率
	• 账户管理	• 账户；交易对手方
交易后	• 清算和结算	• 交易；长期结算指令；账户
	• 企业行为处理	• 头寸；企业行为账户
	• 风险管理	• 交易对手方
	• 合规性管理	• 头寸；价格；风险参数
	• 账户管理	• 头寸；监管要求
	• 基金管理	• 账户；交易对手方；头寸；价格

表3–2显示了交易前（交易想法生成、价格发现过程等）、交易中（执行）以及交易后（结算、资产服务、价值重估、风险报告等）等三个步骤所需的不同类型的数据内容。

一个组织中的各种职能通常被分解为前台、中台以及后台等三个方面。随着各个领域职能之间相互集成的程度被不断地提升，这种划分方法明显地变得不再那么有效了。一方面，外包和离岸结算已经导致了那些通常是跨越各个实体的各种职能之间的相互分离。另一方面，许多金融机构都会在一个或多个传统的后台活动中提供各种相关服务。事实上，它们已经将诸如价值重估、处理、匹配以及托管等相关的后台服务归入到一个单独的业务部门了（因此也就是将其划分为新的前台部门了）。划分细节如图3–6所示。

数据是整个生命周期中极为重要的一部分（图3–7），甚至事实上，可以说金融机构本身就是财务信息数据管理中的一环。这种重要性也体现在金融机构的IT预算中（2015年全球金融服务市场的IT总支出预计为4 614亿美元，预计到2018年将增长至5 347亿美元）。鉴于所处理产品的复杂性，前述所有提到的应用程序领域以及业务流程都有它们自己特定的数据需求。这些信息需求在以下几个方面有所不同：

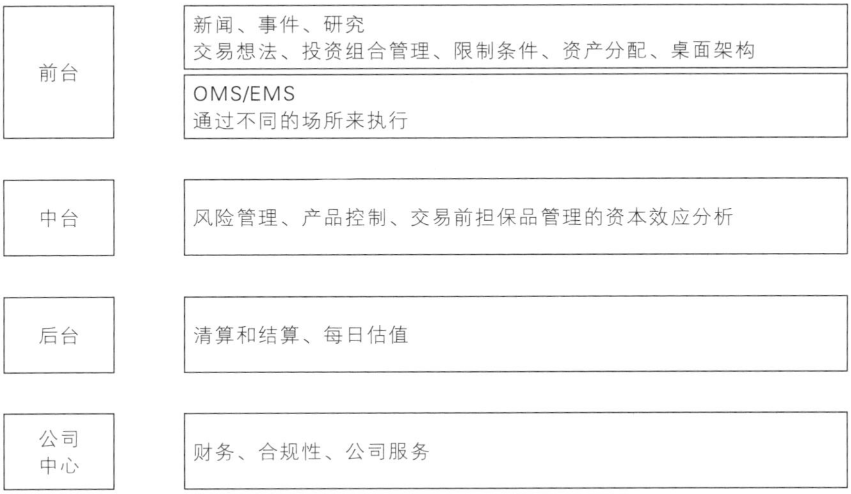

图 3-6　金融机构中前台、中台及后台的划分

图 3-7　交易生命周期

• *交付频率*：从交易前的流数据，到官方认可的那些用于 NAV 计算以及市场风险控制的每日收盘价等数据，其交付频率是存在显著差异的。

• 数据集的*颗粒度*（granularity）。从索引数据的角度来看，交易系统通常只需几条对证券进行识别与定价的属性信息即可，而托管及投资组合系统则需全面了解所有的现金流动方向以及潜在的各种公司事件。从定价数据的角度来看，订单执行之管理系统通常需要拥有全部第二层次的信息（来自所有经销商的报价或者来自交易所的订单）方可智能地获取订单；而抵押品管理系统则只需最终价格的数据就可对所质押证券的重新估值。

• 交付规模的*大小*（size of the universes delivered）。不同业务线上的各种应用程序需要一直寻求关于不同产品的各种信息，而在同一个业务线上的不同用户则可能需要各种不同的证券（信息）集。结算与投资组合系统可能需要那些关于该机构持仓之实际交易证券或者产品的各种信息。交易或研究系统可能会追踪更多的符合条件的金融产品。而托管系统则可能需要针对每位客户所托付之所有工具的详细资料。

• *优先的信息源*（preferred sources）。对于选择自己中意的供应商来说，不同的终端用户可能有不同的优先顺序。内容的品牌元素不应被错误地低估。

请注意，把交易生命周期细分为各个步骤只是一种初步的简化思路。尚未考虑到许多额外的步骤及其复杂性，因为它们在很大程度上取决于特定的产品及市场。我们只需要浏览一下市场上各种各样的信息及软件产品，就能充分感受到市场的复杂性以及利基市场（指规模更小的细分市场，译者注）的数量。持续的专业化以及竞争活动不断地培育出新的利基领域，有助于每个公司从中找到自己独特的位置，反过来再为产品和服务创造新的利基市场。

金融机构所提供的产品结构在一定程度上体现了其传统的仓储式组织架构的性质（traditional silo nature）。那些由内容及软件供应商来提供的产品总是在争夺产品线导向业务所持有的那点预算。因此，有仓储式的预算结构就会有仓储式的产品供应以及仓储式的授权协议。那种设置各种横向链接的做法通常只是事后才会考虑到的事情。

3.3.1 交易前阶段

交易前阶段主要涉及交易想法的产生、投资，或者交易策略的确定以及为进行交易而做好一些基础工作。在信息收集与研究方面，交易前需要根据公司人力资本、客户、风险偏好、资本可用性、视野、地域分布以及其他基础设施等，来确定一种最能反映公司资源的交易策略。在执行细节方面，则需要针对市场时机与特定工具的选择等做出一定的决策。此外，为交易所设置的全部边界条件还包括，为交易活动提供资金，以及在产品、资本、交易对手方与风险限制等方面的一些授权等。

在交易前，我们需要区分以下活动：

• 交易*想法的产生及研究*。在银行与投资经理间所形成的多个研究小组，其研究范围覆盖了宏观经济与国家层面（如主权评级、商业环境与违约风险等），可用于国家、资产类别或行业之间资金配置的相关决策。除了战略性研究之外，其研究职能还包括构建一些专题研究小组，比如对债券市场的某些组成部分进行简单/细致（cheap/dear）的分析、为自己的前台提供非常具体而即时的交易想法，或者向客户推销以产生银行的订单流等。

• *产品控制*。一家机构无论是面向其机构客户而创建一种结构产品或奇异衍生品，还是面向其零售客户而设计一种新型基金，都需要通过一个特定的审批程序。这就是所谓的产品控制，也是风险管理的一个必要组成部分。产品控制的工作就是检查产品中的风险因素是否得到了正确的理解与定价。它还可以作为营销策略的一部分，用以筛选产品的合格客户。

• *模拟回报*。这一点可能需要大量的历史价格数据集（通过回归分析等）来检验样本投资组合（的效果）以及返回测试（backtest）交易策略（的合理性）等。

• 应由信贷委员会或交易操作管理团队来设定一些*限制条件*，用以指导交易活动并控制，比如说一个交易对手方与（按国家/地区、按行业分类的）各类交易对手方的风险敞口，或者按风险驱动因素（如美国股市、日本股市或某种特定货币等）来分类的风险敞口等。使用一种集中对手方交易模式（使用集中的OTC清算服务）的一个好处就是，它只需围绕着有限的约束条件来工作，此时其中某个对手方的信用风险将不再是（整个）业务的约束因素。

• *合法交易的基础*。与对手方一起建立一个法律框架也可以作为交易前程序的一部分。这包括完善现有的法律文件，包括主协议与合规文件，比如“合格的机构购买者”文件（Qualified Institutional Buyer，144a条款）、清算协议以及回购协议等。有些组织设置了文件控制职能，用以检查所有的文件是否准备妥当。该职能同时还可以用来检查*公司决议*（corporate resolutions），告诉你哪些人可以被授权来代表公司行事。

• *操作基础*（operational groundwork）。比如，正确获取管理细节等，这些细节包括结算指令、基本数据（如姓名和联系方式等）的来源，以及在交易对手方数据库中创建的某些记录等。尽管这些都可以在交易后进行，但在商业活动之前完成的话则更为有效。

• 交易的顺利进行需要一定的*营运资金*来支持。通常，这与一家机构的资金部门有所关联。资金管理包括现金管理与短期对冲，同时可能还包括提取数据来标记期货与掉期合约（的*浮盈浮亏*），以及监控流动性风险管理与融资成本等。

• 就*价格发现*而言，交易前的流程可能会因市场而异。在OTC市场中，价格发现（通常有很多种方式）包括基于公告栏信息、通过交易对手方的双边报价请求或者IOIs以及使用汇集报价并安排交易的经纪人等。但在有些市场中，价格发现过程一般会被外包给集中执行场所，比如交易所等。在以报价为驱动因素的交易所市场中，存在着一些特定的角色，比如必须不断地双向报价的以及作为每笔交易之交易对手方的做市商或交易商等。如果有足够多的买家和卖家，那么拍卖市场模式就可以发挥作用，而并不需要多少人去努力“做市”，因为市场已经存在了。倘若机构有大量交易，则交易也可以在机构客户之间交叉进行。

交易前阶段的应用程序类型一般包括各种分析提供者以及分析工具，但也有一些用于长期研究的常用报告工具等。其中，Excel与流数据分析通常用于那些短期或超短期的研究。如果要保证不出现时间的延迟，那么传统的数据库是不合适的，因为它们通常需要先将信息存储到磁盘，然后才能公开。数据库技术决定了查询/检索信息的速度及延迟时间。为了追求更低的延迟性，一场“军备竞赛”已经展开，其结果就是数据中心与交易所之间相互配合，力求得到订单和执行之间的那条路径是最短的。

在交易过程中，自营交易（通过使用机构自有资金而从市场波动中寻求收入）与代理交易（从客户佣金中寻求收入）之间是有显著区别的。金融危机之后，自营交易的规模有所下降。由于监管资本要求的提高，银行的交易成本已经普遍上涨了。

无论是自营交易还是代理交易，两者都需要获得交易对手方的信息以用来加快交易进程，包括SSI数据以及基本数据等。在代理交易中，必要的客户信息包括：

• 监管信息。这一点包括对客户的初始筛选以及随后的客户行为筛选（如AML等）。这一工作既可以在交易或付款前通过线上实时进行，也可以通过回顾性分析来补充完成。

• 政策性信息（policy information）。这一点具体包括：一组经过客户允许交易的产品；根据客户的要求，一组符合条件的执行场地（更多的场地可能意味着更好的价格，但也意味着更高的交易成本）；订单执行中的自由裁量权；当授权机构代表客户进行投资时，交易限额以及客户的交易授权人员清单，而该清单可能要按产品及金额等进行详细的说明。

一些法规的目的在于促使价格发现过程更加透明，而尤为重要的是，要确保交易对手方都能及时地获得此刻市场中的最优价格。无论是美国的《多德-弗兰克法案》，还是欧盟的《欧洲市场基础设施监管规则》以及MiFID Ⅱ，都大大地提高了市场透明度。

3.3.2 交易

对于前台决策支持以及交易想法生成来说，低效的信息浏览往往会浪费大量的时间。而轻松便捷地访问数据则是给予金融机构的最好机会之一，用以帮助其提高自身的生产力。高薪员工在日常数据收集工作上花费了太多时间，尤其是在急需制定相关交易策略的时刻，因*无法获取*相关数据而产生的机会成本往往会大到无法形容的地步。新的数据源以及BI（商务智能）技术有助于创建新的信息源，进而影响到交易或投资的相关决策。

在套利的情况下，需要构建一个对冲组合。例如，在指数套利中，你一方面需要一些指数，另一方面又需要一些成分股（或者该成分股的一个主要子集），并且同时还需要对两者都进行实时的价格更新。因此，获得相关工具可以大大地提高生产力与洞察力，比如那种将相关股票直接与所有的期权相互挂钩的能力等。对于收益固定的证券来说，则可以参考曲线上某个点附近的其他欧元政府债券。如果将债券的信贷息差与信贷市场上的其他指标进行比较，如CDS（信用违约互换）等，那么就很有可能生成一些交易的想法。

3.3.3 交易风格与数据需求

交易或投资策略的实施可以带来订单。只要那些执行交易策略的条件得以满足，那么通常就有可能促成订单。这一点可能是因为（在套利的情况下）某些工具的价格达到了一定的水平，也可能是因为（在事件驱动策略的情况下）某些消息被及时地公开发布。

投资策略通常会受到基金授权的约束。那些边界条件通常包括风险水平、借款水平以及被投资的市场及产品等。投资策略通常始于资产配置，然后就是选择工具。“哪里是我认为值得投资的地方”这个问题在大多数情况下可以用来解释产生回报的原因所在。

数据需求会因交易风格的不同而有所差异。套利或相对价值交易（relative value trading）通常会涉及相互关联且风险因素相似的一些工具。这种情况下的策略通常是隔离（isolate）某个特定的风险因素。例如，在股票指数套利中，（其基本手法是）一手买指数（期货）、一手卖（权重较大的）成分股；而在信贷交易中，（其基本手法是）一手买公司债券，同时一手又去卖一些相关的政府债券期货以期隔离一定的信贷息差（风险）。

在那种定向型交易（directional trading）策略（这种策略的成功与否取决于交易方向的选择——要么是多头，要么是空头，一旦选错则满盘皆输，常见于期货等衍生品交易，译者注）中，如果你想要拿定主意，那么相关研究、新闻以及其他任何有助于你通过寻求风险敞口因素而择定交易方向的信息，都是至关重要的。与相对价值交易（指现货交易，译者注）不同，如果那些风险因素正在朝着不利于你的方向变化而你又不能及时平仓，那么（这种交易）最终就有可能给你带来巨大的损失。从监管资本的角度来看，这一点也会引致更为高昂的监管成本。（因此）你应该努力寻求那些你确信将会给你带来竞争优势的风险因素。

比如说，在统计型套利交易中，可能就需要大量的价格变动数据（tick data）历史记录来建立一些关于市场效应方面的模型并且进行相关的模拟测试。相比之下，如果你只是一个普通的选股者，那么你就只需研究市场的基本面以及公司的财务报表，而不必追求那种实时数据。

统计型套利交易的策略就是对报价流进行筛选。而基于事件的交易实质上就是对新闻流的浏览与解释。尽管之前这些策略并不严格要求时效性，但也都尝试过了如何自动化地解释那些新闻流。分析新闻一般就是扫描新闻的关键字或者——如果特别标记过一些新闻报道的话——那么就可据此勾勒出财务报表的大致情况，并可将其与大多数人的预测相互验证。

3.3.4 清算与结算

当双方就所有交易条款达成共识并形成协议之后，交易便可开始进行*清算*。例如，对于回购交易（repo transaction），双方需要报告相同的名义金额、回购比率、回购时限或期限、回购的证券以及债券价格等。可以通过比较双方的交易确认书（trade confirms）的形式来达成一个协议，或者交由中介机构来进行交易清算。当商品与现金之间彻底地完成了彼此相互的交换，是为交易*结算*。如果双方报告的交易条款完全相同则可视为交易清算（成功），否则属于那种“非公平交易”（outtrade）或者“不明确”（don’t know，DK）交易。

清算和结算是两种不同的活动。结算通常是在DVP（券款对付）的基础上进行的，如证券兑换现金等。但结算偶尔也会按照“按价值交付”（DBV）的形式进行，就是说不会立即交付现金，而是隔夜交付证券、次日交付现金。结算过程中的活动包括输入结算指令、核实交易细节、执行通知（notice of execution，NOE）以及所有权转让等。证券的准确识别需要参考数据。而关于交易对手方的结算指令已在本章讨论过了。这些指令的作用就是告诉交易的另一方所需转移的资金及有价证券。结算指令需要通过定期审查以检查其准确性。这一点也可以通过*暗化*处理（twilighting process）来完成，即要求交易对手方重新确认其指令。此时，交易对手方可以选择再次确认现有信息的有效性，也可以选择提供新信息。如果交易对手方没有给出答复，则数据可以保持不变，但需注明已经询问过或者再个别进一步问询。

那些以往通常是双边清算的产品现在越来越多地采用集中清算（central clearing）的方式（参见 www.swapclear.com 上伦敦清算所的 SwapClear 服务等）。集中清算促使衍生产品的标准化程度得以稳步提升，并逐渐成为良好风险管理的一个必要组成部分。各种清算机构加入后，成为每个卖方的买方对手，反之亦然。只要大家的资本充足，就可以构成一个针对结算风险的多边安全网络。这可促使每个交易对手的风险降低，并因此而减少结算失败的风险。集中清算机构还可通过连接那些缺乏流动性的买家和卖家，来支持经纪人及其他代理机构的工作。各种清算所在保持市场的稳定性、效率及弹性方面都发挥着关键的作用。

一些产品也是在场内交易的。在结算方面，一个重要的发展就是，经由 T2S 项目所推动的（https：//www.ecb.europa.eu/paym/t2s/html/index.en.html）欧盟资本市场的标准化。T2S 项目引入了一个共同的结算平台，并且经过四个连续的阶段或者“冲击波”（waves）而不断地推出了许多各式各样的 CSDs。其中，最后一股冲击波被认为于 2017 年 9 月结束。

一般证券的结算流程与 OTC 产品的结算流程可能存在较大差异。对一般的证券来说，通常有一个国家编号机构（National Numbering Agency），它分配唯一的标识符，比如 CUSIP、ISIN 或者 SEDOL 等，以使证券（相对地）更容易被处理与标识。结构性产品的情况也是如此，比如

CUSIPs等，其结算方式类似于公司债券。而在衍生品领域，则必须有一个已经确立的法律框架或者主协议，并定期地结算风险敞口，如通过SWIFT来支付等。

CLS（持续连接结算系统）银行一般是由多家大型外汇交易银行设立的，主要负责外汇交易的结算等（参见http：//www.cls-group.com/pages/default.aspx；CLS目前以18种货币来结算）。

大型的清算所（clearinghouses）包括美国的DTCC、ICE和CME，以及欧洲的Eurex和LCH.Clearnet等。一些清算所只清算股票或期权工具。但也有一些清算所，如LCH.Clearnet等，会在股票、外汇交易衍生品、商品以及OTC衍生品等方面提供广泛的服务。有时，清算所是各自独立的一些实体，而有时它们也会并入一个交易所里面（后者的例子如Clearstream和Deutsche Boerse等；前者的例子则有Euronext和LCH.Clearnet等）。在美国，联邦储备委员会所提供的服务包括那些数额较大的Fedwire Funds Service（联邦储备银行基金）服务，以及联邦储备银行证券服务与国家结算服务等。

有些证券交易可以在银行内部清算。在这种情况下，这些证券交易或可与另一笔交易相互抵消，银行就不必再去交易所或清算所执行交易了。参照交易前透明度的监管，监管机构也在推动交易后的透明度。其目的是对市场活动进行监管，而不是帮助投资者发现价格。现有的一些可将交易分配至不同地点的服务（比如，Traiana（ICAP）、MarkitServ，以及Thomson Reuters Trade Notification（TRTN，http：//thomsonreuters.com/en/products-services/financial/trading-platforms/trade-notification.html）等），也可以用来将各种交易发送到一种报告型的服务里面去。

SWIFT在促进结算方面发挥着关键作用：

• 通过一个备用的安全网络来交换信息。这一点也包括一个备用的或者实施成员管理的封闭用户组（member-administered closed user groups，MA-CUG，就是成员进出须经严格的身份审查，译者注），据此SWIFT的亚群成员能够安全可靠地相互交换信息。

• 作为备用标准，或者作为权威的注册标识来统驭 ISO 15022/20022 等多个不同标准以及诸如银行识别码（bank identification code，BIC）等识别标准。在支付方面，SWIFT 有 BIC 目录，可以与国家和分支机构一起使用，以识别一家银行的各个分支机构。它也是 IBAN（国际银行账号）的一个起点，能够唯一地标识任何一个单个的银行账户。

• 提供各种服务，比如（制定并执行）那种关于外汇、货币市场以及 OTC 衍生品等相互匹配及其异常处理的协议规定等。

3.4 客户互动视角下的数据管理

无论是在交易及投资处理方面，还是在客户的支持方面，有效的信息收集与管理过程都是至关重要的。信息的即时访问成为可能、信息源的数量在不断增加、数据管理流程的构建模式也日渐灵活多样，这些都构成了当前信息发展的趋势，同时也在影响着客户们的期望。

金融服务公司在后危机时代面临着严峻的挑战。它们不仅形象严重受损，而且还在金融科技的重要领域承受着被新公司所取代的巨大风险。许多大型社交媒体以及在线零售公司都已经重设了那些关于访问与交流的各种期望值。

客户与金融服务公司之间的互动模式已经发生了巨大的变化——主要是在零售空间方面。银行或投资经理在客户生活中的角色已经发生了改变。分支机构已经时日无多。在呼叫中心被重新定位而分支机构又被边缘化之后，客户们习惯了可以随时访问信息的应用程序（图 3-8）。客户希望能够随时随地进行交易，而金融服务公司若想实现这一点，则需要全天候地营业。所有关于客户与该公司之间最新的互动信息，都应该能够被即时安全地获取（详细描述参见 King，2012）。零售客户的忠诚度不再因为与银行员工的互动而变得更加牢固，反而更容易出现变数。忠诚度是由品牌价值及线上体验质量所决定的。良好的供应链与信息聚合能力以及客户门户网站的可视化等，在确立竞争差异的过程中显得越来越重要。

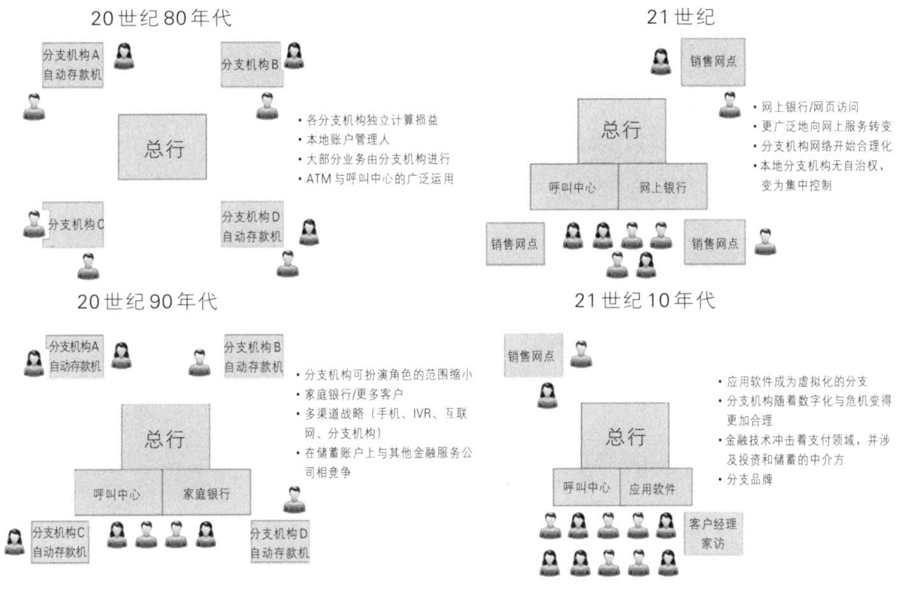

图3-8　银行组织形式的变化历程

许多初创企业都在与银行及资产管理公司等相互竞争。支付服务是金融技术发展中一个较为引人瞩目的领域。有相当大的一部分零售业公司都在向互联网转移，促进了快递服务及线上商家支付服务双双蓬勃发展，从而一并解决了支付与递送问题（这一点也包括Adyen与Klarna等公司）。也有一些初创企业将自己定位为公开透明、值得信赖且“没有繁文缛节”的银行，又或是提供透明性、低成本以及卓越线上体验的新型财富管理公司。（一个典型的例子参见www.betterment.com上的Betterment。这些公司通常基于客户的风险偏好、储蓄目标以及投资范围来实现资产的自动配置。这就是所谓的机器人顾问）

在某种程度上，投资经理尤其是银行，会面临严格的监管屏障（high

regulatory walls）以及自身资产规模的保护。另外，传统基础设施的渐行渐远以及监管报告复杂性的日益增加，也为初创企业创造了各种机会。当然，许多金融服务公司的名声不佳也是推手之一。

任何金融服务公司的线上应用程序或平台都应包括以下几个方面：

• 通过任意一台设备即可访问关于某个客户之所有业务的合并视图（一个可以显示其所有家庭成员的储蓄、活期账户、按揭或其他贷款、经纪人账户以及保险产品的视图）。

• 主要功能的快捷访问，比如转账和查看账户余额等。

• 用以对账户余额、转账以及投资组合绩效进行分析和对标的各种统计数据。

• 客户决策支持、清算信息、FAQ（常见问题解答），以及面对投资决策或提供额外服务时的个人互动选项，如电话、聊天或者面对面等。

• 提供加入或退出附加服务的选项，如基于位置（location-based）的数据等。

• 反馈机制以及用户的评论。

• 隐私与安全的保障机制（由于客户端可能会通过一个主机和不同的网络来访问信息，所以安全认证变得越来越重要；应该提供关于隐私和安全的策略，以及客户数据存储位置等方面的各种信息）。

推出新的应用程序或者门户网站并非难事。这一点给现有供应商提供了机会，使得它们能够在之前没有接触过的那些市场上参与竞争。客户购买储蓄、保险或投资产品等也更加容易了——当然随之而来的就是作为银行关联之核心的账户核对工作。然而，一些国家已经就银行账户信息的便携化（比如移动银行等，译者注）进行了立法，这一点可能会促进交易的进行但同时也会加剧竞争（参见 https：// www.edgeverve.com /finacle/ resources/thought-papers/Documents/bank-accountnumber-portability.pdf，可以获取更多信息）。

3.5 监管报告视角下的数据管理

3.5.1 监管主题

金融危机之后增长最显著的行业之一便是合规与监管行业（参见路透社 2016年的合规成本报告，参见：https：//risk.thomsonreuters.com/en/resources/special-report/cost-complis-2016.html）。监管的政策目标非常多样化，包括如下几个：

• 通过储备充足的准备金以及特别关注流动性等各类累加风险，来增强银行的资本缓冲能力（capital buffers）；

• 通过促进OTC衍生品的集中清算，以及提高交易前和交易后的透明度来降低OTC市场的系统性风险；

• 预立遗嘱（living wills），以确保银行有一个有序的清盘（wind-down）计划；

• 通过改变程序与加强监管来改变文化环境，以防止市场滥用、操纵、避税以及各种利益冲突等；

• 审慎监管以及投资者保护；

• 通过交易对手方与金融产品识别和分类的通用数据标准实现全球协调。

3.5.2 监管的生态系统

监管已经变成了一系列小心翼翼的操作流程，满载着各种担心或忧虑，生怕会造成一种削弱金融服务公司竞争力的（生态）环境。监管有两种主要形式：

• 以规则为基础的监管。这种形式的监管为银行制定了各种具体的规则，规定银行应该如何运作以及哪些才是被允许的活动。这一点可使任务要求变得更加清晰，但也有可能培养出一种只会“打钩”（box-ticking，喻指不假思索地机械核对，译者注）的思维习惯。

• 以原则为基础的监管。这种监管形式通常会用一些笼统的术语来表达相关要求，而将具体细节留给银行自己来判断处理。在实践中，它提倡的是一种“轻触式”（light touch）的监管，也就是说银行可以按照自己的意愿来解释那些宽泛的原则。

监管在不同的层面上进行：

• G20（二十国集团）层面的全球协调。紧随危机而来的G20峰会启动了那些具体的监管目标。

• 通过巴塞尔银行监管委员会（the Basel Committee of Bank Supervisors）来进行全球协调。这是一个由银行监管者组成的决策小组，讨论着不同的监管主题，但主要还是关注银行的偿付能力。它实际上并不是一个进行直接监管的机构——其发布的政策声明最终应以（各个国家的）法律为准（参见www.bcbs.org）。

• 区域决策。这是指在欧盟层面上创建*指令或法规*。法规可直接对所有成员国进行约束，而指令则需要转换为每个成员国的法规。欧盟还拥有证券、保险以及银行业方面的监管机构（包括分别针对证券、保险、养老基金和银行业的ESMA、EIOPA以及EBA等），这些机构主要扮演着协调者的角色，但同时也有自己的监管任务。除此之外，对欧元区各成员国内较大银行的直接监管也转移到了欧洲央行（ECB）。欧盟一般使用*许可证*（passporting）制度，这意味着在一个欧盟国家内部注册的公司或服务可以提供给其他的欧盟成员国。

• 国家监管机构。它们通常被分解为*微观审慎*（道德与标准遵循方面的行为监管，旨在保护投资者，通常由证券监管机构来执行）与*宏观审慎*（监管银行及保险公司的偿付能力和流动性，通常由央行来执行）两个板块。

• 自我调节。这是指自我进行的监管，即由行业协会来执行特定的监管任务（参见，比如https：//www.finra.org/上的美国FINRA）。

在美国，监管越来越多地发生在联邦（国家）的层面上。金融危机之后，条块分割式（silo-based）监管框架日益被视为一种麻烦所在，因为它会将监管的职责进行分解，分别交给联邦存款保险公司（FDIC）、货币管理署（OCC）、证券交易委员会（SEC）、商品期货交易委员会（CFTC）、美联储（FED）理事会以及（现已解散的）储蓄管理局（Office of Thrift Supervision）等（多个机构来承担，以至于条块分割、各自为政，进而不能精诚合作、协调统一，译者注）。为此，美国财政部还成立了金融研究办公室（The Office of Financial Research，OFR），以官署的身份来为不同的机构提供各种数据服务。如果各个监管机构想要根据行业的要求而对数据采取某些行动，那么它们就需要提高各自的数据管理能力。

3.5.3 监管关注点的多样化

对银行业偿付能力的监管正在持续不断地演变，其主要的表现就是风险巡查的范围在不断地扩大、延伸。第一个《巴塞尔协议》（Basel Accord）为信用风险引入了最低资本标准。在放松管制以及始自20世纪80年代的交易热潮到来之后，市场风险被列为一个单独的类别。随着银行的国际化发展，以及整体规模及其复杂性的快速增加，操作风险也同样作为一个单独的风险类别被添加进来，并需要计算出21世纪头10年内的（最低）资本要求。自2007—2009年的金融危机之后，短期和中期流动性风险指标（分别是关于流动性覆盖率（liquidity coverage ratio，LCR[①]）与净稳定资金比率（net stable funding ratio，NSFR[②]）的最低要求）被引入。银行已经分解成了产品和客户等两个不同的部门——风险类别的不同导致了各

① LCR表明，在何种程度上银行才算有足够的流动资产来应对未来30天内的现金流出。

② NSFR表明，在何种程度上银行才算有足够的稳定资金来应对持续1年的财务压力。

风险部门职能之间的分崩离析，因此带来了能够汇集各方风险的企业层面的风险管理需求。

除了加强银行监管，监管机构还会关注很大一部分的金融生态系统。其中，给予特别关注的有投资经理的估值程序（AIFMD）、保险公司的偿付能力要求（Solvency Ⅱ）、相对于养老金投资组合的负债水平，以及关于诸如信用评级机构（要受到美国SEC以及欧盟ESMA的监管；同时参见http：//www. esma. europa. eu/supervision/creditrating-agencies/ supervision 和https：//www.sec.gov/ocr）等服务提供者的具体规定等。

银行监管的复杂性有相当一部分是来源于产品的多样性（《多德-弗兰克法案》的相关内容多达2 300多页，参见http：//financialservices.house.gov/dodd-frank/。此外，据路透社统计，2015年有超过4.3万份的监管警报，远高于2008年的8 704份；一份监管警报通常是一条政策更新、一份文件或者一些新闻）。另一部分则来源于那些正在进行的政策游说活动，其目的可能是阻止一些简单规则的出现，也可能是给予银行一些自由裁量权，用以计算它们的风险敞口。有时，过分关注某些模型的技术可能会导致对全局与政策目标的迷失。

下一个风险类别会是什么，目前尚不明朗。但非常明确的一点就是，迄今为止的每一次监管行动都会形成一些要求金融服务公司执行的应对策略（coping strategies）。如果风险是明确存在的并且带有一种价格标签（亦即会影响到定价，译者注），那么它就一定会以不同的伪装形式出现在另外某个地方。监管机构关注的下一个领域可能是风险较为集中的清算所（如果集中清算的作用更大的话），也有可能特别关注操作风险中的网络攻击风险。

3.5.4 扩展了的流程关注重心及数据需求

最近的一个显著变化是，信息供应链本身得到了更多的监管关注——并且不仅仅只是关注那些风险模型。虽然欧洲保险监管的Solvency Ⅱ已经包含了一些关于数据质量的判别条件，但最早促使人们关注数据质量的还是BCBS（Basel Committee on Banking Supervision，巴塞尔银行监管委员会）239原则所提出的风险数据聚合原则（参见http：//www.bis.org/publ/bcbs239.htm）以及联邦储备银行、OCC、英格兰银行和欧洲央行等所提供的、类似的最佳实践（表3-3）。试想，面对一个初中生的数学作业，老师的兴趣可能不仅仅是看到答案，而更多的是想看到得出这个答案的思维过程。同理，模型背后的数据以及模型使用的过程都应该是合乎逻辑、稳定可靠的，经得起监管机构的严格检查。

表3-3　　BCBS239原则

类别	原则	数据管理的含义
治理和基础设施	治理	透明度、审核、版本化、颗粒度的权限
	基础设施	单一存储、集成、HA/DR
风险数据聚合能力	准确性和完整性	规范度、透明度、全面审核、自动化、报告
	完整性	多处来源的、单一存储库
	及时性	自动化、即时响应
	适应性	灵活的、强大的数据加载及提取能力
风险报告实践	准确性	自动化、计划受控、多重格式
	全面性	全覆盖的、原始的/清洗后的、丰富的/内部的/外部的
	清晰性和实用性	定制的、完全顾客化的
	频率	自动的、计划的、特别的、快速的
	分配	灵活的、顾客化的、对用户友好的
监督检查	审查	审计报告、通过报告模块实现的特殊信息请求
	纠正	所有规则文档化、场景化/压力测试
	主页管理（home/host coop）	简单的规则与核验改进

从信息技术的角度来看，表3-3中关于有效风险数据汇总以及风险报告的那14条原则已经变成了人尽皆知的常识。该文件的要点之一便是关于数据架构以及IT基础设施的原则2：“银行应该建立跨银行群体的集成数据分类法及架构，其中包括关于数据（元数据）特征的相关解释……”从2015年12月发布的相关进度报告以及那些银行的自我评价来看，这也是银行最难遵守的要点之一。自2016年1月1日起，BCBS239原则适用于全球系统性重要银行（G-SIBs）名单上的所有成员，并且还将按照管辖范围而逐渐向不同的国家系统性重要银行（D-SIBs）延伸推进（参见https：//www.bis.org/bcbs/gsib/）。

额外的系统性需求包括：

• 数据的准确性与完整性（原则3），使得关于风险数据质量及控制过程的要求，与财务报表中适用之相关原则的立足点完全一致：“围绕风险数据的控制程序应与适用于会计数据的控制程序一样地稳健。”（巴塞尔银行监管委员会，2013，第36a段）

• 一部共用数据字典：“作为一项先决条件，银行应该有一部可以查询概念的‘字典’，以便任何数据在一个组织内都有着统一的定义。”（巴塞尔银行监管委员会，2013，第37段）

• 适应性（原则6），这是指那种浏览数据并快速满足一些特殊请求的能力：“银行的风险数据聚合能力应该具有灵活性和适应性，以便及时满足一些特殊的数据请求，并可用以评估那些涌现出来的各种新的风险。”（巴塞尔银行监管委员会，2013，第48段）

• 数据质量管理要求，如同原则7中关于准确性的解释一样。数据管理过程中所使用的验证规则应该完全公开透明：“（这是一些）自动和人工编辑以及合理性检查工作，包括一份应用于定量信息的验证规则清单。”（巴塞尔银行监管委员会，2013，第53b段）

• 关于数据分组以及从不同维度来简单报告数据的报告要求：数据按照业务线、法人、资产类型、行业、地区以及其他分组标准来分别提供

（巴塞尔银行监管委员会，2013，原则4，第16页）。

数据认证（CAT），也就是对数据完整性（completeness）、准确性（accuracy）和及时性（timeliness）的来源进行认证，是推动公司遵守这些原则的主要因素之一。因为可以肯定的是，在一个原始数据越来越多的时代，经过认证的数据变得越来越重要。

除了风险模型背后的过程这一最新的关注点之外，监管机构还会在更多的细节上有要求。这些细节包括有关大西洋两岸个人贷款的详细信息，也包括欧洲央行（ECB）的“AnaCredit”项目，数据收集工作计划于2018年开始，范围覆盖欧元区内所有个人贷款的相关数据（参见https：//www.ecb.europa.eu/stats/money/aggregates/anacredit/html/index.en.html）。其目标是识别、汇总以及比较信贷风险，并且根据每笔贷款与资产类别的详细信息来检测相关的风险。在美国，“FRY 14 Q/M”报告要求银行控股公司提供更多关于资产类别、贷款以及投资组合水平方面的详细数据。

监管机构对银行运营情景及其报告的规定越来越严格。其中一个典型的例子就是银行需要执行压力测试（stress tests）。在过去，这些压力测试只是正常风险报告中的附加部分；而如今，它们已经变成了需要银行单独演示的重点内容，演示那些处于监管机构所提供的“巨大但合理的冲击”（severe but plausible shocks）之下的、涵盖了各种严重性程度的具体（反应）场景。压力测试的主要目的是迫使人们养成一种“如果……会怎样”的思维方式。风险管理不再像往常一样被要求专注于业务，这是非常正确的。

压力测试通过让银行承受极端事件的风险，来衡量那些事件的发生对投资组合价值以及银行偿付能力所产生的影响。压力测试所需的数据包括一组风险因素，以及它们在场景转换与特定冲击的时间间隔内的演变情况。2011年，美国的CCAR项目得以推出（参见http：//www.federalreserve.gov/bankinforeg/ccar.htm），主要针对的是顶级的银行控股公司。而2014年推出的《多德-弗兰克法案》压力测试（DFAST）项目，就包括了针对中等规模的银行的压力测试（参见 http：//www.federareserve.gov/bankinforeg/ dfa-stresstests.htm）。以前，许多中型银行并不受《巴塞尔协议》的监管，因此，现在需要跟上其风险情景基础设施建设的步伐了。在欧盟，欧洲银行管理局（European Banking Authority）负责协调压力测试事务，而英格兰银行（Bank of England）则有一个独立的压力测试制度（参见 http：// www.bankofengland.co.uk/ financeial stability/Pages/fpc/ stresstest.aspx）。

除了监管机构提供的压力测试之外，银行往往还会根据自身的业务状况来设置一些压力情景。通常，压力测试情景均采用真实的历史事件。但一种替代的方案也可能是通过查阅历史价格数据库，找出其中波动率达到峰值或者相关性突然改变的时期，然后将当前的投资组合融入这些情景之中（而进行测评）。压力测试适用于所有的风险领域，比如市场、信贷以及流动性风险等。在操作风险方面，可能存在一种特殊的数据挑战，因为大多数可用数据只会反映那些金额较小且发生频率相对较高的损失状况。关于*尾部*（tail）的信息——损失较大的事件——则是罕见的，而这又通常包括那些损失涉及人群极为广泛的案例。

全球性的合作发展要求采用统一的LEI来辨识各个法律实体。LEI正在逐渐被深深地嵌入各种新的规则，从而作为一个基本框架用以组织其他数据元素，如实体之间的关系、交易描述（mapping）或实体风险等。LEI还正在被越来越多的规则，尤其是MiFID Ⅱ等采用为报告标准，用以识别报告交易中的所有主要责任人与代理人。监管机构试图对市场进行总括性的了解，但却陷入了数据质量与识别的难题，类似于受监管公司的风险与财务部门也会碰到的那些问题。因此，工具和交易对手方的识别及分类问题受到了更多的监管关注。

3.5.5 巴塞尔规则的例子：对交易账簿的基本审查

风险管理是艺术与科学的结合。毋庸置疑，风险框架在正常的市场条件下会运转得非常顺利。确切地说，当你确实不需要它的时候（它才是最好的）。巴塞尔委员会的一份最新政策文件改变了银行市场风险度量与报告的框架（参见https：//www.bis.org/bcbs/ publ/d352.htm）。其新颖之处在于，应该重点关注回报分布的尾部末端。换言之，不是重点关注那些正常业务，而是重点关注那些非正常业务，即异常值。不是要问“一般正常情况下潜在损失的上限是多少”，而是要问“最糟糕情况下的预期损失是多少”。换句话说就是：它要求风险经理好好检查一下回报分布的尾部末端，而不是（草率地）切除那个尾部。

银行可以在（通用的）敏感性分析方法与内部模型方法之间进行选择。为了能够争取到使用内部模型方法的资格，银行需要从风险度量与报告的角度来证明它们已经做好了充分的准备。就其内部模型而言，银行需要证明它们所用到的各种风险因素是可以用来建模的。

引入那些关于资格认证的标准是为了提高数据质量，并且明确银行可以在其内部模型之中使用那些风险因素。合格的数据必须是：

- 可连续获得的历史观察值：至少10年的历史数据；
- 发生频率足够高；
- 质量较高；
- 有机构确实根据其实际价格（不是估计数）进行过交易；
- 服从既定的流程与控制。

不可建模的风险因素可能会导致额外的资本费用——比如使用基于10年间最差情况之回报率的压力测试（即可解释这个原理）。对交易账簿的基本审查（fundamental review of the trading book，FRTB）增加了关于历史市场数据和交易数据方面的需求。因此，FRTB提出了具体的数据管理要求，即交易数据与主数据的整合，具有追踪和报告长期历史上市场数据与多源数据整合的能力，以及按照要求改进数据质量管理等能力。

3.5.6 例子：更高的估值标准

对估值的担忧可以追溯到20世纪90年代末，当时衍生品受到了过分的追捧，而市场上发生了多起备受瞩目的企业丑闻，这些导致了《萨班斯-奥克斯利法案》以及新会计准则的出台。

在20世纪90年代，财务报表所披露的风险与其实际所承担的财务风险之间越来越不对称。掉期等衍生产品的风险敞口被排除在资产负债表之外。这表明，财务报表作为投资者了解公司健康状况的一种手段，已经没有什么意义了。财务报告丑闻导致控制的概念受到了空前的重视。相关监管使得财务报告的控制愈加重要，同时也引发了一场公允价值会计运动。FASB 157号文提出了公允价值计量的概念并且定义了一个方法框架，这一点意味着需要更加透明地进行证券的定价（参见 http：//www.fasb.org/summary/ stsum157.shtml）。

大多数组织的财务报告过程都是由IT系统所驱动的……信息技术在内部控制中起着至关重要的作用："企业在其信息系统中运用信息技术的性质及其特征，影响着企业对财务报告的内部控制。"（美国公众公司会计监督委员会（PCAOB）的第2号审计准则，参见 www.pcaobus.org/Standards/Standards_and_Related_Rules/Auditing_Standard_NO.2.aspx）

对银行来说，良好的市场数据是保障财务报表准确性的必要前提。针对上市公司，美国的《萨班斯-奥克斯利法案》比以往更加突出了内部控制的作用。内部控制涵盖了对财务报表形成的整个过程的控制，并强调职责的分离，明确了谁在何时以何种原因更改了什么内容。《萨班斯-奥克斯利法案》更像是一份*定性的*（比如，你必须拥有并能证明一个可靠过程的证据）而非*定量的*法律规范。该法规的关键部分是第404段（"404：*管理层关于财务报告的内部控制的报告以及交易法定期报告的披露证明*"），解释了关于财务报告的内部控制问题：

- 《萨班斯-奥克斯利法案》要求备份所有已发布的数据。也就是说，所有价格、曲线以及参考数据项等都很有可能会对声明的收益或者预测产生（一定的）影响。这一点强调了审计、安全性以及信息准确性的重要性。

• 监管机构和审计人员将审查接口与数据基础设施的安全性、准确性及其可查证性。

早期对估值的担心主要源自一些企业丑闻，而最近的估值监管则专门针对投资经理和银行这些主体。AIFMD（参见 http：//ec.europa.eu/finance/investment /Alternative_ investments /index_ en.htm）规定了独立于投资组合经理之外的估值功能以及关于托管功能的要求，其中后者的提出主要归因于那个以“资产不翼而飞”而闻名的麦道夫（Madoff）丑闻。对银行而言，为了防范信贷损失，它们要采取各种估值调整措施。审慎估值所指的就是要使用一组有代表性的市场数据来源。考虑到信贷减值的各种不同的情形，银行账本的估值标准更为保守，而且同时也反映在会计准则之中，特别是IFRS 9（主要是关于金融工具的确认与计量等，译者注）（参见 http：//www.ifrs.org/current-projects/iasb-projects /financial-instruments-a-replacement-of-ias39-financial-instruments-recognitio/Pages/financial-instruments-replacementof-ias-39.aspx）。

3.5.7 总结

在表3-4中，我们讨论了几个关于新法规的具体实例。

表3-4　　监管的主题

监管主题	具体条例	处理的效果/需求	（元）数据需求
银行的偿付能力	Solvency Ⅱ、Basel Ⅲ、交易账簿的基本审查	衡量市场风险的新方法、跟踪流动性指标（NSFR和LCR）	流动性分类信息、增加了的历史数据以及市场风险下的真实价格
投资者保护/交易执行	MiFID Ⅱ / MiFIR	交易前及交易后的透明度要求	交易场所要报告自己的产品主数据、系统的内部人（交易量超过市场份额阈值的公司），要发布双向报价、履行报告所有交易的义务

续表

监管主题	具体条例	处理的效果/需求	（元）数据需求
KYC/AML，防止恶意融资	包括《美国爱国者法案》在内的大量法规条例	严格的客户加盟、客户识别及其分类	根据客户/实体列表进行筛选、存档、交易筛选
提高税收收入	FATCA（美国）	客户加盟、确定纳税义务	FATCA标志，客户分类
准确的估值	会计准则（IFRS 9）、AIFMD、PruVal中的变更	独立估值功能（AIFMD）、银行账面资产估值的保守主义（IFRS 9）、调整	估值调整的量化、市场数据的独立信息源、真实价格的使用
市场透明度	Dodd-Frank Act以及EMIR	衍生品交易后报告	对金融工具进行分类（ISDA产品分类法）、使用LEI
风险报告的准确性	BCBS239	14个合理的风险数据聚合原则	对准确性、审核与数据族系需求的更高要求

注：LCR，流动性覆盖率；LEI，法律实体识别编码；NSFR，净稳定资金比率。

金融公司从事风险管理业务，而监管则是确保它们真的会向投资者、客户、交易对手方以及监管机构等报告这些风险。监管或许永远无法完全阻止那些破产事件或者造假丑闻的发生——因为风险有一种特性，那就是它会先潜伏一段时间，然后又在另外一个地方浮出水面。从所需报告的数据数量及其内部流程这两个方面来看，对公司的要求已经越来越高了。

3.6 业务数据结构

前文概述了信息的获取和管理过程，其重点是及时为业务用户以及信息系统提供高质量的信息。因为金融服务公司的自动化是沿着产品、部门或者客户线而展开的，所以它给所有的那些需要聚合视图的流程都带来了很高的成本负担。因此，为了风险和财务报告而汇总并协调不同产品、市场以及客户信息集的成本是很高的。类似地，创建一个汇总的、能及时为客户显示各种储蓄、检查以及投资产品的概况表，成本也是很高的。

为了从单个数据源和应用程序这两个方面方便提取，一个业务数据架构是必不可少的，并且它还应该作为企业架构的最上层（图3–9）（有关信息架构的最佳实践，请参见http：//www.opengroup.org/subjectareas/enterprise/togaf上的TOGAF标准）。

业务架构
公司蓝图：对组织的运作达成共识。根据业务需求和人员的互动情况来提供信息。业务流程建模，数据模型服务于业务流程、用例以及用户角色
应用架构
如何使用和生成数据。应用程序、数据库和中介软件之间的交互。应用程序之间如何协同工作。支持业务流程的应用程序服务。数据模型结构：数据模型、模型标准、FIX/ISO
技术架构
硬件、操作系统、中介软件、存储模型。信息：表结构、关系型数据库或备选模型的选择

图3–9　企业架构视图

• 业务架构是企业架构的上层。这一点是指企业应该根据战略目标来对业务建模，并且重点关注那些通过相关业务角色以及信息模型结构所支持的业务流程来传递的最优服务。

• 应用架构是企业架构的中层。在业务架构中，应用架构侧重于提供支持业务流程的应用服务。这些应用服务是通过应用组件、功能以及适当的数据模型结构来提供的。

• 技术架构是企业架构的下层。这一层次旨在为应用程序架构提供最合适的技术平台（硬件、操作系统、中间件以及数据库等）。技术架构的重要维度包括基础设施运行成本、生产稳定性、延展性、灵活性以及安全性等。

这三个层次的架构相辅相成，追求着一个共同的目标。它们必须同时运行以构建一个架构格局，进而最大限度地获取收益。

对于大多数金融服务公司来说，这个世界变化得非常快：它们的服务产品必须更新换代，而为客户提供的服务水平也必须大幅提高。这一点反过来又要求在业务和技术方面发生一些重大的变革，无论是从流程的视角还是从信息管理的视角来看（都是这样）。尤为重要的是，实现这一重大变革需要各方协调统一、步调一致，并且拥有那种虑及未来战略目标的前瞻性视野，同时还要保证交付的灵活性以及操作的效率性。

业务架构期望通过实现以下目标而在公司的业务策略与成功执行之间架起一座桥梁：

- 集中而统一的战略
- 得以提升的决策能力
- 通过增长而得以提升的业务效率和能力
- 执行业务和IT的灵活性

对上述三个层面进行深入思考，将有助于最大限度地利用数据来源和管理过程，并为用户提供足够丰富和灵活的信息基础。我们需要概括总结所有具体的业务流程，从一个整体的角度来看待一个可以分别有效服务于内部（流程）、监管以及客户报告的业务数据架构。

3.7 结论

本章，我们研究了一个典型的信息供应链及其管理过程，讨论了在对数据进行操作之前所采取的各个步骤，并且还探讨了创建并维护那些新型金融产品的过程。信息在经过获取、整合与审查之后，被送至业务数据架构：支持核心业务流程的信息模型，而核心业务流程正是我们展开本章阐述的切入点。就那些与日俱增的监管报告要求及客户需求而言，创建一个足够丰富与灵活的业务数据结构是应对这些需求的一个先决条件。

金融服务行业内各类参与者竞争的关键就在于拿到（关键的）信息。如果你知道你自己的风险状况与投资组合属性，那么你就知道自己目前正在做些什么。如果你比你的同行更加了解客户以及自身行为的后果，那么你也就可以更为准确地进行交易定价。对偿付能力、投资者保护、全部流程以及财务报告的监管促进了完整架构的形成。然而，归根结底，更加深入地了解那些产品以及那些与你交易的行业参与者，其实并不（仅仅）是个监管问题：它可为你成功开展后续业务奠定一个坚实的基础。

优化产品与流程之间的信息供应链是信息及流程管理所要解决的（重大）问题，并日益决定着（组织自身的）竞争优势。但问题是，金融工具生命周期的信息供应链是会*促进*还是会*阻碍*流程的顺利展开（这一点尚未有明确清晰的答案，需留待进一步的探索与讨论）。

为适应日益多样化的信息源以及完全不同的下游信息需求，传统的采购及管理流程承受着越来越大的压力。如果没有足够灵活包容的数据收集与整合过程，汇总的视图就会残缺不全，同时那些终端用户则有可能跳过“正式的”流程而只为自己服务。

归因于金融产品与流程的碎片化，那些提供内容和软件应用程序的供应商群体正在逐渐扩大。在一个理想的世界中，有关工具、交易对手方和价格的高质量数据就像电力、天然气和水等公共事业一样，可以即时且轻松地获取。在风险流程、财务流程，以及尤其是那些位于处理链末端的监管报告流程中，信息整合问题最为严重。业已增加的监管报告要求超出了风险和财务的数据整合能力及事后清理能力，同时也对上游流程产生了诸多不利的影响。

从客户互动的角度来看，理解用户的需求不仅仅是要了解他们在数据方面的需求（他们想要什么），更要了解他们在元数据方面的需求（他们何时又为何需要它、速度要多快、有哪些质量要求），这些对维持客户来说都是至关重要的。金融服务业的消费者，无论是个人还是企业，抑或其他的从业者，都变得越来越反复无常。更低的切换成本、更容易的价格发现方法以及对安全和隐私方面的新的担忧等，这些来自客户的挑战都将会进一步加大那些来自业务及监管方面的各种挑战。在下一章，我们将对这些挑战进行更为详细的研究。

参考文献

Basel Committee on Banking Supervision, 2013. Principles for Effective Risk Data Aggregation and Reporting. Available from: <http://www.bis.org/publ/bcbs239.pdf>.

Faulkner, M. C., 2008. An introduction to securities lending. In: Fabozzi, F. (Ed.), Handbook of Finance. Wiley, Hoboken, NJ, Available from: <http://www.bba.org.uk/bba/jsp/polopoly.jsp? d=130&a=3311>.

King, B., 2012. Bank 3.0. Wiley, Hoboken, NJ.

McKenna, K., Northey, J., Nichols, B., 2014. Financial interchange standards. Handbook of Financial Data and Risk Information. Cambridge University Press, Cambridge.

第4章　财务数据管理议题的挑战和趋势

4.1　引言
4.2　不断变化的业务需求
4.2.1　关键信息指标
4.2.2　采购部门角色的变化：创意采购的时代
4.3　不断变化的客户需求
4.3.1　数据集成的需求
4.3.2　客户决策
4.4　不断变化的监管要求
4.4.1　例子：记录保存
4.4.2　例子：估值政策
4.4.3　例子：KYC
4.4.4　例子：欧盟交易报告——EMIR和MiFID II
4.5　供应链的发展
4.6　大数据以及大数据管理
4.7　结论及未来展望
4.7.1　客户、业务以及监管需求中的共性问题

4.7.2 向新的IT组织模式迈进——确保创新专区的安全
4.7.3 总结性的评价
参考文献

4.1 引言

在前面三章中，我们讨论了财务数据以及数据管理在金融服务的主要业务流程中所扮演的重要角色。信息管理的优势可能导致竞争优势。所有的金融业务流程都有一个共同点，那就是它们都需要非常密集的数据——而且其密集程度还在不断地加大。我们发现，金融机构往往只是依靠少量的几种业务来赚钱，而所有的这些业务正面临着越来越大的竞争压力：

• 资产负债管理。典型的银行业务包括借贷资金、赚取利差、管理不同时期的风险敞口等。这些业务覆盖了融资活动领域，其中有抵押贷款、出口融资以及贸易融资等。在低利率甚至负利率制度下，这些业务的开展越来越举步维艰。

• 投资组合管理（portfolio management）。投资第三方资产的业务，通常会按投资组合规模的百分比来收取一定的费用，这些费用不仅综合反映了投资的复杂程度，而且还包括了一定的业绩提成。有时（部分）费用只有在投资组合达到了高水准的回报率或者是业绩提成达到了协议规定的最低限之后才有可能兑付。截止到2014年年底，全球被管理的资产规模达到了74万亿美元（来源：BCG（波士顿咨询公司）；参见https：//www.bcgperspectives. com/ content/articles/financial-institutions-global-asset-management-2015-sparking-growththrough-go-to-market-strategy/）。资产管理业的总利润为1 020亿美元。

• 资产服务。这是指针对交易后资产所提供的各种服务，比如托管、纳税服务、第三方担保以及证券借贷等。

• 销售和交易。金融产品之销售及交易的风险是由金融机构自己来承担的。自从金融危机发生之后，伴随着资本市场的增长停顿，银行的自营交易（proprietary trading）也有所减少。在一系列不正当销售的丑闻被曝光之后，那些以前繁荣的市场（地方政府、SMEs等）现在也几乎都彻底偃旗息鼓了。许多交易员不得不转向限制相对较少的对冲基金。截止到2015年6月底，全球衍生品市场缩水至553万亿美元，未偿付衍生品的总市值降至15.5万亿美元（来源：BIS（国际清算银行）；参见http：//www.bis.org/publ/otc_hy1511.pdf）。

• 投资银行（investment banking）业务。其中包含了通过新金融产品（债券和股票）的发行进行整体融资（wholesale financing）的服务，以及围绕并购开展的各种咨询服务。

在第1~3章中，我们概述了数据管理的主题、财务数据的不同类别，以及它在业务流程中所扮演的角色。本章将继续探讨数据管理与数据管理从业者所面临的各种挑战：每项创收活动（revenue-generating activities）的数据密集程度如何？精简、提高效率、提高生产率等方面的诸多痛点在哪里？应该创新与改进的领域有哪些？

预计IT与资本市场运营的支出规模在1 000亿~1 500亿美元之间，并且还要加上1 000亿美元的交易与证券服务费（参见Euroclear和Oliver Wyman，2016）。那么，在数据可用性、收集与整合功能方面发生了哪些变化？来自业务、客户及监管机构的需求又是什么？总之，这些其实就是关于数据管理人员的议题（agenda）到底是什么的问题。

本章，我们将基于供应链及技术发展来讨论那些不断变化的业务、客户以及监管需求。同时，在接下来的第5~7章，我们将分别就技术、质量管理以及组织方面的最佳实践进行深入探讨，从而争取较为合理地阐释这一重要议题。

4.2 不断变化的业务需求

金融服务从未停止其改进的步伐，而且方式也多种多样，主要体现在技术与服务的结构配置方面，但更多的变化则是关于自制还是外包的范围划分问题。通常，数据管理或IT组织是制约（公司业务）整合与增长的一个障碍因素（brake）。在2007—2009年的金融危机之后，这个行业出现了大量的合并活动。然而在绝大多数公司中，IT可能仅仅就是一些草草连接、未经整合的系统的集合（此时，整合常常受到Excel表以及大量手动调节程序的严重制约），而不是一个可以被有效执行的主规划路线图（master blueprint）。如果要描述基础设施的那种无序摆放的状态，那么它就是：由一些相互难以理解的马赛克拼凑的“特定用途”（purpose-built）系统。不兼容的IT系统磨灭了许多合并所期望带来的经济效益。

糟糕的数据管理实践可能会成为（公司业务）整合的一个主要障碍，甚至可能会严重损害公司合并的效果——抑制了那些协同效应的达成，比如创建共同客户数据库以及联合服务等。事实上，如果要在产品和客户方面强行添加一些主数据系统，其结果可能反而会比各个部分的简单加总还要差得多。通过收购来增加新的基础设施不过是一项出于数据聚合的需要而从更多的数据库中获取更多数据的简单事务。对那些来自新增系统的数据进行统一化，也不过就是整合那些来自任何部分或者所有企业的操作系统（这通常就是并购失败的原因之一；例见http：//www.bain.com/bainweb/PDFs/cms/Public/SL_Getting_price_ right.pdf）。

和许多设计应用的决策一样，如果要实施或设计一些信息系统，那么就有必要提前考虑好关于将来系统整合与退役的各种情况。数据删除是否容易？添加新数据是否方便？平台交流中我们能否避免采用那些特定格式？如果数据规模扩大1倍、3倍或者10倍会是什么样的情形？事实上IT的每个部分都应有一份“生前遗嘱”——阐明如果停用该部分技术将会意味着什么。（当然）用例以及那些允许数据与元数据得以存储并且可以经由公司或部门之具体应用程序来抽取查询的非确定模式（schema-agnostic）数据库平台也可以缓解这种压力。

4.2.1 关键信息指标

2008年的经济危机在其最为严重的时候，给信息管理系统敲响了警钟，当时人们发现因为雷曼兄弟（Lehman Brothers）公司的法律结构十分复杂，旗下大概有2 800个不同的实体，所以很难获取关于其风险敞口的准确信息。为了解决这一问题，监管机构要求公司更频繁地提供更详细的信息，同时公司本身也要不断地升级它们的报告能力。

然而，为了避免迷失在信息的汪洋大海之中，信息机构和监管机构必须持续不断地对信息进行总结、补充以及转换，就像是内部信息供应链之最后阶段的一个必要组成部分那样。

快速地获得那些能够反映完整数据集之关键属性的有效KPIs、快捷方式以及相关统计信息（information statistics），其意义早已远非以往可比。这些关键信息指标包括：

• 那些投资者用来比较各种产品的成本指标。一个例子就是共同基金的总费用比率（total expense ratio，TER）。

• 一些由监管机构来定义的风险类指标，用以快速了解银行的偿付能力，比如，“一级普通权益”（tier 1 common equity）以及更为具体的风险类别，比如说交易风险方面（traded risk）或者专门针对流动性风险的流动性覆盖率（liquidity coverage ratio，LCR）的预期缺口以及净稳定资金率（net stable funding ratio，NSFR）等。

• 一些回报与风险/回报之权衡方面的指标，被投资者用以选择适合自己风险偏好的投资项目以及用以比较各种不同的产品。这类指标包括*詹森*（Jensen）比率、*夏普*（Sharpe）比率以及*特雷诺*（Treynor）比率等，表现为各种不同的风险测量方式。

一些指标可用于（衡量）公司内部的资本配置以及比较不同部门的资本回报效率。另一些指标则由监管机构指定用来划分*风险等级*（risk scales），用以帮助散户投资者更好地理解那些所提供之不同产品的风险。

监管机构与管理咨询师们设计出了远远多过以往的KPIs、绩效指标以及成本指标。这些指标为组织提供了有价值的观察角度，并且在判断服务、产品线、公司的特定质量方面发挥着重要作用。对于企业管理、客户、投资者与监管机构来说，这些指标至关重要，因为通过使用这些指标就可以对产品及公司进行比较，并判断其是否达到最低的价值（或回报要求）。

4.2.2 采购部门角色的变化：创意采购的时代

关于其组织架构，金融服务公司有越来越多的模式可供选择。伴随着数据和软件产品数量的不断增加，数据部署的选项（现场实施、外部托管、与IT操作的结合，或与业务操作的结合）数量也相应地增加了。供应链分崩离析所造成的后果是，更为分散的运行方式遍布于世界各地，一般通过“三班倒或全天候（follow the sun）”模式而在各大洲设立前台办公室、运营以及IT分部等，据此向各个地区传递工作任务，以便延长有效的工作日时长。这一点，对如何有效地组织工作以及移交任务提出了各种管理挑战。

与上述情形相伴相生的是，数据的收集（重心）正在逐渐向供应链的上游转移，也就是说需要在处理循环的前端早早地捕获更多的数据，并将其注入供应链的各个环节（运营部门及其服务）中。可以业务主体数据为例。过去许多的此类信息都是直接取自客户及其业务关系。但出于成本压力，这一功能已经逐渐被外包给了数据提供商，包括获取基本数据、加载用户（onboarding）以及为KYC共享服务或实用程序[①]等争取到更多的实质性文档等。一种普遍认可的趋势便是“一切皆服务”（EaaS），它肇始于软件被视为一种服务之时，此时托管软件（hosted software）的付费方式由原来的前期支付许可证费用与使用成本，改成了每月定期支付费用。这一模式传播到了基础设施服务（IaaS）、平台服务（PaaS）以及数据服务（DaaS）等诸多领域（简称EaaS）。从采购的角度来看，这就意味着支付方式已经从前期的资本承诺费（capital commitments）转移到了经营预算之外的其他资金。

得益于交易前及交易后信息透明度的提高，公共领域的数据明显地增加了不少。这意味着，出于公司报告产品主数据和交易数据的需要，厂商与客户之间的界限正在变得模糊起来。同时，这也表明公司可以拥有一种更有创意的采购模式。我们将在本书的第7章对采购模式作进一步的讨论。技术进步、新服务提供商以及部署模型的应用，意味着新技术与业务模型之间可以有许多不同的组合方式。因此，采购部门将在确定最优组合方面发挥更大的作用。

以前，关于内部解决方案与第三方部署解决方案之间的连接与整合，是IT部门创造价值的重要活动之一。这种增值行为现在正被逐渐转移到采购部门，由它来将已部署的软件、托管解决方案、服务，以及近岸/离岸/外包业务等与内部活动紧密地联系起来（图4-1）。

如果不是由业务经理和系统设计人员来完成的话，那么采购部门人员就应对数据的未来整合问题进行考虑。采购部门的一个关键职能就是避免黏性以及锁定特定的数据格式与服务。

---

① 或可译为“公用或共用程序”，亦即那些可在特定系统中“通用”的应用程序，译者注。

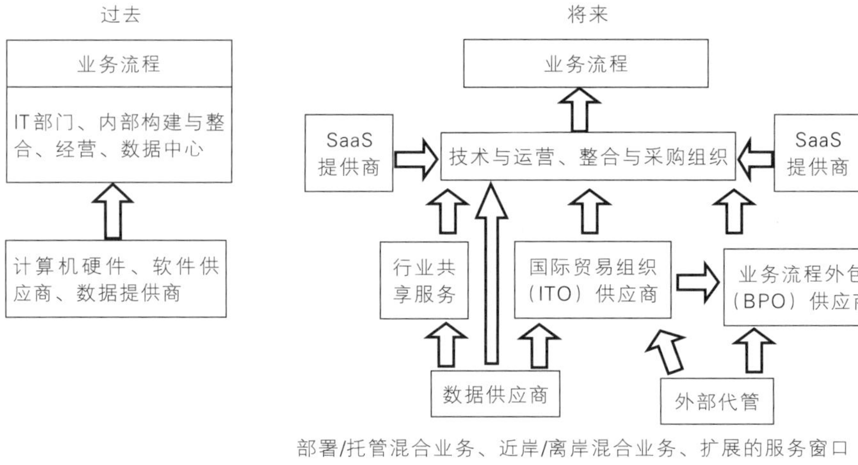

图 4-1　不断变化的IT服务架构

4.3　不断变化的客户需求

4.3.1　数据集成的需求

由于已经习惯了应用程序和社交媒体在生活中的广泛运用，现在的消费者提高了关于信息可获取性及其交易便利性的要求门槛。交易无时不在、无处不在，因此无异于其他任何信息，财务信息也必须是“随叫随到的”（take flight）。

在对金融产品进行分析比较时，客户最欢迎那些能够提供增值服务的应用程序。金融行业受到了零售业的影响：商品朴实无华、平价销售，而且还有一些类似于零售业回报（顾客）政策的各种“换货”（swapping/switching）选项。

通常，那些互不关联的内容提供商会通过独立的信息产品，来服务那些前面讨论过的各种数据类型。这一点也反映了金融机构的信息架构特征，即仓储式的条块分割、各司其职（display a similar siloed implementation）。然而，对数据源进行组合并展现不同内容类型之间的相互依存关系，才是信息的价值所在。为了计算企业的风险值，需要了解其所持全部金融工具的市场及其关联性数据，再加上汇总数据。从客户的角度来说，其关键在于提供关于企业所有业务的360度全方位视图。

对零售客户来说，合并数据是当务之急，而且组织也需要以统一的口径来进行信息表达（speak with one voice）。整合需求可归结为：

• 深入了解完整的交易历史记录，其中包括支出类型的分配、报告附件以及趋势分析等；

• 概述所有的长期金融产品及其目标，比如退休金计划或其他长期储蓄目标，以及当前的投资类型及其资产配置说明（就像新型的机器人顾问公司所提供的服务那样，这些公司会根据客户所设定的投资范围、储蓄目标以及风险承受能力等，自动地进行资产配置）等；

• 展示所有的金融产品，以便将其从支出账簿的日常分析中分离出来，转而分析其超出诸如抵押贷款以及其他贷款等所有固定成本之外的利润的最终去向；

• 作为财务与资本规划的工具，对生活事件、职业变化，以及市场动向等进行假设分析。

如果我们攀上了财富的阶梯，那么上述整合数据就可延伸为金融与财政规划方面的咨询服务。从过往来看，零售客户对其金融服务提供商一般都会相当忠诚。但是当交互活动切换到了移动平台之后，客户的忠诚对象就会变成（冰冷的）应用程序，而不再是客户经理了。零售客户忠诚于供应商的惯性可能也会因此而逐步减弱，尤其是在一些国家引入了便携式银行（portable banking，比如移动银行等，译者注）号码并要求客户改用这种服务类型之后。

在批发信用评估服务的情况下，你同样需要同时收集不同类型的数据。对于任何一家存在风险敞口的公司，你都会想去了解其各种评级、普通股在各级市场中的交易，以及公司债券的利差及其CDS（信用违约互换）价格等情况。而在你个人的评估过程中，你会想和公司单独交流，你会想知道公司的法律结构，你会想得到公司的财务报表以及分析师的相关预测或估算等。此外，你还会希望能随时了解有关该公司及其高管，以及同行企业的一些最新消息（表4-1）。

表4-1　　各种不同的金融服务活动

货币资金销售 • 外汇/货币市场销售 • 现金管理服务 • 交易处理	信用交易 • 沃博联公司（Walgreens Boots Alliance Inc）、美元、英镑、日元债券或FRNs（浮动利率债券） 沃博联公司的信贷违约掉期（credit default swaps）
M&A •银行贷款 •为控股公司或子公司提供咨询服务	股票 • 沃博联公司在纳斯达克股市（Nasdaq shares）中的现金股票交易 • 指数套利 • 股票衍生品

在一个机构内开展了许多不同的活动，所有这些活动都将转化为同一最终实体的风险敞口。为了能够总揽全局，需要对各种类型的跨职能内容进行整合。*M&A*是指兼并与收购。

4.3.2　客户决策

信息处理的最终结果就是制定决策。丰富且广泛的信息交易平台，并不一定意味着决策的速度会更加快捷；客户也有更多的机会进行价格考察并货比三家。对此，资本市场以及零售型投资产品的监管机构，可能提供一定的帮助。那些监管机构，尤其是欧盟中的监管机构，针对金融产品制定了标准数据表，以便消费者能够据此进行必要的比较（例如，参见http：//ec. europa. eu/finance/Finservices-retail/investment_products/index_en. htm上的捆绑零售型产品与保险导向型投资产品的关键信息文件要求），并且推动交易前信息透明度的提升（例如，MiFID Ⅱ等）和建立更多的执行场所（美国的《多德-弗兰克法案》引入了消费者金融保护局（Consumer Financial Protection Bureau）；参见 http：//www.consumerfinance.gov/abo utus/contact-us/）。

监管机构和投资者们通常希望能够追溯客户进行决策的*背景*，以便复盘决策的过程。*交易复盘*（trade reconstruction）的要求表明，无论是从客户的会议记录还是从电话交谈中所摘取的信息都需要进行更多的标记和记录，以便完整地保存那些促成决策制定的背景信息。

4.4 不断变化的监管要求

有时，为了对接不同的货币，不同的风险类型、市场与交易场所、投资者的风险偏好，以及不同的监管与财政制度等，几乎所有的金融服务看上去都像是故意弄得*机关重重*、*生财有道*（designed to complicate，to create），而不是删繁就简、一目了然。不同的市场有不同的运作方式，不同的投资者也有不同的风险或回报期限要求，同时各国又实行着不同的财政及监管制度。最重要的是，金融服务行业的不同参与者（银行、资产管理公司、保险公司）所受到的监管也往往有所不同，这就可能导致其在监管方面的套利行为，亦即可能*仅仅是因为参与者面临的监管制度有所不同*，金融行业内的特定交易就会生出可以套利的机会来。

金融行业一般会充分利用并创造信息的不对称性，促使产品与合同变得更加复杂化，旨在达成或保持一种信息优势。然而，后金融危机时代挤压了企业的成本管理空间——就像制造业那样通过批量处理而带来的成本规模效应（cost economies）。换言之，如果想要达到（产生规模效应）所需的成本基数（cost base）要求，那么就必须对产品与服务进行高度的标准化。金融行业所面临的一个根本挑战就是，其仍需通过承担额外的报告义务以及利用遗留的基础设施来获得回报，而这些遗留的基础设施往往无法满足新的需求，亦与制造业类型的标准化及其成本基数不相匹配。（除“软件发行与互联网服务”行业之外，银行业与金融服务业的IT支出占总收入的比重最高，为6.3%，而跨行业的平均水平为3.3%。资料来源：IT Key Metrics Data 2014，Gartner。参见 http：// www.softwareadvice.com/ resources /constRuction-buyer-report-2015/）

为了实现各种产品类型的标准化，并提高产品交易地点及其营销方式的透明度，各大监管机构及其相关行业都已经采取了各种有力的措施。

另一个重要挑战则是源于监管需求*数量*的陡然增加，亦即如何有效地将变更后的各个管理程序再次组合起来才能真正满足那些（新的）监管需求。一种最为理想的状态就是，努力将商业需求与监管需求二者统一起来，从而做到一石（或一个预算）二鸟。监管目标包括：

- 提高监管的审慎度。
- 灌输合规文化。
- 降低OTC市场的系统性风险。
- 促进（关于标识、分类以及语义辨识的）全球框架的协调一致。
- 增加那些来自资本市场活动的税收收入。

因监管引发的数据管理需求，自然会随监管类型的不同而有所变化。如果关注点集中在偿付能力上，那么宏观审慎的监管机构（macroprudential regulators）通常会采用一种自上而下的视角，因此它们一般需要那些经过汇总的信息。关于金融稳定性，只有在统计数据上，才能看出更细的颗粒度。微观审慎（microprudential）监管以及行为监管则着眼于特定的公司和案例，因此主要关注微观数据、交易以及个体行为者层面。

对金融服务行业来说，监管是一种令人喜忧参半的事。一方面，它是公司报告与经营活动的一项沉重的负担，因为公司要通过服从监管来换取经营的许可。另一方面，监管又充当了一堵厚厚的防护墙，在一定程度上保护本行业免遭来自新兴领域的强力竞争。截止到2015年，行业内规模位列前20家的那些公司在金融危机之后的罚款总额达到了2 350亿美元（参见 http：//www. ibtimes. co. uk/20-global-banks-have-paid-235bn-fines-since2008- financial -crisis-1502794）。但令人惊讶的并不是如此庞大的罚款数额，而是该行业能够消化如此多罚款的事实。

为了确保数据可信，公司越来越多地不但需要记录数据本身，而且还需要记录所有数据的来源、整合过程以及使用过的所有模型。监管保护墙的存在以及相应更高的启动成本，意味着金融服务行业不会像零售业那样，技术创新瞬息万变，逼得老牌的商业街连锁店纷纷破产。

监管也导致了许多新的数据创建。许多监管规定都提出了各自关于工具、客户标识符、分类符以及/或者报告标志的相关要求：

• Solvency Ⅱ在行业惯例之外还引入了一个新的行业分类标准：CIC代码（参见eiopa.europa.eu上的CIC代码列表）。

• 在G20讨论之后所引入的法律实体识别编码（LEI），为实体标识符塑造了一个全球标准。

• FATCA（《海外账户税收遵从法案》）促成了新的报告风向标，用以指明美国证券的税收状态。

• 《欧洲市场基础设施监管条例》（European Market Infrastructure Regulation，EMIR）规定了衍生品交易的报告义务（参见http：//eur-lex.europa.eu/LexUriServ/LexUriServ.do? uri=OJ：L：2012：201：0001：0059：EN：PDF）。

• 欧盟和美国的监管规定使得关于金融产品标识符以及贸易标识符的标准更为宽泛了。特定掉期标识符（unique swap identifier，USI）是在一单掉期的整个生命周期中，用以识别该掉期交易的唯一标识符。该标识符只包含一个独一无二的代码，用以识别某实体所创建的USI以及某一交易的标识符，同时用以防止出现USI相同但实质不同的两个掉期这种状况。而特定产品标识符（unique product identifier，UPI）则是识别某掉期之基础产品（underlying product）的唯一标识符。它将成为针对所有产品的一种行业标准。

• MiFID Ⅱ中资产类别范围的扩大，很可能导致ISIN数量翻倍并在此之后急剧增长。

本节讨论的主线是，数据的组合及其交互关联能够促进决策的制定。在后文中，我们将讨论以下监管案例：

• 记录保存；

• 估值政策；

• KYC；

• 交易报告：MiFID Ⅱ以及EMIR。

这里面的共同要素就是信息起源和*数据谱系*（data lineage）。也就是说，关于那些用以定价及报告之所有数据要素的最初来源，它们的透明度都得到了显著提升。监管机构希望企业能够揭开“面纱”，以便于观察到其内部的经营活动。

4.4.1 例子：记录保存

新的监管规定增加了关于记录保存方面的一些要求。其中包括：

• 保存历史记录和交易背景，以用于交易复盘；

• 审计信息及其可获取性（更改了哪些内容、何时更改、如何更改、由谁更改等）；

• 满足时间轴（time travel）的要求：能够重述过去；

• 信息的透明性、可追踪性及其关联谱系，以用于追踪所有内容的来源；

• 一般情况下主要保存的就是关于交易的信息，但根据FRTB等最新的风险管理规定，还进一步要求主数据保存更长的时间，其中对价格信息则（特别）要求保存10年以上。

作为一个关于记录保存要求的案例，我们可以看看《多德-弗兰克法案》，以及CFTC（美国商品期货交易委员会）关于掉期的一些规则（参见

http：//www. cftc. gov/idc/groups/public/@newsroom/documents/file/sdrr_qa.pdf)。首先，在*交易性*数据记录保存要求的范围内，以下信息适用于掉期交易商（swap dealers，SDs）以及像投资经理这样的主要的掉期参与者（major swap participants，MSPs）：

• 交易前的执行信息。这包括促使交易执行的所有口头信息（电话或语音邮件等）以及书面信息（电子邮件、聊天记录、文本消息、传真等）。

• 交易中的执行信息。这一点包括为了交易的执行，所需输入订单系统的所有信息。

• 交易后的执行信息。这一点包括交易后流程方面的所有操作信息，即确认、终止、更新、修订、分配、净额结算、裁减（compression）、协调、估价、保证金以及抵押条款等。

• 用于整个行业中通用掉期交易信息标准化的特定数据规则。其中包括特定交易标识符（unique trade identifier，UTI）以及USI（参见http：//www2.isda.org/functional-areas /technology-infrastructure/ data-and-reporting/identifiers/uti-usi/）等。CFTC使用LEI、USI、UPI，以及协调后的国际标准时间（the coordinated Universal Time ，UTC），亦即基于国际原子时钟（international atomic time）的国际时间标准。这是为了确保交易中的所有交易对象获取信息的时点都是完全一样的。

*非交易性*记录和SDs、MSPs的注册文档是相互关联的。它通常包括组织性图表、决策制定或治理文件、财务记录、审计与合规性信息、职位描述，以及高管的传记与简历等。

信息保留的期限长短取决于那些记录的类型。对于与交易相关的信息，要求设置的保留期限是，掉期交易的一个交易周期再额外加上5年。对于通过口头沟通进行交易的相关信息，其保留期限的设置是个例外，一般要求的保留时间为1年。对于非交易性信息，所设置的保留期限一般为自记录创建之日起的5年。对于那些用以存储所需记录的媒介类型，CFTC进行了非常详细而具体的划分。CFTC中的第1.31条规定要求使用

“一次写入、多次读取”（write once read many，WORM）的方式，即采用兼容性的储存媒介，这就意味着，一旦信息被写入这种媒介，你就不能再对它做任何改动。

4.4.2 例子：估值政策

金融产品估值，是那种良好的风险管理与会计政策之间相互重叠的一个交叉点。我们可以将数据管理所面临的各种挑战分解为：

• 尽可能寻找充分的市场数据以评估产品的价值，而如果没有充足的市场数据的话，则应尽可能采用其他的备选方案（potential fallbacks）；

• 针对那些与所持头寸相关联的所有成本及风险而安排足够的准备金（provisions）。

在寻找市场数据方面，首先可能面临的问题是，如何选择价值评估所需依托的交易场所以及潜在的信息源。这个“如何选择”的难题归咎于流动性的碎片化（fragmentation of liquidity）。也就是说，即使你对“流动性”一词有一个统一且可行的概念，你仍然必须密切关注并甄别更多的场所才能做出更好的选择。比如说，选出“三个流动性最强的场所”（不同场所的市场模型也可能有所不同）。在估值时寻找那些市场数据的可选方法包括：

• 选择流动性（liquid value）最强的那种交易场所（venue）；查看发生在该场所的交易量以及交易平均规模等；定期检查该场所是否仍然具有最强的流动性。

• 观察多个场所的最高和最低的价格点。

• 观察所有场所的最佳报价之间的买卖价差。

• 观察所有场所的最新交易价格。

• 不论是在某个随机的场所还是在所选定的场所，都应使用VWAP（成交量加权平均价）指标进行度量。选择该场所的理由可以是因为机构通常都会在该场所进行交易，也可以是因为该场所与交易发起者所认可的多个交易场所之间高度相似（根据与客户商定的最佳执行政策）。

• 从当地交易所或执行场所获取相关的价格信息。

• 如果银行正在进行内部化的（或交叉性的）交易，则应根据一个或多个外部来源的信息来验证该交易员的中间价格。

• 如果存在多个可供采用的执行场所，但是它们各自使用不同的货币来标价同一产品，那么就有必要考虑转换价格的问题，而且转换的时候必须使用最新的外汇汇率。

目前的趋势是，要将尽可能多的估值信息来源纳入考虑范围，并在寻找市场数据来源时扩大所需搜寻的网络空间。无论该流程是由内部还是由诸如证券服务公司及基金管理公司等第三方服务提供商来完成，那些先前所列出的流程或价格合并函数（根据日期、时间、地点、数量以及内部政策等标准而从一系列来源中所选出的最佳估值价格）都必须被明确无误地记录下来。此外，相关监管规定也会经常强调任何估值流程都必须独立于（那些有关联的）投资组合经理（例如AIFMD；参见http：//ec.europa.eu/internal_market/investment/docs/20121219directive/delegated-act_en.pdf）。

如果缺乏足够的可获取之市场数据源，那么使用*代理工具*（proxy）的做法便可派上用场。也就是说，在没有数据的情况下，或可通过使用相似（similar）产品的回报或价格来评估该产品的价值。*相似*是指在类型、发行人行业（子）部门、质量、现金流结构等方面具有可比性，或者是在期限及凸性（convexity）方面具有一定的可比性。通常，这些参考金融工具（与待定价的金融工具之间）在经济意义上并不能完全等价，只能说，对于风险驱动因素的相同波动，（它们的价格）会做出相同的反应，因此（事实上这）是站在风险（的角度来考虑问题）。采用代理工具的做法需要做出如下说明，比如使用了哪个代理变量、以何种方式将参考工具的价格设定为原始（即待估值的）工具的初始预计值，以及何时使用代理规则等。可以设置一个多层次的、逐渐放宽条件的（代理工具）纳入标准，如图4-2所示。

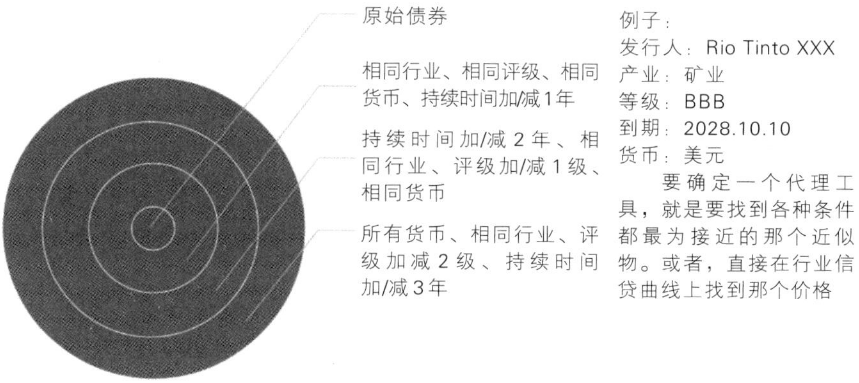

图4-2　债券代理的各种条件

如果不便使用代理工具，那么可以选择使用模型定价（model prices），亦即通过一个数学模型根据产品的现金流状况来评估其价值。如果我们使用了所观察到的市场数据，那么就可将这种重估头寸价值的方法称为*市场计价*（mark to market）；如果不是，则称为*模型计价*（mark to model）。

金融危机之后，估值政策变得更加保守了。任何头寸（的估价）都必须结合一定的背景，并且还要基于那个围绕着交易对手之风险敞口（信贷、流动性、融资等）的整个生态系统来进行各种假设分析。监管机构正在推动一个可将所有减值损失全部计入估值的方案——以使其“滴水不漏”（all inclusive）。这都是因为交易对手方以及OTC衍生品风险管理中融资成本的存在而必须做出的估值调整。估值调整包含有以下几个不同的类别，统称为XVA：

- 融资估值调整（funding valuation adjustment，FVA）；
- 借方估值调整（debit valuation adjustment，DVA）；
- 贷方估值调整（credit valuation adjustment，CVA），亦即交易对手方之信用风险的市场价值。
- 附加估值调整（additional valuation adjustments，AVAs）中也包括了

风险模型，亦可在审慎估值政策中找到其踪迹（有关审慎估值的技术标准，参见 https：//www.eba.europa.eu/documents/10180/642449/ EBA-RTS-2014-06+RTS+on+Prudent+Valuation.pdf）。

诸如IFRS（国际财务报告准则）等会计准则也在不断地演进。IFRS 13（公允价值计量）定义了“公允价值”的概念，并为企业如何进行估值、确定公允价值以及提交相关报告提供了各种指引。从本质上讲，公允价值是指，在计量当日，市场参与者之间发生资产出售或负债转移之时各方收到的那个价格。它也就是用来交割头寸的那个价格（the price to exit from the position）。IFRS 9涵盖了金融工具的分类与计量、金融资产减值规则以及套保会计等。它规定了关于金融资产与负债的计量、分类、汇总以及套保会计的要求等。

对于如何恰当地处理OTC衍生品来说，一个数据模型的可扩展性是非常重要的。由于签订了ISDA主协议，随后又逐渐转为采用共同对手方（CCP）模式，所以许多OTC产品已经率先实现了标准化。面市时间的优势以及相对较高的利润，依旧能证明增加处理成本甚至采用人工处理的合理性。如果OTC衍生品不能被准确定价，那么机构就有可能遭受*逆向选择*带来的损失：对手方可能选择该机构作为交易方，从而不断地向其询价，企图诱使机构报价出错。

4.4.3 例子：KYC

KYC指的是验证你的客户身份的流程。它包括核实官方记录之外的个人或企业的名称。这一点，把那些被认为在打击洗钱与恐怖主义融资（terrorist financing）方面配合不力的司法辖区也包含在内，如那些被列在金融行动特别工作组（Financial Action TaskForce，FATF）黑名单上的司法辖区等（参见 http：//www.state.gov/j/ct/rls/other/des/123085.htm）。除了司法辖区，它还可以包括一些组织或者是那些被“禁飞”的个人的秘密名单。其目的不仅仅在于防止恐怖主义融资，对逃税行为的容忍度也已经显著地下降了，同时在帮助税务部门收缴应纳税款方面，全球范围内的许多银行都面临着愈加繁重的压力。

KYC是客户信息载入流程中的一个必要组成部分，旨在帮助公司在与客户开展任何业务之前，充分了解与识别它们的客户。虽然说KYC是一个始发流程，但是也需要定期进行复核检查，以确保客户生命周期中的相关信息具有及时性、完整性以及正确性。KYC的功能从最初的只是验证客户身份的*一致性*（identity），发展到现在变成验证客户信息的*完整性*（integrity）。KYC会检查客户的交易是否合法、是否遵守当地所有的法律，以达到打击盗用身份、洗钱、恐怖主义融资、欺诈以及逃税等目的。KYC还包括针对行业部门而进行的筛选，以使其能够遵循某些投资政策（如"社会责任投资"等），绝不投资武器或酒精等领域。

在与客户初步接触之后，KYC的工作还包括交易筛选、资金跟踪，以及了解客户的客户（know your customer's customer，KYCC），以观察客户的对手方等。在《美国爱国者法案》（US Patriot Act）中，有关"高级尽职调查"（enhanced due diligence）的规定对KYC做出了一些相关补充（参见https：//www.fincen.gov/fact-sheet-section-312-usa-patriot-act-final-regulation-and-noticeproposed-rulemaking）。

KYC的另一个功能是，在某些产品的交易中为客户提供定制服务。比如说银行就有照顾客户的义务，需要确保客户了解它们所购买的产品。在实践中，这意味着一些特定的产品只有在充分分析客户之后才能提供。因为司法辖区的不同，KYC的要求也会有所不同，但一般的发展趋势主要还是加强审查客户的载入信息以及追踪账户的附加信息与账簿文件等。

4.4.4 例子：欧盟交易报告——EMIR和MiFID Ⅱ

在2009年的G20会议之后，各方普遍同意，需将OTC衍生品合约报送至交易储存库（TRs），以此作为OTC衍生品市场改革的一部分，目的在于提高OTC衍生品市场的透明度、降低系统性风险，以及防止市场滥用（market abuse）等。通过汇总那些跨库报告在多个TRs中的数据，管理当局可以全面了解OTC衍生品市场及其相关的各种活动。

《欧洲市场基础设施监管条例》(European Market Infrastructure Regulation，EMIR）作为欧盟的一项监管规定，旨在提高OTC衍生品市场的透明度，同时降低各种与这些市场密切相关的风险（参见http：//ec.europa.eu/finance/ financial-markets/derivatives/ index_en.htm)。EMIR的一部分监管规定要求，把OTC衍生品（的交易方式）改为集中清算；另一部分监管规定则要求，向同一个TR提交交易报告以提高交易后的透明度。

OTC衍生品需要满足特定的要求，才能利用CCP（共同对手方）模式来进行（集中）清算。CCP必须在欧洲证券与市场监督管理局（European Securities and Markets Authority ，ESMA）的注册列表当中，并且必须按照EMIR所描述的方式获得授权，只有这样，才可以得到所有欧盟成员国的认可。EMIR为双边结算的OTC衍生品引入了风险缓解程序(risk mitigation procedures)，并且要求所有的衍生品交易都向同一个TR进行报送。

与《多德-弗兰克法案》中CFTC的规则相类似，EMIR规定了在向TR报告之时LEI与UTI的使用方法，其中UTI对交易双方来说都是通用的。但因为LEI还没有被广泛采纳，所以它必须在公司交易对手方以及客户数据系统中所使用的专有标识符与供应商标识符之间被交叉地引用。为了解决这些问题以及履行其他报告义务，许多公司正在收集实体数据，并创建具有交叉引用功能的实体主数据，以便LEI能够与其他实体标识符同时共存。

UTI还会带来另外一些问题，因为EMIR要求所有交易都应具备一个UTI，但是EMIR并没有提供一个关于UTI标识符生成与通信的标准机制，其结果是，UTI只能基于交易双方之间的协议而存在。这就属于当前不同的监管机构之间努力协同的工作范畴了（关于UTI的协同，参见http：//

www.bis.org/cpmi/publ/d131.htm)。

MiFID Ⅱ是一项更为广泛的市场改革，它为投资服务提供商修订了许多关于业务与组织要求的现有规定，但最具影响力的改变还在于，修订了那些旨在提升欧盟金融市场交易前与交易后透明度的相关机制。

MiFID Ⅱ计划2018年1月生效，取代之前的MiFID I（自2007年11月起生效）。MiFID I只覆盖了股票市场，而MiFID Ⅱ还对市场数据框架进行了详细的规范，其中包括了一些标准，比如用于证券识别的ISINs等。这些标准的功能是，作为将数据发布到“证券买卖记录总汇”（consolidated tape）的一个重要基础。

该指令还要求加快向地方主管部门发布交易后数据的速度，并已将延迟时间从最长3分钟缩短至1分钟。这一点对基础数据架构提出了新的要求，同时也意味着，企业需要快速并准确地从存储库中检索具有支持作用的参考数据。MiFID II侧重于市场基础设施，而MiFIR则包含了关于交易报告的要求。

需要报告的交易范围正在大幅地扩大。按照MiFIR（的规定），那些必须报告的金融工具是指进入监管市场的所有衍生品，包括当前的豁免商品、外汇及利率衍生品、多边贸易设施（MTFs）、有组织交易设施（OTFs）的所有工具，以及那些可能改变在辖区任何交易场所内交易之工具价值的全部其他金融工具。该规定还将每个交易需要报告的数据范围（关于其技术标准，参见https：//www.esma.europa.eu/sites/default/files/library/2015/11/2015-esma-1464_annex_i_ - _draft_rts_and_its_on_mifid_ii_and_mifir.pdf）扩展到了60多个字段（fields）。例如，它不仅添加了旨在帮助发现卖空交易者的数据字段，而且还添加了旨在识别执行交易的个人或程序的数据字段等。

4.5 供应链的发展

越来越多的数据被存储“在云中”(in the cloud)。我们所指的云计算，就是那种基于网络、利用共享之程序资源，同时促使其按需使用的计算模式。云计算有着不同的类型：

• 公共云（public cloud）指的是通过利用对外开放的网络来提供服务的一种模式。

• 私有云（private cloud）指的是专门为某一组织运行而设置的基础设施，无论其是由内部还是第三方来进行管理。对于公共云与私有云的架构来说，技术上可能没有什么区别，但在安全性的影响因素方面却可能存在着一定的差异。社区云（community cloud）可以是一个处于相同司法辖区且多方共享的私有云，而那些参与共享的多方对于安全性及数据隐私方面的关注，通常所见略同、高度近似。

• 混合云（hybrid cloud）是一种云的组合（既可以是私有的，又可以是公共的），它保留了公共云和私有云各自的特征，将它们组合在一起而发挥着不同部署模式的优势来满足各种不同的需求。

不仅是储存在云中的数据量在不断增长，其所占数据总量的比例也在不断提高（参见 http：//www.cisco.com/c/en/us/solutions/collateral/service-provider/globalcloud -index-gci/Cloud_Index_White_Paper.html）。再加上前面提到的各种来源选项，这就意味着数据将会有更多人经手，而存储的地方千变万化。外包、离岸外包、托管服务，以及各种不同的云模式，都将促使信息供应链变得更为复杂。这些反过来引发了下列各种新的挑战：

• 内容授权方面的问题：内容授权协议通常会禁止经由第三方来处理内容的行为，同时也不允许内容偏离客户的基本要求（premises）。

• 机密性与数据安全性——通过网络传输的数据，无论是公共云还是私有云，都有可能被黑客入侵。有些司法辖区就规定，出于隐私原因，客户数据必须存储在客户所在的国家。

• 供应链越长，切换点就越多，也就越容易出错。（因此）为了保证质量，还有必要添加一些额外的控制。我们已经看到，由于商业和监管等方面的原因，对信息供应链质量的要求日渐提高。工具或交易生命周期内不同类型的业务功能对于质量的要求各有不同，这就使得问题更加复杂化了，同时也使得管理那些服务提供商的SLAs（service level agreements，服务水平协议）变得愈加繁复。同样，监管机构也会更加警惕自己职责范围内的各种监管事项。

• 对低延迟性的需求，连同产品种类与数量的攀升，进一步加大了信息供应链的压力。

• 银行需要使用通用的金融工具与实体标识符以及通用的行业与金融工具分类方法，以标准的方式来采集内容并向监管机构报告。在金融服务数据模式中，实体属性及其关系的正式命名与定义被称为*“产品纲目”*（ontology）。这一点也会对供应商提出一定的要求。

与打破供应链相反，有一种趋势是把IT与业务功能相互整合从而促成一种特定的（procure）服务。运营和IT经常被合并在一起，形成技术（technology）与运营（operations）组织（“TOPS”）。“DevOps运动”是最近的一次尝试，旨在创建一种能让软件的开发与发布非常快速、频繁并且可靠地进行的文化与环境。

CIOs（首席信息官）和CDOs（首席数据官）所面临的重大挑战就是如何控制这条供应链，并对其进行最优的配置与监控。新技术的出现，为更加有效的运行操作提供了极大的保障，并且使得数据的进一步分析成为可能。与此同时，现有的基础设施也面临着成本压力。作为旨在为开拓IT功能而创造空间、同时又可使业务在稳定的传统平台上持续运行的双峰IT模式（the bimodal IT model），可能会为这个问题提供部分的答案。双峰IT模式试图以尽可能低的风险来运营BAU（行为分析小组），同时又为新技术而努力创建一个有效的实验场所。

4.6 大数据以及大数据管理

进一步地观察数据管理基础设施对于IT的作用，通常会发现它真的就像是在做心脏搭桥手术——一种对保持血液流动来说至关重要的外科手术。（虽然说）预防总要好过治疗，（但是）过于频繁的搭桥手术也意味着身体目前正处于一种极不健康的状态。

如果要收集数据并对其进行一整套的分析过滤，那么新技术可以编织出一张很大的信息捕网。它们承诺一定要曝光“暗数据”（dark data）——所有那些之前被自动化处理程序所隐藏的数据。当我们翻查某件事情的时候，通常只会看到与我们直接交互的、已经写在我们面前报告中的那组数据。那些可能*潜在地*影响我们决策的数据，当然还有那些实际上支撑我们所见之物的数据，大多都深藏不露，难以被觉察。数据只有在使用时才有价值，而大数据技术的目标就是利用所有的已生成数据。我们不再需要采样，我们可以利用全部的数据。虽然足够的算力可以击败任何内容的统计数据，但我们必须注意到，算力不会与逻辑及推理相互排斥。10 000件轶事可以构成一个解释力很强的范式，但它仍有可能只是背景噪声，并不值得我们关注。识别噪声与信号之间的差异是对分析工具的一个关键要求。

我们如何才能揭露海平面以下的那一大块冰山？我们如何才能降低海平面而揭露剩余部分的数据？而且，重要的是，我们如何才能避免那种反转的情况：也就是说，那些已经提炼过、处理过，以及验证过的数据（在海平面以上的那部分冰山）反倒没入水中？我们如何才能曝光那些普遍存在于我们企业、流程以及业务系统之中的“暗数据”？得益于获取数据的工具越来越多，在决策过程中使用它们的机会也变得越来越早、越来越正式（图4-3）。

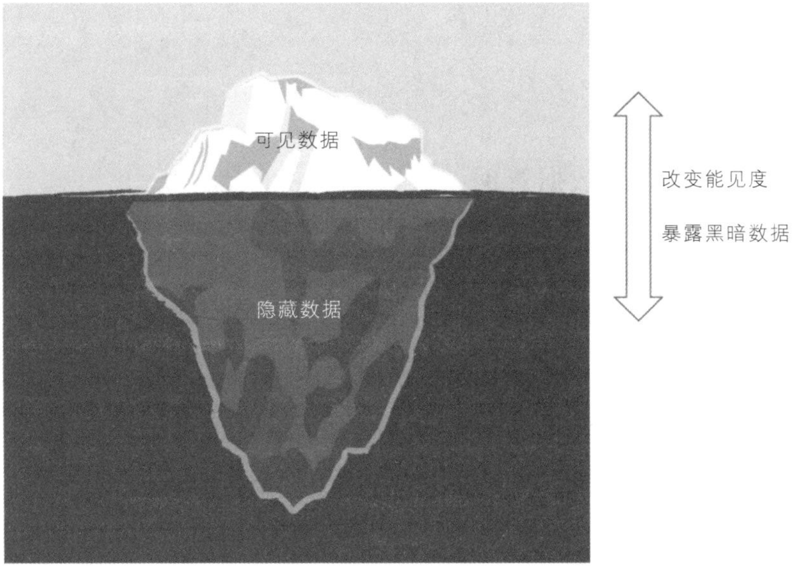

图 4-3　可见数据与隐藏数据

4.7　结论及未来展望

4.7.1　客户、业务以及监管需求中的共性问题

客户、业务以及监管需求等所驱动的一个共同要求就是互联性（interconnectedness），即互联（joined-up）数据。为了阐释房地产法，数据管理议题可以总结为三个词：连接，连接，还是连接（connect）。（但其中也蕴含了）一种新的变化，那就是现在的数据集所能整合的范围更为广泛了。换言之，以前那些存在于自动化处理领域之外而被归类为“暗数据”的数据，现在亦已被纳入决策流程当中了。（有鉴于此）那种能够及时揭开并利用各种不同数据集之间的关系及其相互依赖性的能力，将会是竞争优势的一个主要来源。

供应链以及软件、数据与服务提供商等方面的配置正在变得越来越复杂，尽管金融服务公司一直在努力简化其自身业务。因此，那种最优的数据逻辑——向业务流程高效地注入及时、优质的数据——正在引起越来越多的关注。同样，实时交付（just-in-time delivery）以及现收现付（PAYG）的消费模式也愈加受到关注。与实时交付相比，存储数据既有优点也有缺点：一方面，它可以立即投入消费并且拥有本地副本，意味着你能很好地控制它；但另一方面，数据衰变的速度会越来越快，而且你保存的副本越多，出错和混淆的可能性也就越大。

另外，也有必要更加关注数据收集以及整合之处理流程本身的质量：（一般的做法是）追踪那些关于质量的汇总指标以及为业务提供数据的速度指标。主数据定义了公司数据模型中的各个节点、对象以及各种边界条件。关于相互作用（transactional）的部分则描述了模型参与者之间的业务交互情况。显著增加的通信量、愈加复杂的处理方式、存储点遍布全球的各种供应链、数量扩增的数据关联之独立实体，这些都促使数据管理图景变得日益繁杂。

4.7.2 向新的IT组织模式迈进——确保创新专区的安全

就企业而言，为了获取新技术与新流程所带来的利益，一种方式便是拥抱双峰IT的概念。具体来说，就是确定那个可以让企业实验并试验各种新模式、新概念与新技术的*创新专区*（pockets of innovation）。这一点应该在尚未将其推广到主要业务功能之前，开辟一个“概念论证”（proof of concept）的独立流程来完成，以此来避免那些不必要的风险。那么你如何才能发现数据管理的改进空间，亦即你可从中获取创新成果的那个窄小区域呢？

这些创新专区的一些特征如表4-2所示。

表 4-2　　　　　　　　创新专区的特征

特征	解释
独立性	不应依赖第三方采用的裁量权。完全控制组织内部的流程
短期收益	18个月内收益明显——不应超过2个预算周期，否则人力资源方面的（political）资本就会消失
不要求大规模采用	可以为那种可从传统平台逐渐地吸走流量的平台工作。例如，当捕获流量小于现有流程容量的10%时，收益必须非常明显。可以在客户交互流程或订单执行中工作。存在自然垄断的地方难度更大，比如在流动资金池中
明确界定的市场空间中的增量变化	关注特定的、可操作的用例。在这些用例中，少数初始参与者必须获得临界量。小范围变更现有流程，或者较小的市场转型可能会奏效
明确成本	迎接当前的成本和运营方面所面临的挑战，使得测试用例与创新等可能改进的区域及范围能够凸显出来
快速典型化，并为多次迭代做好准备	边做边学。公开需要精益求精的区域。成功孕育着进一步的创新

问题在于，企业到底会进行多大程度的技术投入。垄断市场的消失可能会迫使企业在创新上投入更多资金以实现一定的差异化。在金融服务行业的许多领域中，竞争正在进一步加剧，并且其所处的竞技场遍布整个世界（而非某个小小的、偏僻的区域角落）。

4.7.3　总结性的评价

金融服务行业在标准化以及新技术标准的采用方面，一直以来表现不佳。从本质上来说，金融服务行业是一个保守的行业，一直受到各种监管防护墙的保护。在主数据标准化以及在使用全球统一的、唯一的、成分化的标识符等方面，该行业仍然明显落后于其他行业。

此外，资本市场是一个网络化的市场——通常是要么整个行业集体采取行动，要么根本不采取任何行动。技术创新一般都将按照克莱顿·克里斯坦森（Clayton Christensen）的“创新者的困境”理论（发表于《哈佛商业评论》，1997）来发展，该理论描述了创新者在困境下所采用的技术曲线轨迹（图4-4）。

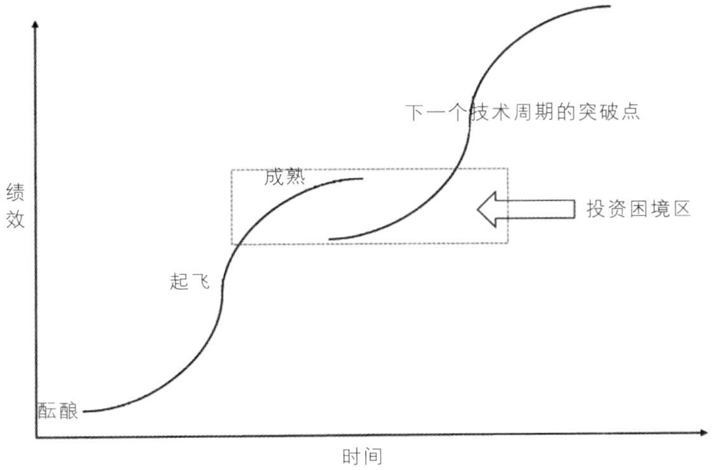

图4-4　技术采用曲线

如果已经积聚了大量的专业技术人员，同时还有大量人员已经跳槽出去做了同行，那么此时任何创新都会出现拐点，这一点有助于大大地缓解决策者们高度紧张的神经（时刻都在冥思苦想关于创新的周期性问题，译者注）。在下一章中，我们将更详细地讨论在金融服务公司中可以确保数据管理得到最佳实践的各种技术方法、流程方法，以及组织方法等。

参考文献

Euroclear, Oliver Wyman., 2016. Blockchain in capital markets—the prize and the journey.White Paper, p.20.

第5章　数据管理工具与技术

5.1　绪论：技术的赋能

5.1.1　IT基础设施的不同层次

5.1.2　数据管理工具的简要分类

5.1.3　数据治理工具

5.1.4　分析工具

5.1.5　数据分发方式

5.1.6　EUDA

5.2　数据存储模式

5.2.1　数据建模与数据库

5.2.2　NoSQL数据库

5.2.3　数据管理

5.2.4　数据仓库与数据市场

5.2.5　数据湖

5.2.6　社交媒体与银行的交锋

5.3　适用于金融机构的大数据技术

5.3.1　数据分析能力的发展

5.3.2　金融服务中大数据技术的用例

5.3.3　结论

5.4 数据安全性

5.4.1 风险和威胁

5.4.2 缓解措施

5.5 区块链

5.5.1 概念界定

5.5.2 当前基础设施所面临的挑战

5.5.3 区块链的优势

5.5.4 主数据的区块链

5.5.5 其他应用领域

5.5.6 一些挑战

5.5.7 结论

5.6 云与信息访问

5.6.1 云模式

5.6.2 数据中心的要求

5.6.3 鉴证标准与认证

5.7 IT管理以及外购还是自建的权衡

5.8 结论与展望

参考文献

5.1 绪论：技术的赋能

金融机构如果缺乏一个完善的信息架构，那么就有可能不停地被强加各种额外的成本，而且最终也没有几家机构是真正扛得住的。金融服务行业很早就用上了自动化及其相关工具——但也一直在忍受着随之而来的各种问题。在本章中，我们将讨论各种不同的信息技术方法，同时也将概述IT堆码（stack）的典型部件。我们还会谈到针对第4章中简要描述的那些需求，IT所做出的回应。我们的讨论从已有的工具类型及其利弊开始，然后是传统基础设施的构建模块（building blocks），包括基础数据类型、存储方式选择，以及技术开发等。

我们会比较各种不同的信息存储方式以及组织模式。信息管理结构的覆盖范围较广，从简单的内容（文件、是否编入索引等）到组织高度严密的附带检索与管理选项（数据库）的功能，包括备份、复制、访问、管理方式变更以及颗粒化的数据访问权限等，都在此列。

如果我们把关注重心从硬件逐步转移到操作系统，再到文件系统、数据库、应用软件等，那么我们对业务流程与个人偏好的了解就会越来越深入，直到终端用户的计算工具为止，比如Excel等。IT的最终目标应是提供一套可重复使用的数据服务，以便于业务用户随时取用。换言之，就是一个易于访问、开发的数据操作系统（operating system），一个便于用户自助服务的数据层。虽然这个数据层的主要功能是提供自助服务，但它还是应该包含一个反馈循环（feedback loop），用以评判数据质量、提出改进建议或者补充数据集等。此外，它还可以作为一种提供直接贡献的渠道，不仅收集有关数据质量的反馈信息，而且还能在众包模式（crowdsourcing model）下，直接汇集源自业务用户的各种数据（图5-1）。

最后，我们还要讲述数据的分配方式以及各种“提取、转换、加载”（extract，transform，load）（ETL）工具。对这些工具的需求源自应用程序的分散化。IT基础设施服务所面临的各种新挑战，就包括如何进一步分离数据使用与数据存储这两个环节，亦即工作人员与客户们都将通过云访问基础设施及其派生出来的大量设备。这势必带来新的安全挑战。

5.1.1 IT基础设施的不同层次

对IT基础设施的描述，可使用各种不同的指标，即界定其不同层面的特定属性：

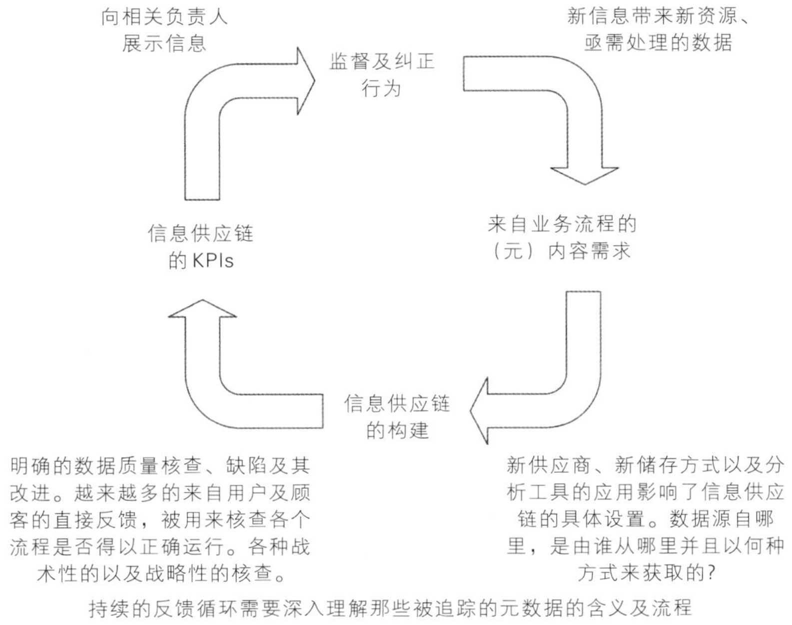

图 5-1　数据反馈循环

• 在硬件层面，我们看重其算力、存储速度及数量。我们也关心它在网络以及其他各种非功能性方面的能力，如安全性以及备份鉴证等。就存储与CPU驱动力而言，某些传统意义上的局限性大多已经不复存在了。

• 如果把目光放在基础设施的软件方面，比如操作系统与数据库等，我们则看重其支持性、安全性、业务连续性，以及用以获取该支持之技能库的便利性。我们可以基于数据域（网络关系的密度、时间序列数据的频率，以及通用业务目的等）来评估所需的数据库属性。

• 基础设施的关键性质是其可扩展性（scalability）：包括横向的及纵向的两个维度。*横向的*可扩展性意味着如果你把额外的机器添加到你的资源库中，那么解决方案就能得到很好的拓展。*纵向的*可扩展性意味着如果你能让现有设备的驱动力（CPU、RAM）得以提升，那么解决方案就会得到拓展。在数据库中，横向扩展通常是基于不同节点上的数据分割，每个节点都包含部分数据。而在纵向扩展时，所有的数据都驻留在单个节点上，需要通过添加更多的内核来完成扩展，亦即扩充（spreading）CPU与该机器内存资源之间的负载能力。

• 在软件应用层面，我们可以看到很多业务流程的细节，亦即那些在第3章中已经有所讨论的主要或次要的金融服务业务流程细节。例如，针对订单管理、投资组合管理、核心银行业务、行政管理、风险管理、交易以及基金管理等均有相应的应用程序。这些应用程序通常会附带域别数据模型（domain-specific data models），而这些模型常常会出现在商业数据库的解决方案（commercial DB solution）当中。此处需要考虑的重要因素包括许可证上的权利（避免隐形成本或突增成本）、支持条件、影响软件未来发展方向的各种选项，以及在你急需之时获准变更的请求权等，通常将第三方托管与源代码访问作为最后的手段。

• 如果考虑到那些已在市场上流通的应用程序数量（例如，德意志银行已经积聚了超过4 400个应用程序，而且它还不是唯一想要真正缩小这个数字的企业；参见 https://blogs.perficient.com/2016/05/03/deutsche-banks-big-it-plans/），那么可以说，具备良好的整合能力真的是一个先决条件。应用程序管理供应商应该重点关注应用程序编程界面（application programming interface，API）的管理功能，以实现第三方最佳组合（best-of-breed）的工具整合，因为这样可以确保组织配备好内部软件的开发系统，该系统可以轻松地与项目中所需的任何IT或ALM（应用生命周期管理）工具整合。

• 对公司来说，如何整合各种不同的业务应用程序是一件非常重要的事情。由于一些公司具有独特的商业需求，并且如果没有任何商业供应商能够满足公司的这些需求，或者这些公司本身又拥有DIY的这种优良传统，那么它们就会在内部对一些特定的应用程序进行自我研发。某些桌面应用程序、终端用户适用的应用程序（EUDA；电子表格、本地数据库）等确实可以提高生产力，但如果它们开始介入关键业务生产步骤的话，也有可能带来重大的风险。

• 关于整体的IT服务管理，你可以关注一些指标，比如说那些可以说明未来趋势的证据——可能可以清晰地指出诸如添加用户、添加交易或者主数据量等工作的具体含义。成本是如何随着用量变化而变化的呢？我自己能够控制管理流程的变更吗？

诸如TCO（总成本）等指标的本意是要将所有的因素都考虑在内：一个软件的成本不仅仅包括授权本身，还应包括硬件等软件授权所需的其他任何成本，比如操作系统OS以及关系型数据库RDBMS等，同时还包括运行该软件的人工成本等。然而，TCO自身所涵盖的内容却太过有限。应用程序与基础设施的需求随时都有可能发生变化。一方面，改善当前的TCO不能牺牲灵活性与可扩展性。（另一方面又）必须将机会成本考虑在内，但也（不必多虑，亦即）不能是下个世纪的机会成本。这实质上就是应用程序使用寿命的问题。（对此，可能的）答案如下：应用程序的使用寿命可能会比你想象的更长久，也就是说构建应用程序要比弃用应用程序容易得多。那些拥有自身数据库的应用程序能够存续大约10年的时间，核心后端系统能够存续大约20年的时间，而电子表格的寿命可能只有几年。这就意味着，待到软件被弃用的时候，（它们在）数据集成与扩展方面的灵活性以及数据模型中应用程序特性的提取应用等，应该统统都被榨干用尽（pay off）。这个因素必须被TCO纳入统筹考虑的范围。

5.1.2 数据管理工具的简要分类

各种不同的数据管理工具包括：

• 元数据管理工具。这些工具被用于定义、访问权限、关系、类型以及容许值的管理等。

• ETL工具。这些工具主要被用于数据格式化、结构揭示，以及将数据存储到数据库当中。

• 数据发现工具。这些工具主要被用于扫描（大）数据集，以查找数据中所隐含的各种关系及逻辑。它还可用来描述数据，也就是对记录结构、内容以及数据质量等方面运用分析技术。

• 数据清理工具。利用这些工具，不仅能够发现各种错误，而且还可以对地址要素（邮政编码、街道名称、城镇、国家等）、地址命名法、公司类型或客户类型等进行标准化。一个常见的例子就是，从一个大数据集里找到同一个家庭里的所有成员。

IT基础设施就是用来处理数据的。而数据可以从多个不同的角度来理解分析。一种对数字数据分类的有效方法就是将其分成三种不同的状态，即“休眠中”（at rest）、“运转中”（in motion）以及“使用中”（in use）等三种状态。其具体含义如下：

• “*休眠中*”（的数据）指的是那些被存储的数据。它包括存储在本地驱动器上的文件、备份文件或者存储在区域网络（storage area network，SAN）之服务器上的文件等。应妥善保管“休眠中”的数据，因为它通常包含敏感信息，而且出于法律方面的考虑，某些数据需要保存更长的时间。

• “*运转中*”（的数据）指的是那些正在通过内部网络或者互联网被传输的数据。这些数据可以经由各种不同的网络协议（protocols）或者电子邮件来回发送。

• “*使用中*”（的数据）指的是那些交由应用程序或者终端用户来处理的数据——而且这些数据通常会被扩展或者被修改（以方便即时使用）。

后续在5.2节中，我们所讨论的数据存储选项也将涉及“休眠中”的数据的相关内容。从“运转中”的数据角度来看，供应链基本上可以分为两种类型：

• “后推模式”（the push model）：信息来自组织外部并且存储在IT堆码中。也就是说，信息库的保存与直接使用数据的应用程序之间是相互分离的。

• “前拉模式”（the pull model）：信息是按需提供的。

（将二者相结合的）混合模式是较为常见的，此时，那些常用的信息一般被保存在内部数据库当中（图5-2）。

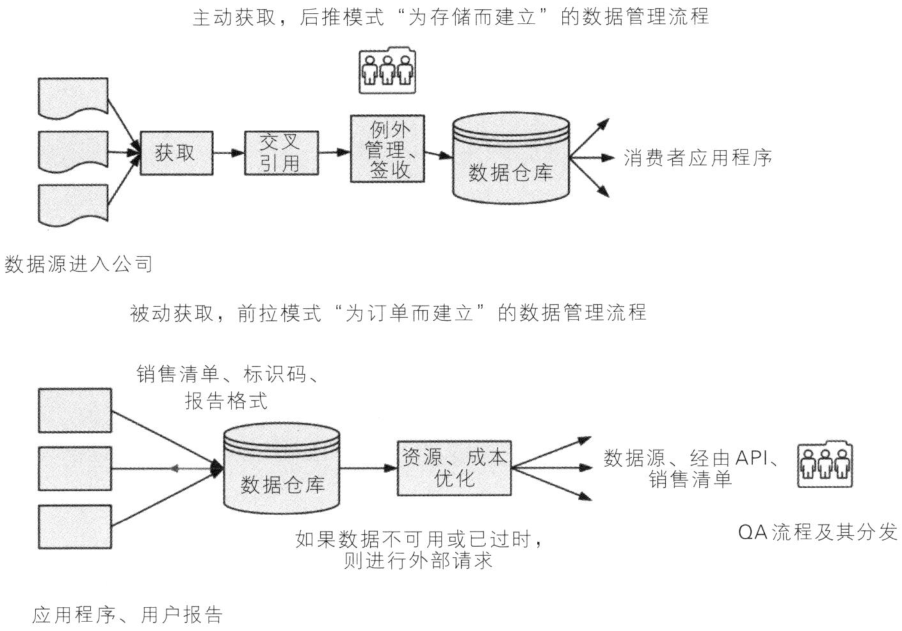

图5-2　信息供给的后推模式与前拉模式。*API*，应用程序编程界面

如果我们观察那些正处于“使用中”状态的数据，就会发现许多不同类型的应用程序都可用于锁定那些待处理的数据。我们可以根据它们基于信息状态所做的工作，来对那些应用程序（的功能）进行分类，具体如下：

• 报告与重新格式化数据——重点在于数据的*呈现*（presentation）。

• 分析数据——重点在于计算、演绎，亦即利用数据进行***推理***（reasoning）。

• 处理数据——重点在于脚本数据的输入（scripted data entry）、交易数据的更改，如在付款方面；或者交易处理——其重点在于***数据操作***

（data operations）方面。

• 另一个单独的数据处理分支，则是进行***主数据更改***（master data changes），比如在维护客户或者产品数据库时，加载（onboarding）、录入关于新客户和新产品的信息等。

如果我们着眼于典型的IT堆码，那么我们的关注点就会从硬件转向操作系统、应用程序与数据库、财务数据模型，以及终端用户的工具运用（end-user tooling）等（图5-3）。

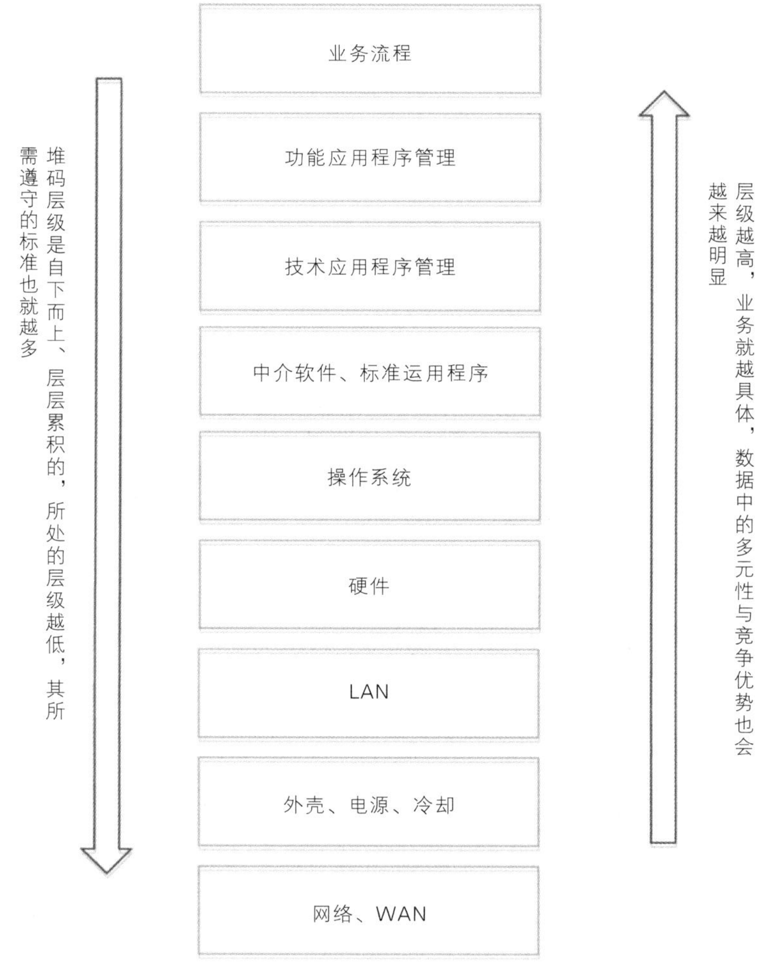

图5-3　典型的IT堆码层级

你所看到的堆码层级越低，那些标准的适用范围就越大。一些重要的技术标准以及制定这些标准的组织如下：

• 万维网联盟（World Wide Web Consortium，W3C），是制定万维网国际标准的组织。

• ANSI（美国）与ISO标准化语言，如SQL等。

• CMMI是一种对一个IT开发组织成熟度进行评估和评分的方法。

• 目标管理集团（Object Management Group，OMG）是一个行业联盟，专注于制定针对分布式目标导向（distributed object-oriented）系统的标准。它重点关注各种模式以及那些基于各种模式的标准。

考虑到业务流程普遍较为冗长，并且往往涉及众多部门、国家以及应用程序，因此数据管理不应只是对工作的计划与管理，而且还应包括对数据传输（中介软件）的管理、设置跨流程的工作流（BPM），以及对那些拥有数据并且知晓如何处理数据（数据治理）的人员的简单管理。在核心基础设施（网络、OS、RDBMS等）与应用软件之间的连接方式方面，我们有着不同类别的工具，如图5-4所示。

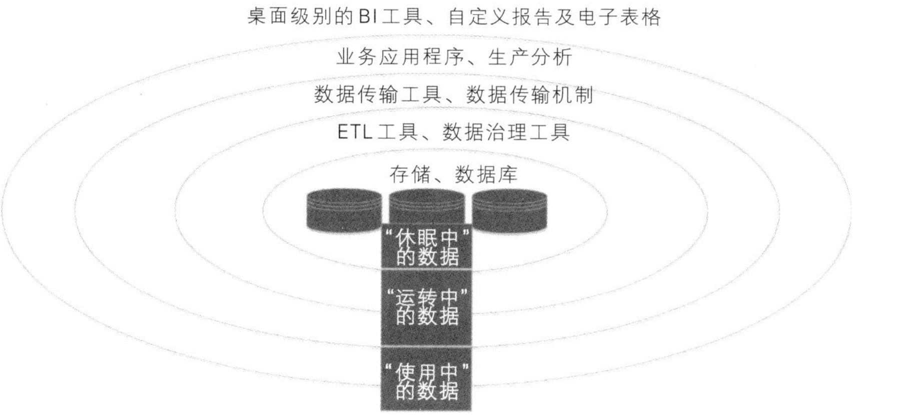

图5-4　各种工具的分类。*ETL*，提取、转换、载入

5.1.3 数据治理工具

数据可能会处于“休眠中”、“运转中”或“使用中”等多种状态，所以跟踪数据的定义十分重要。为了从数据中获得最大的价值，处于财务、运营直至前台部门的用户在信息管理活动中的参与程度正在提高。这个流程需要对各方进行协调，以确保不同的用户对其所使用的数据具有共同的理解。数据治理（data governance）工具就是这样一个协作工具，其主要内容包括：捕获业务和数据的定义，以及它们的关键属性；定义和跟踪相关的及可操作的KPI指标，并让业务数据管理员参与这些定义的审核或批准工作流程。经过上述流程之后，所得结果一般会被发布到整个组织当中去。

数据治理所支持的各种流程包括数据质量管理、数据共享协议、变更请求以及关于定义与维护不同利益相关者之间数据资产的协作管理等。可以对工作流程、政策、数据模型定义进行创建、审查、批准以及执行等。关于数据质量及其遵照使用政策之合规性的各项指标应该被追踪，据此增加数据的可信度。

特别是在主数据领域，为了防止歧义的产生，并确保通用数据语言的使用，你需要用一种可控的方法来处理数据域的具体细节、受控词汇表、分层参考数据或者各种版本与各种变化之间的映射关系（mappings）。这一点能够避免业务流程的支离破碎，以及成本高昂的集成任务，同时还能提升STP以及流程产业化的速度。参考数据是一个数据管理问题，我们将在第7章中对此作进一步的讨论。

数据治理工具是协作软件的一个示例。因为许多用户会更加频繁地接触到数据或者元数据，所以那些社交媒体类工具正在朝着业务工作流程方向拓展。未来的用户将会对数据吹毛求疵，而那些工具则有助于把各个利益群体、专家以及利益相关者们（有机地）组织起来。

5.1.4 分析工具

那些用于报告和分析的各种工具通常被统称为商务智能（business intelligence，BI）。其示例包括IBM COGNOS、SAP Crystal Reports以及Palantir等。分析工具的用武之地（act on）就是可用数据，因此随着可用数据的急剧增长，商务智能领域也正在迅猛发展。其应用范围非常广阔，既有简单的报告，也有极大规模的检测。从组织结构来看，这些工具通常要在核心基础设施（交易处理系统、主数据库）与终端用户桌面（电子表格、文字处理）中占据一席之地。质量太差的数据会导致更多的不良后果。而分析工具的广泛应用则可以提高数据的质量。此外，分析工具还可直接用于提高数据质量，因为快速扫描与数据分析将成为新数据进入组织时的标准操作过程。录入组织的数据会得到更加严格的控制。因为有数据保留的相关要求，所以数据会在我们身边停留很长一段时间，其平均寿命也随之逐渐增加。

5.1.5 数据分发方式

内容可以通过多种不同的方式来获取并分发，具体如下：

• *固定交付时间的*，通常是基于那些针对早期流程而规划完善的各种快捷路径。

• *基于事件的*。内容分发可以基于各种触发事件，比如各种新闻或者一份已更新的条款清单等，而在何时点上突然发生，其中的时间间隔非常不规则。

• *基于文件的*。通常，任何文件都有明确定义的结构，甚至有时还是应客户要求而专门定制的。如果是后者情形，那么关于选择把哪些信息、哪些数据放进文件当中，就有一定的灵活性了。此项选择工作可以通过Web浏览器或者向供应商提供一份购物清单来完成。

• *数据流*（streaming data）。这里是说，客户可以借助标记植入软件

(ticker plant software)或者企业数据提供商，同时经由一个直接的市场访问接口，而径直从交易所那里检索(retrieve)一个连续的价格流(stream)。价格流可以被直接推送至用户的桌面、电子邮件、智能手机以及平板电脑等。一个典型的例子就是那种可显示实时报价的交易终端。

• *APIs*。在此情形下，用户站点上的应用程序可以通过使用供应商的API，直接访问供应商的内容。API将会提炼出一系列可以据此检索信息的口令(calls)。既然数据一定会被请求且会直接终止于各种应用程序之中，那么数据的使用也就可以更容易地被测量与控制。

• *Web服务*通过使用XML和http来执行更为标准化的架构体系。客户手上的那些应用程序可以通过请求(invoke)一些服务，来请求(request)或提交(commit)各种数据。就数据提供商而言，这一点与及时标记所关注之数据的使用情况，具有异曲同工之妙。

• 浏览器可用于直接查询供应商的数据库，而购买那些终端产品同样也可以达到那种利用供应商数据的目的。

那些提供数据的媒体各有各的特征，总结如图5-5所示。

	请求/响应	发布/订阅
未经处理的信息	快速扫描数据流，比如拉出一些引述(pulling quotes)等	发布机构持续地发布基于事件的最新数据，形成源源不断的信息列向外输送，例如新闻源、Tick数据推送、终端等
已经处理的信息	自助式的数据产品，例如基于数据仓库及数据服务的APIs等	可在每天的特定时点所生成的主数据。例如，处于生产流程终端的每日发布文件及各种报告等

图5-5　不同数据获取方式的特征。*API*，应用程序编程界面

信息电子化的趋势始于爱迪生1869年获得专利的股票行情显示系统，中间经历了电报与电传的兴起、路透社以及彭博社的实时新闻推送，也经

历了从报告先传到光盘（CD ROMs）、再到随互联网兴起而伴生的基于文件或消息的电子信息投递等。存储选项在持续不断地向前发展，而现在云存储也都已经演变成了一种商品。

从早期的批量文件发布，发展到今天经由客户购物清单来提供那些基于API更为颗粒化的访问，内容用户可以请求获取那种针对特定金融工具、法律实体或者客户的特定信息。在这种方式下，数据供应商可以帮助客户消除一些不必要的数据流量、处理及储存等。另外，通过处理含有特定项目的购物清单，客户也能在每次提出请求时反过来向数据提供商提供那种确切的用例。授权协议（license agreements）与特定用例的绑定越来越紧密，或者说也越来越受后者的约束。对于内容提供商来说，最为理想的情景就是明确了解每一个用例，以及每时每刻每一项数据在其客户之具体业务流程中的使用情况。

那些较为间接的供应商访问方法包括，在内容达到用户与应用程序所要求的可用性之前，通过实施内部质量鉴证流程对各种文件进行聚合汇总。如果将所有的文件都设计成数据库可用的那种类型，也就是说，通过清晰的结构化处理、借助标题或标签栏目以及明确而完整的数据字典来进行自我描述，把文件设置为可自动化处理的那种类型，那么就能大大提升文件处理的便利性。在将信息存储至数据仓库或者运营数据库之前，可以对它们实施不同的管理步骤。我们将在5.2.3节中讨论这个流程。

直接访问法适用于那种可能只会影响到本地决策或者那些万分紧急的内容。间接访问法会降低内容提取的速度，但可以改善内容的质量，并且可以通过提供总览信息而为内容增值。

在IT基础设施中，有一种趋势是通过APIs将每个应用程序都打开。打个比方说，如果应用程序是人，那么他们在彼此发送信件（文件）时，就必须将其逐一打开、阅读、消化，然后或许是在第二天才会做出回复。有时有些信件可能会投递出错、丢失或者直接就是存在歧义。那么此时，我们可以转而采用一种连续对话或者聊天室的模式。这样的话，这些应用程序就能持续地收到发来的各种信息，而且每当遇到问题时，也能迅速地对其做出回应。

如果是内部信息，那么该信息的分发就可用到好几种方式。该分发方式可以是直接向终端用户推送某些事件，或者通过应用程序与供应商之间直接对话的界面，也可以是使用一个质量鉴证流程（quality assurance process）。应用程序越多，数据物流（datalogistics）的问题就越大。中介软件（middleware）就是一种将数据引导至内部各个所需之处的工具。

典型的中介软件的功能包括传递消息（亦即在不同平台的应用程序之间进行沟通）、集成与促成工作流（亦即业务流程的捕获、可视化以及自动化等），以及编配（orchestration）——也就是对数据供应链上的各个流程进行统一协调。

中介软件主要管理着“运转中的数据”，是应用程序堆码库中的超级黏合剂。如果我们把金融服务比作一个数据制造工厂，那么中介软件大概就是供应链管理与物流的角色：发送、安排并确保数据尽最大可能满足消费的时点要求（及时性）。浪费，在这个比喻中的意思就是数据处理应用程序的闲置时间。中介软件的主要任务之一就是向各个用户与应用程序最优地分配数据流，并监视其及时性与有用性。一些特定的工具，比如BMC CTRL-M、Autosys、IBM Tivoli等，可用于管理IT流程，以及计划、跟踪并分析各种相关的活动。

5.1.6 EUDA

EUDA指的是那些专门为终端用户所开发的各种应用程序（end user-developed applications，又称“终端用户适用程序”，译者注），亦即那些完全由桌面用户所控制的任何应用程序。其中最常见的例子就是Excel，但EUDA也包括那些可以被放置于Word的宏（macros）或者电子邮件程序当中的本地数据库以及各种脚本等。

设计EUDAs的目的是解决一种功能性的问题，亦即企业层面上的解决方案难以被开发的问题，其原因要么是受到时间限制，要么是因为成本过高。本地电子表格与本地数据库等只要能够充当管理（curation）工具而为本地的使用来准备数据，或者能够扮演终端报告的角色，那就是相当不错的（EUDA）了。然而，它们也有可能带来重大的经营风险，原因如下：

• EUDAs的创建一般都没有任何形式的监管、安全性要求以及相关备份等——而这些都是正常软件开发过程中的基本要素。因此在定义上，EUDA属于那种独特的个人DIY工具。

• 在使用那些敏感性的数据方面，EUDA可以忽略某些合规性的要求。

• EUDAs是由个体来开发的，因此它们难以避免那种单打独斗所引致的失败（represent a single point of failure）。

这里谈到的主要风险就是（数据）治理与流程控制。由于对灵活性的要求以及时间的压力，一些（自建的）电子表格经常会不知不觉地混进（creep）关键业务流程之中，而且不仅可作为流程终端以提供数据，同时还可作为数据处理工具而加工一些交付给下一流程直接采用的数据产品（output）。但有时必要的支持恰恰就不会随叫随到——一种常见的情形是，明明知道错误就藏在电子表格的某个地方，但那个唯一熟悉电子表格的人却又碰巧正在度假。

需要再次明确的是：诸如Excel等工具确实是本地用户的福音，而且永远都不会消失。共享那些重要电子表格的内容并且对其进行版本控制将会大有裨益。然而，减少风险的主要措施还是在于正确地看待EUDA。EUDA应被视为本地数据的操作与报告工具——而不是生产工具，并且EUDA应该始终位于数据流的终端，而绝不是处在日常生产工作流程的中间部分。

EUDA的各种应用程序较为贴近用户和讨论的分析工具，早期版本通常在核心生产系统和桌面软件之间的“BI”标签下占据中间位置（图5-6）。

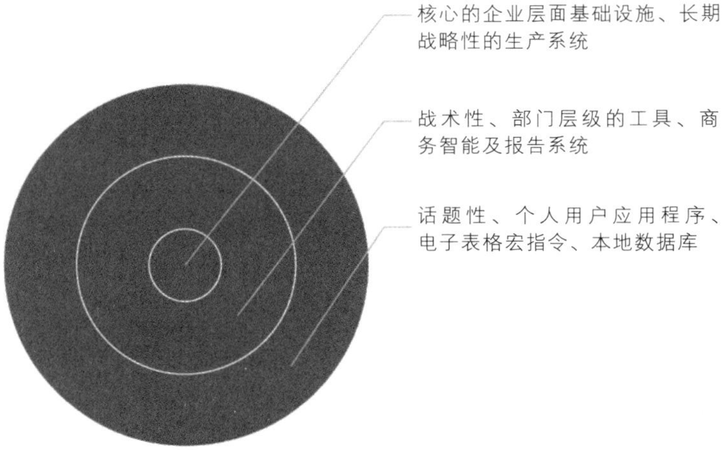

图5-6　基础设施、BI工具以及EUDA

表5-1总结了生产系统、BI和EUDA之间的几点不同之处。

表5-1　生产系统、BI以及EUDA之间的差异

生产系统	BI	EUDA
灵活、可靠的变更管理，较长的变更周期	报告应用程序	不需要IT部门，变更周期短，无版本控制
非常快速且稳定	介于业务与IT之间的独立小组	DIY数据收集
数据中心那里的后端基础设施	小型服务器或本地计算机	本地计算机
IT部门的核心	为IT部门所接纳	除非出现问题，否则IT部门是看不到它的
数据安全	中间数据的安全与质量	通常，在数据质量较低或者数据遗失时存在较高风险
正式的SLA嵌入支持性组织、清晰的服务窗口以及升级程序之中	支持形式通常是非正式的，并且是特殊的	用户是独立自主的

BI，商务智能；*EUDA*，终端用户适用程序

5.2 数据存储模式

信息一般按（其所属的）数据类型而加以记录和展示。这种数据归类方法的层次较低，仅仅包括该数据的可能值、含义，以及对其可以进行何种操作等，比如实数（real number）、整数（integer）、字符串（string）以及布尔值（Boolean）（只标记"是/否"）等。

数据的类型决定了数据的基本操作。例如，加法可以运用于实数和整数，但不能用于布尔值。对于字符串，必须给予更加严格的定义（例如，某个字符串可能是由两个字符串组成的）。诸如OR、AND等逻辑运算符可以处理布尔值数据，但不能处理其他类型的数据。

使用基本的数据类型来组合多个数据要素，可用于生成更为复杂的数据类型。例如，颜色通常由三个分别代表红色（red）、绿色（green）和蓝色（blue）等数量的整数来表示（RGB得分数），而复杂的数字则可以由两个实数组成。大量的实数可用于创建那些常用于金融市场中的复合型数据，比如曲线、曲面以及矩阵等。

选择数据类型就是对数据进行第一层次的解读（the first level of interpretation）。如果用了错误的数据类型，就有可能会导致一些信息的丢失。例如，把利率作为整数而非实数，会遗漏小数部分。此外，对数据类型的选择，决定了哪些基本操作是可以适用的。可以将"1234"存储为字符串或整数——如果存储为字符串，则可以对其进行操作，如将其附加在另一个字符串之上，但是不能附带使用加减法。

通过筛选数据类型中的数据值，例如*日期*和*细目*（enumerated）等，我们可以对数据进行第二层次的解读（the second level of interpretation）。日期字段可以与日历、银行假日列表以及周末安排等相互结合，从而形成一个工作日集合。在细目字段（enumerated fields）中，数据类型的数据值是从预先设定的一系列字段中提取的，比如货币代码、行业代码、国家、地区代码或客户端类型等。

如果我们针对更多的业务规则（business rules）进行数据编码，那么就可以构建出一些更有意义的业务对象。除了交易日期示例（日历+日期字段）之外，示例还包括金额（货币代码+实数）以及支付项（金额+日期+目的地银行账号）等（图5-7）。

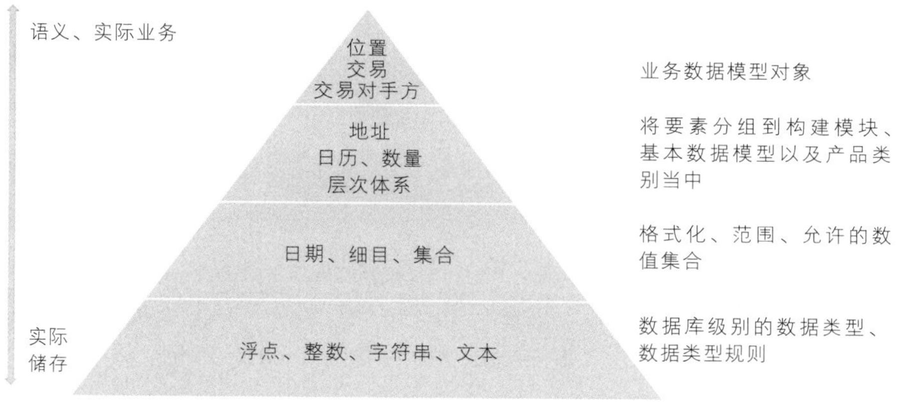

图5-7 从数据类型到语义

在本节，我们将继续讨论组织数据的不同方法，以及相应的存储技术。在第5.2.1节中，我们将讨论那些常用的各种数据库，并将在第5.2.2节中专门讨论NoSQL技术。

5.2.1 数据建模与数据库

记录与访问数据的方法有哪些？针对“休眠中”的数据呢？何谓大数据时代的变革？结合先前所讨论的数据类型，可将第2章中讨论过的各种财务数据类型组织起来，形成那些可用以支持各个业务流程的各种（数据组织）模式。

5.2.1.1 数据的组织方法

星状架构（star schema）是最为简单而应用广泛的数据模式。星状架构的组成部分就是那些提供引用维度列表（dimension tables）的事实列表（fact tables）。这种模式是雪花状架构（snowflake schema）的一个特例，能有效地应对一些简单的查询工作（图5-8）。

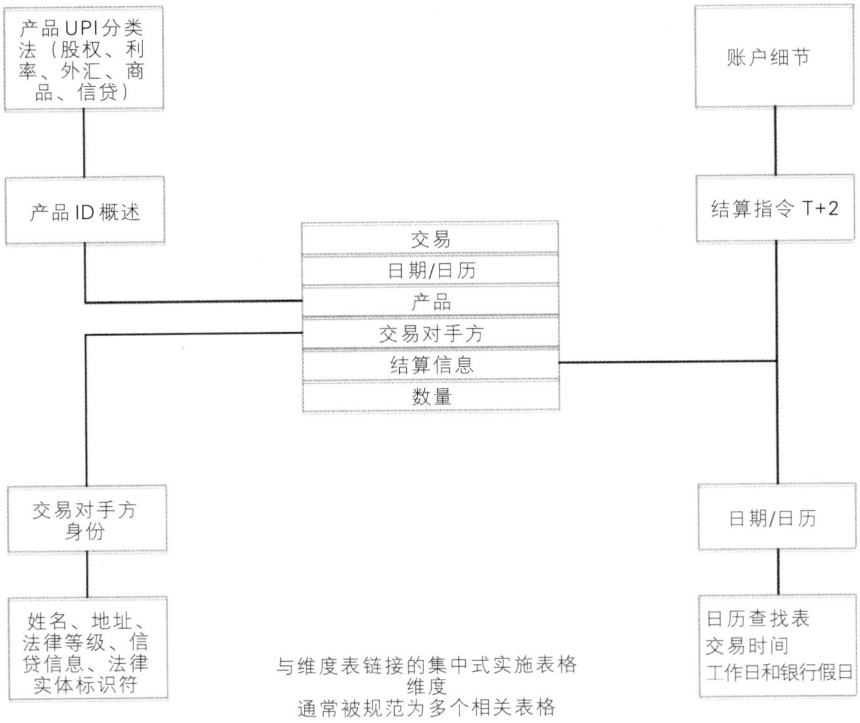

图5-8 星状架构示例

5.2.1.2 关系型数据库

不同的数据库技术之间存在着以下几点差异：

- 它们如何看待一个逻辑存储单元？
- 那些数据是存储在磁盘（或其他存储设备）中还是存储在内存中？

关系型数据库（relational databases，RDBMS）起源于20世纪70年

代，而最基础的关系模型（underlying relational model）是Codd（1970）发明的。关系型数据库一般将数据显示为各种表格的集合，每张表的横向栏目（行）列示价值，纵向栏目（列）列示属性。比如说，一张表可以概括关于一位客户、一笔金融交易或者一个产品的所有属性。所有的表都有一个用以唯一地标识每一份记录的主关键字。同时，它们也会有一些用以链接其他表中信息的外部关键字（foreign keys）。RDBMS这个术语通常与SQL相提并论。SQL就是关于如何与各表进行交互并提取数据或者更新数据的语法规则（图5-9）。

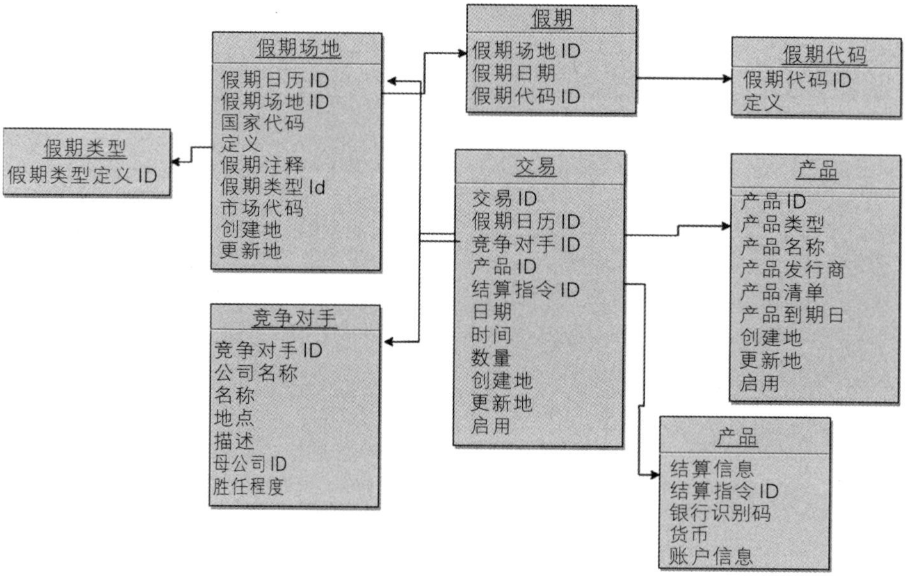

图5-9　数据库表式架构示例

关系型数据库中的交易，遵照以下ACID原则：

• 原子性（atomic）：这一点就是要确保一个数据库中的所有交易要么全部都得以执行，要么全部都没有被执行。

• 一致性（consistent）：交易完成了就要更新状态。如果出现了错误，那么数据库就会恢复到之前的状态。

• 独立性（isolated）：交易是独立执行的。也就是说，其中某一笔交易的暂时性结果不会影响到另一笔交易。

• 持久性（durable）：已经完成的交易不可反转。

近年来，那些源于社交媒体世界（NoSQL）的分布式系统逐渐地不再完全遵从ACID规则了。比如说，一致性标准就已经明显地放宽了。由此，另一套数据库规则应运而生并且已经浮出水面了：基本可用、柔性状态、最终一致性（basically available，soft state，eventual consistency，BASE）等。在后文中，我们将就此做进一步的讨论。

关系型数据模型中的一个重要概念就是规范化。这就是一个通过重新组织那些属性和关系而实现数据冗余量最小化的流程。规范化的理念是指数据只能存在一个地方（因此你也就只能在单张表格中修改某个属性），而只有通过运用各种外部关键字关系（the foreign key relationships）链接，才能促使该数据得以在整个数据库中传播开来。

5.2.1.3　备选数据库

20世纪80年代，人们开始采用RDBMS之后，就陆陆续续出现了几种对RDBMS来说具有一定挑战意味的数据库技术。在本节中，我们将就XML数据库、对象数据库、时间序列数据库以及内存数据库等进行讨论。在选择信息的组织方式时需要考虑的事项包括：

• 可能促进数据的高效加载；

• 可能促进数据的灵活操作：将那些跨越不同维度、不同计算方式的数据组合在一起；

• 可能对报告、快速访问以及数据检索等具有一定的促进作用。

因为通常无法兼顾这三个方面，所以为了至少满足三个典型方面中的某一个方面，数据存储会倾向于牺牲其中至少一个方面来作为代价（图5-10）。

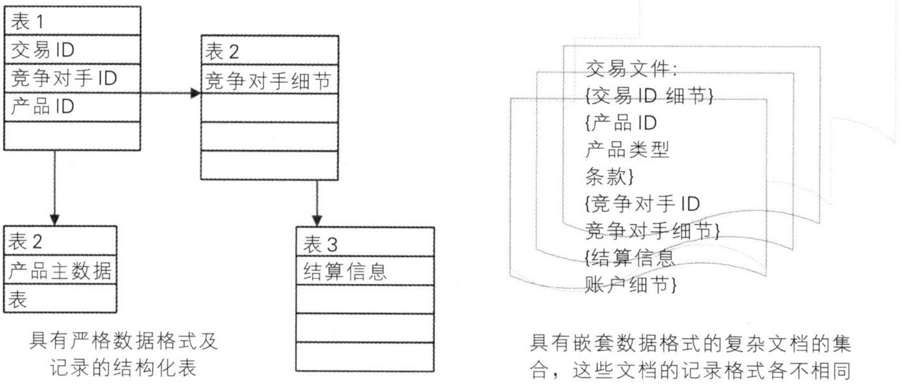

图5-10　RDBMS与文档数据库展示之间的比较

5.2.1.4　XML数据库

在关系型数据库中，存储逻辑单元（logical unit of storage）只是表中的一行数据，但在XML数据库中，它却是一个XML文档（它可以很小，也可以很大）。XQuery是一种查询语言而不是SQL。XML文档通过使用一些标签来进行解释或含义说明，并提高各种应用程序处理数据的效率。直接指定采用XML或其他文档格式来处理数据的理由很多，例如JSON：

• XML格式被普遍用于数据的传输，因为它可降低处于交接点处的歧义风险。如果你已经应允了那些标签及其结构，那么你就完全可以直接采用XML格式来储存数据。原生的XML数据库，可将那些对用以支持搜索、导航等额外元数据之提取或输入的需求降到最低水平。

• 公开或提取数据等可能就需要用到XML，因此使用XML就意味着更加接近相关的流程。此外，你还可据此将“休眠中”与“使用中”的数据连为一体，从而避免数据的重复建模。

• XML非常适合于那些具有大量空白的稀疏数据（sparse data），或者用以表示嵌套数据（nested data）。

• XML更便于人类阅读，相反那些关系型的数据表却对专业知识有一定的要求，并且需要使用SQL查询法才能进行访问。

5.2.1.5 对象数据库

对象数据库（object database）是一种数据库管理系统。在该系统中，数据不是用表格的形式来表示，而是用对象的形式来表示。这种类型的数据库和以对象为导向的编程有着非常密切的联系。任何对象都是数据结构、各种函数以及多个变量的结合体。

一个*实例*（instance）指的是某个事情的具体发生过程，而一个*类别*（class）则指的是那种可用以创建多个对象的一个模板。

与关系型数据库有所不同的是，对象数据库与编程语言之间的结合程度更加紧密。对象数据库可以存储那些较为复杂的数据，同时也可以直接存储数据与数据之间的各种关系，并且还不用（像关系型数据库那样，译者注）描绘出各种关系的行列式（架构）。这一点使得对象数据库非常适合于那些专门用以处理复杂数据的各类应用程序。

5.2.1.6 时间序列数据库

时间序列数据库（time series database）是一种特定的数据库，旨在最优化存储那种可按时间进行索引的数据，比如温度、交易行情（transactions）、能源消耗、移动电话活动，或者诸如股票报价或货币价格等的金融市场数据。

在数据快速变化的情况下，RDBMS可能会显得不太实用，因为行数多到无边无际，使得历史数据查询宛如大海捞针、困难重重。除此之外，你可能还需要依托那些数据把一些特定的时间函数连在一起（用以压缩信息，例如针对不同的时间间隔以及时区转换等进行求和或求均值等）。通常，时间序列数据库会包含那种基于整个时间序列而内置的（built-in）时间序列算法，包括乘法、加法以及按比例转换（rescaling），或者将多个时间序列合并为一个新的时间序列等。在金融服务中，那些特定的时间序列函数可能包括（例如，某个指数中某只股票的）相关性、（各种投资组合或各种基金的）回报率以及货币转换等。

5.2.1.7 OLAP

OLAP一词指的是*在线分析处理*（online analytical processing），用以提供多维的预测结果。例如，在股利预测中，多个预报员可能会基于一*个特定的时间点*或者*一个特定的时间段*分别创建多个预测值。然后，这些信息维度就包括该股利预测所依托的具体的那只股票、完成该预测的某个人、做出该预测所针对的那一时刻以及那段期间等。如果在处理信息时可能会牵扯到很多个信息维度，那么针对多维数据集最好用一下OLAP。

OLAP多维数据集（array）维数如果超过了3，就要用到*超多维数据集*这个词了。该多维数据集所包含的信息可以进行*切片*（sliced）或者*切块*（diced），从而得到一些特定的见解。切片是指通过选择该多维数据集某个维度中的一个价值点，从中挑出一个子集来。例如，从所有的股利预测中挑出关于某只股票的全部数据，或者是从中挑出某个人所做出的全部预测。这样就会创建一个新的OLAP多维数据集，而其维数相比之前就要减少一个了。至于切块，本质上就是进行一次数据查询。它的意思就是通过针对不同的维度而选取各个特定值，据此创建一个多维数据子集。例如，（首先选中）一个包含某一行业所有股票之预测信息的数据集，然后从中挑出，比如说只是针对下一年的并且是全部经由某个特定的分析师小团队所做出的那一小部分预测结果。

OLAP多维数据集及其切片与切块等通常被运用于客户细分等（类似分析）。例如，按照邮政编码、信用评分、年龄级别、婚姻状况以及可支配收入等级（图5-11）等（多个维度）进行查询。

OLAP适用于那种半实时数据。例如，附带有某些建议和日间报告等，且通常与数据采探、远程警报（roll-ups）以及挖掘历史等相互关联。此外，OLTP（联机事务处理）也可用于那种处理交易的操作系统。这意味着需要输入一组处理指令。Gartner为这两组功能的组合创造了一个词，即“HTAP”（hybrid transactional/analytical processing，混合的交易/分析处理）。

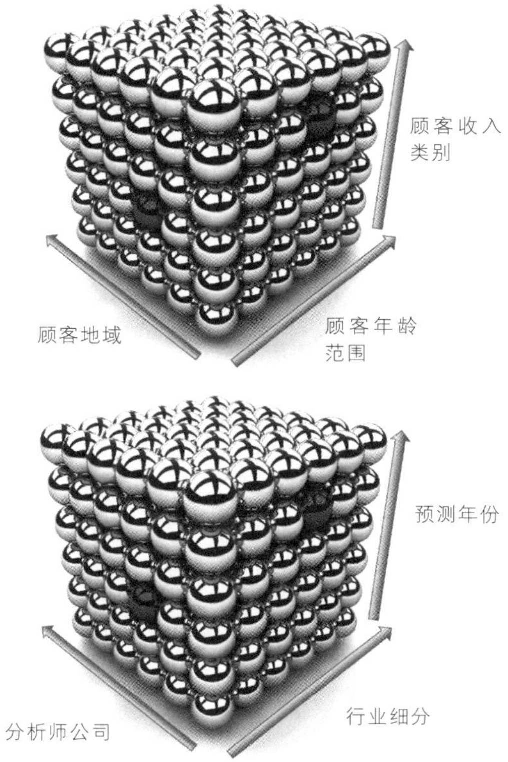

图 5-11　OLAP示例。*OLAP，联机分析处理*

5.2.1.8　内存数据库

当数据库主要依赖主内存进行数据存储时，我们将其称为内存数据库（in-memory DB），完全不同于使用磁盘存储的传统数据库。使用主内存存储数据有助于减少查找的时间，提高效率。但是你仍然需要将那些数据提交给存储媒介，只不过这项操作可以稍稍推迟一点而已。

5.2.2　NoSQL 数据库

“全能”（not only）SQL 数据库是一类采用了一种完全与众不同之方法的全新存储技术。NoSQL 中的数据建模及存储机制都明显摆脱了

RBDMS中的表格形式。主导这些技术开发的推动者是那些采用Web 2.0的公司。其首要考虑的因素有，全天候（24/7）的运行能力、可以横向扩缩、能够处理超大量的用户与内容，以及（需求主要）来自那些相比金融服务业而更能从容应对短期起伏不定之局面（inconsistency）的零售平台等。

得益于那些与众不同的基础数据结构，比如关键值、宽松栏目、图表或文档等，一些操作在NoSQL中会更加快捷一些。与RDBMS相比，NoSQL数据库可以更加自然地向大型数据集进行扩展，并且因为你无须事先定义一个关系模型，所以NoSQL数据库更适用于管理那种可能会随时更新的数据（changing data）。

CAP定理（或Brewer's定理）指出，分布式计算机系统不能同时提供以下各种保证：

• 一致性（consistency）（所有的节点在相同的时点都能看到相同的数据）；

• 可用性（availability）（每个请求都会收到一个关于请求是否成功的回应）；

• 分区忍耐度（partition tolerance）（即使存在由于网络故障而导致的随意分区的情况，系统仍然可以继续运行）。

换言之，你最后选择了哪种存储模式，就表明你已经决定要牺牲三个要素中的某一个了。如前所述，在分布式计算机系统中，BASE属性一定会取代关系型数据库的ACID属性。

与RDBMS的使用相比，NoSQL的使用牺牲了一致性以达到提高速度以及提高可用性的目的。此时，最终一致性（eventual consistency）的概念取代了即时一致性（immediate consistency）的概念。在这种概念下，数据库的变更最终会被传播至节点的变更。也就是说，那种陈旧的或者不准确的数据可能会被很快地撤回，但同时如果某个节点发生宕机事故（go down）的话，那么就有可能会导致一些诸如输入失败或者数据丢失等

（不良后果）。

一些组织选用了NoSQL数据库，可能是出于对速度、扩展选项、持续可用性、有效解决方案，以及能够管理诸如非结构化数据等RDBMS中较难管理的新型数据等多个方面的需要。

NoSQL数据库通常被分成四个大类：

• 列存储（column store）。每一行可存储的列数可多可少。数据按行的关键字（keys）进行分区（亦即按照数据的共同特征或属性而将其归入一个类别并且命名之，译者注）。

• 文档数据库，又被称为半结构化数据。“关键字”能够唯一地识别出那些可用XML或JSON语言编码的文档。文档数据库中的一份文档类似于关系型数据库中的一条记录，但其结构没有那么严格，也不需要遵循标准的模式。在RDBMS中，表中的每条记录都具有相同的格式，并且还需要为每个字段的数据类型事先进行因果定义。但在文档数据库中，则可能没有类似于表格的内部结构，而且通常也没有关于字段与关系的预定义概念。所有的文档都可以重新组合，归入某些组与某些群。文档数据库的示例可见于金融产品方面的相关数据资料（比如在欧盟《关于打包零售与保险型产品法规的关键信息文件》之中；参见http：//ec.europa.eu/finance/finservices-retailinvestment_products/index_en.htm）。在文档数据库中，你可以采用一定形式的表格来展示产品的相关信息，你也可以直接存储各种实况报道以及一些关键投资者的文档，或者一些XML格式的招股说明书等。

• 关键字-关键值存储。行式（row-oriented）数据存储只是一些简单的（关键字，关键值）相互配对的数据。不同于RDBMS的固定表格形式，在这里的每一行中你都可以同时存储不同的属性。关键字-关键值存储将数据视为一种更为模糊的集合，可以包含每个记录的各种不同属性。而在关系型数据库中，表的结构与列的数据类型等全部都需要预定义。

• 图表数据库。（在这里）数据的存储与检索被存储为节点、属性以及各种链接（“缘接部”）等。节点即指对象，如客户、产品或账户等。属性指的是与记录相关的数据片段，如客户地址、客户信用评级、产品风险评分或账户号码等。而缘接部（edges）指的是各个节点之间，或者节点与属性之间的各种关系。图表数据库与关键字-关键值数据库较为相似，只是附带说明了那些节点之间所存在的*关联关系*。此外，该关联关系也并不像RDBMS中的那样需要通过外部关键字来进行预定义，同时亦不受因果推理的限制。换言之，与数据本身一样，各种新的关系类型亦可在运行中被适时添加。图表数据库重点关注缘接部的信息，而其建设的目的也就在于寻找节点、属性以及缘接部等之间连接与互连的各种模式（图5-12）。

NoSQL技术有很多的用例。通常认为，该技术起源于那些Web 2.0公司，（因为）这些公司专注于各种在线应用程序，例如：

- 线上网络零售（交易平台、线上购物车）；
- 实时数据分析；
- 社交媒体（信息）捕获与分析；
- 网络点击流分析；
- 时间序列数据（财务数据或者其他各种基于时间的数据）；
- 设备/传感器/物联网（internet of things）方面的数据“排放（exhaust）”系统；
- 各种分布式交易应用程序（distributed transactional applications）；
- 各种写入密集型交易系统（write-intensive transactional systems）。

除此之外，还出现了越来越多的离线用例，包括：

- 买方行为分析；
- 客户推荐，以及追加销售（upsell）或者交叉销售成果等；
- 欺诈侦查与反洗钱（“AML”）；
- 风险分析及信用评分；
- 供应链分析。

主体ID	名称	国家	产品
E001	ABC银行	美国	仅限股份
E002	XYZ资产经理	英国	所有
—	—	—	—

产品ID	产品类型	发行商	国家	票息	到期日	ISIN Code
P001	债券	英国	英国	3.5	2045年1月22日	GB00BN65R313
P002	股票	西门子	德国			DE007236101
—	—	—	—			—

交易ID	日期	时间	对手	产品	数量	ISINCode
P001	31Oct2016	10:12	E001	P002	10 000股	GB00BN65R313
P002	2Nov2016	15:40	E002	P001	10 000 000英镑	DE007236101
—	—	—	—			—

图5-12　两个交易对手方之间债券交易的RDBMS展示以及图表数据库展示

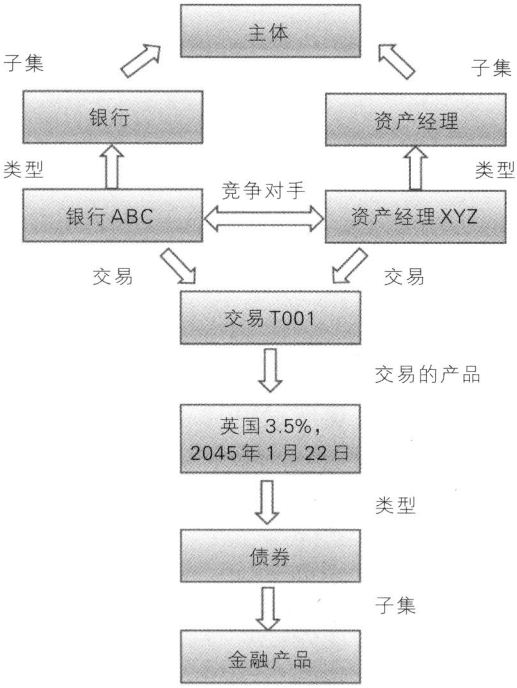

图5-12　（续）

5.2.3　数据管理

围绕存储数据所进行的关于收集、整合与验证等的各种流程，被称为*数据管理*（data curation）。一般来说，你会想将关于数据的上述管理功能（加载、重新格式化、验证），从那种便于终端用户访问的在线存储中分离出来。这样做的主要原因是，你想控制那些只有你自己才能使其可用的内容（当然仅限于那些获得批准而自存的数据），而且你还不希望临时查询会对加载、重新格式化以及清理的计划进程造成一些干扰，以便及时地获得更新后的主数据。此外，在对外发布已经处理过的数据之前，你可能还会希望保留审计方面的某些信息。比如说，是谁更改了什么信息以及何时进行了更改等，同时你可能还会希望对主数据的*谱系*（lineage）进行存储：也就是说，是哪些信息源贡献了哪些信息。

企业数据管理（enterprise data management，EDM）指的是那些将各种存储技术运用于数据获取、质量管理以及可控之数据分发流程的实践活动。EDM工具则指的是专注于主数据准备工作的多个系统，并且通常这些主数据随后会停留在（ends up）数据仓库之中，或者进入市场而被进一步分发传送。EDM解决方案的一般特点包括：

• 与内部及外部数据源之间的整合；

• 用以组合各种不同的内容集并将它们重塑为一个常见之数据模型的一些映射规则（mapping rules）；

• 用以筛选数据源并且试图检测其中可能存在之异常、缺失值以及各种非一致性的验证规则（validation rules）；

• 根据订阅列表而向下游的各个应用程序分发各种数据集；

• 对全部数据变更事项进行持续审计跟踪，同时提供数据谱系以追溯各个数据值的最初来源；

• 对照那些运营方面的SLAs来监控各种数据资料的流入及流出；

• 提供通用数据字典以及用以数据清理的各种工作流程（出于对合并数据的需要，一种通用的数据字典以及字典学得到了越来越多的关注；在这一点上，这些工具与前面所讨论过的数据治理工具之间存在着一定的重叠关系）。

5.2.4 数据仓库与数据市场

数据仓库（data warehouses）和数据市场（data marts）在具体的存储技术方面并无太大差异，而只是在数据库的使用规模方面有所不同。二者之间的主要差异如表5-2所示。

数据仓库通常都是那种中枢式大型数据存储库，随时会向数据市场供应其所存储数据的子集或切片等。而数据市场一般是面向特定的业务线或者团队。数据仓库中的数据很少能被直接访问或更改。但与之相反的是，数据市场则是由某些特定部门所拥有的，后者可以在其所有的数据市场中更改相关的数据，而且通常都是位于数据仓库的下游端（图5-13）。

表 5-2　　　　　　　　数据市场与数据仓库

数据市场	数据仓库
关注点是部门的使用情况	在企业范围内使用
通常是信息与用例的一个子集，如客户报告或财务报告等	包含不同主体域的信息
有时只是汇总的数据	更多详细的数据
数据适用于较简单的模型，例如星形架构	数据模型更丰富
从数据源（聚焦于特定功能域）集成数据	大量不同的数据源

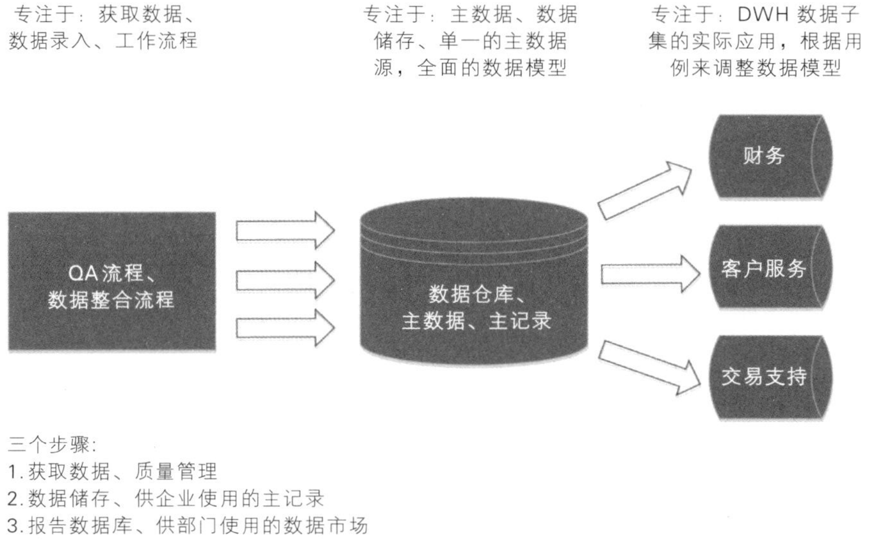

图 5-13　数据获取、数据仓库以及数据市场

大型数据仓库的风险之一就是企业很难从中辨别属于它们自己的数据。如果数据仓库变成了数据与用户之间的一堵高墙，那么就很容易导致数据所有权的丧失。

5.2.5　数据湖

主数据管理当然也是IT基础设施方面的一个主要挑战，即如何有效地连接组织中的所有数据。数据集市将筒仓方法制度化，并在基础设施中解决当今的问题。事实上，你真的不知道明天会碰到什么问题，所以你需要具备那种跨部门、跨产品线、跨风险类别以及跨司法辖区等连接不同数据集的能力。你不得不跨越数据库所带来的任何边界。数据市场是短期内解决BAU报告最有效的方法，但亦仅限于此，因为你只能回应那些预先确定与数据市场有关的问题。另外，数据市场和数据仓库在提交数据存储之前就已经对其进行了处理——因此永无可能访问到原始的数据。只要对数据进行解释与塑造，丢失信息就在所难免，因此可能要时不时地解释那些数据变更的问题。

简单地说，*数据湖*（data lakes）就像是一个大型的存储空间，同时也是那种能为任何类型的数据提供存储空间，并且具备强大的处理能力甚至处理许多并发任务之能力的数据处理引擎。一个数据湖本质上就是在大数据时代下那种充分利用各种BI工具的数据仓库。

不同于那些致力于满足用例或部门之需求的数据市场，也不同于那些限定于预定义之数据范围的数据仓库，数据湖是企业中唯一存储所有数据的存储库。它不但包括那些来自源系统的原始数据，而且还包括那些已经处理且用于报告、分析以及可视化的数据。数据湖可以储存任何类型的数据，包括关系型数据库中的结构化数据（以行和列来表示）、半结构化数据（采用标记的形式，比如XML和JSON等，还有那些用逗号和制表符进行分隔的文件等）、诸如电子邮件和文档等文本数据，以及二进制数据，如图像、音频与视频等（图5-14）。

数据湖听起来非常美妙（nirvana）：所有的数据都经过了各式各样的处理，以便从中提取相关价值并发现（其内在）模式。但这是否切实可行呢？这也并不意味着你暂停了针对那些数据的任何加工流程，而直到你需要的时候才又必须从头开始仓促地（scratch）构建那种分析能力，是吧？正如剑桥语义学CTO肖恩·马丁所说："我们看到客户们正在创建着各种大数据墓地，就知道他们把所有的东西都统统丢到HDFS（Hadoop Distributed File System，Hadoop分布式文件系统）里边，期盼着接下来能用它来做点什么，但是之后很快就会忘记那里到底有些什么。”（引自 www.pwc.com/us/en/technology-forecast / 2014/cloud-computing/features/data-lakes.html；也可参见 http：//hadoop.apache.org /index.html）。如果把所有的数据都放到一起，并且暂缓对其进行预定义的组织定型（molding），那么关于一个 RDBMS的解读就可以保有一定的灵活性，但同时也会将那些数据发现与查询的工作转交给那些被嵌入查询操作之中的各色数据发现智能工具（表5-3）。

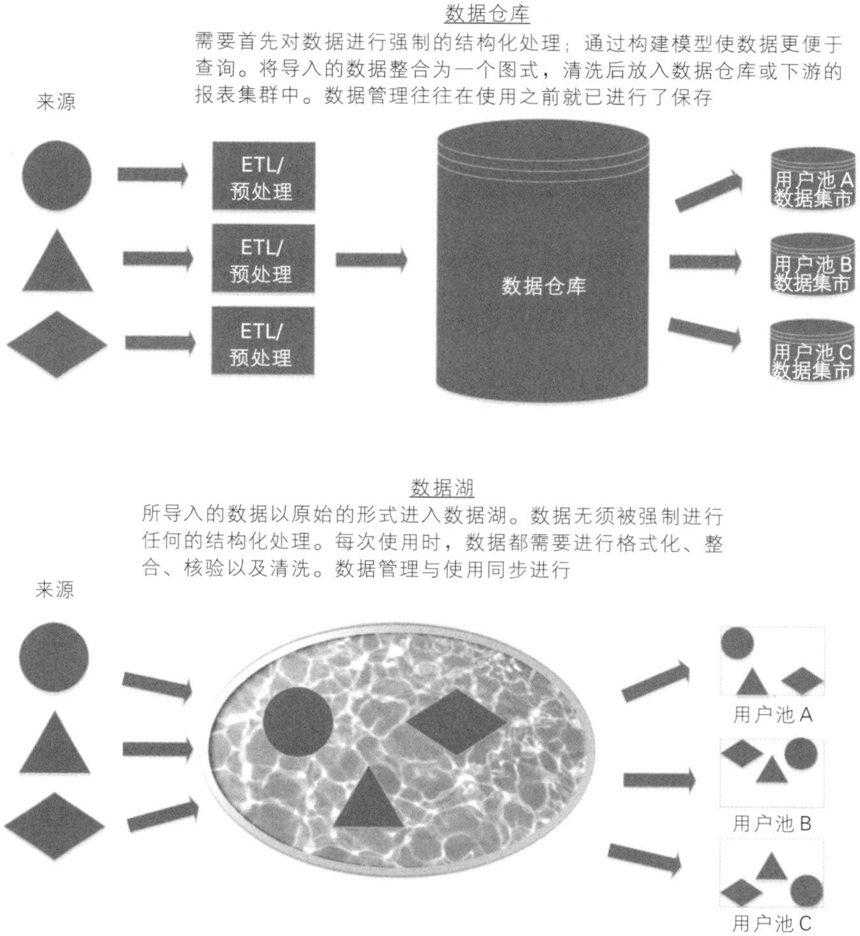

图5-14 数据湖与数据仓库

表 5-3　　数据仓库/市场模型与数据湖之间的差异

数据仓库/市场模型	数据湖
关系型数据库（RDBMS）	不同的存储模型
可对数据进行简单查询	可对数据进行复杂查询
为满足部门预期使用需求而需提前处理数据	跨库搜索
数据形式为表格以及所有的数据类型	非结构化数据

5.2.6　社交媒体与银行的交锋

一个关于非结构化数据与金融服务的悖论就是，那些金融服务*本来就都应该是结构化的*。对于那些首次尝试应用大数据与NoSQL的程序来说，最好的选择就是看看那些最为靠近该技术源起之在线零售业的相关领域。这些程序的应用领域包括移动银行、交易分析，以及那些关于一个客户在一段时期内的所有财务行为之常规记录，类似于Facebook和LinkedIn上的那种关键数据罗列清单。（汇丰银行（HSBC）约有4 700万个客户，参见http：//www.hsbc.com/about-hsbc/hsbc-in -numbers。花旗银行（Citibank）估计约有2亿个客户，参见http：//www.citigroup.com/citi/about/ citi_at _a _glance.html。中国工商银行（ICBC）称有4.65亿个客户，参见http：//www. icbc. com. cn/ICBCAbout% 20Us/Brief% 20Introduction/。相比之下，LinkedIn 2016年第一季度拥有4.33亿用户，而Facebook 2016年第一季度的每个月活跃用户数达到了16.5亿）

与银行相比，社交媒体网络的一大特别之处在于，对它们来说，整个世界也不过就是一个大型的国内市场。尽管各地的隐私法可能会多多少少地减缓社交媒体公司的发展速度，但是就这些信息收集零售商与各种广告平台以及那些银行之间的比较而言，各地之间的监管差异及其对不同辖区内运营活动之成本的影响（差异）还是巨大的。

5.3 适用于金融机构的大数据技术

数据管理方面的主要进步之一就是数据处理的范围以及数据量的显著扩增。通常，我们只能看到自己直接接触的一小部分数据，比如呈现在报告中的数据、在商业应用程序或互联网上查找到的数据，以及任何通过电子邮件与社交媒体等方式引起我们注意的数据等。

（但是）大部分被存储与处理过的数据，以及我们在文档、电子邮件或者网站中所看到的那些能够支撑最终结果的大部分数据往往不会轻易暴露其本来的面目。这种藏身于海面之下的巨型冰山随时会带来各种风险。那么我们怎样才能揭开它的面纱呢？或者说，我们如何才能降低海面去揭露那些剩余的数据呢？同时我们又怎样才能避免那些经过提炼、处理以及验证的数据埋没于噪声之中？我们如何才能发现那些普遍存在于我们企业、流程以及各种业务系统之中的“暗数据”（dark data）呢？鉴于所捕获的非结构化或半结构化数据的大量增长（IDC估计，数据量每年将增长40%~50%；到2020年，数据将达到40泽字节（ZB）；来源：www.idc.com），数据库与数据分析功能都得到了迅速的发展。与此同时，还需要使用诸如数据删除、数据压缩与数据分析工具等技术，以防范这种只见树木不见森林的现象发生。

大数据技术已经开始用于挖掘*非结构化数据*了，亦即那些只有通过大规模的人力劳动才能获取其价值的数据。得益于新的算力，非结构化数据也能够被自动化处理了。数据可用性的快速增长推动着存储技术得以长足进步。大数据的主要属性通常表示为“3V’s”（这个概念是由Gartner的分析师Doug Laney在2001年MetaGroup的一份出版物中提出来的，*3D数据管理：亦即控制数据的规模*、*类型*、*速度*），因为“规模”等三个词都以字母“V”打头。

• **规模**（volume）。这里仅指那些被生成、被存储之数据的数量。数据的规模决定了数据的价值及其蕴含的深意。可以说，我们已经从个别数据的选择过渡到了使用每个可用的数据节点来进行分析。在存储方面，我们也几乎悄悄爬升了好几个层级，从兆字节（megabytes）到千兆字节（gigabytes），再到太字节（terabytes）以及拍字节（petabytes）等。同时，由交易处理应用程序所处理的交易数量也是如此，在过去的几十年里增长了好几个数量级。

• **类型**（variety）。这是指数据的形式与性质。数据源及其类型之范围的扩大有助于从中获得更深入的解读。我们关注的重心已经从数据库表中的那些预建模数据，转移到了对非结构化文本数据（新闻、电子邮件等）的处理以及二进制数据（图像、声音和视频等）的处理等。

• **速度**（velocity）。这指的是生成并处理那些满足业务需求与应对挑战之数据的速度。处理流程已经逐渐从批量处理转变成了每天多时段处理、准实时处理，到最后的实时处理。在金融行业，我们看到的这种情形就是，那些进行证券交易与支付的结算窗口正在大幅减少。

如果数据拥有了这些全部属性，那么就只有这三个方面属性的同步增长才会给数据管理带来各种挑战，而不仅仅是那个只能引发现有技术之扩展的规模属性。因此，更多的“V”字打头的属性特征被逐渐添加进了上述那个原始模型：

• **可变性**（variability）。数据集的不一致性可能会给那些对其进行处理与管理的各种流程带来很大的麻烦。（这一点促使）一个大型数据集之典型值的范围得以逐步扩大。

• **真实性**（veracity）。那些所捕获数据的质量可能会严重地参差不齐，进而严重地影响到分析的准确性。在分析过程中，必须将（数据的）整体概貌及其质量评估等考虑在内。

• **价值性**（value）。这是出于对企业数据进行价值评估的需要。

我们在前文中对NoSQL数据库以及组织采用它们的原因分别进行了

讨论。其中，采用NoSQL数据库的主要原因包括数据规模的增长、从那些不适合出现在关系型数据库中的数据中收集价值的可能性，以及为了满足大型客户端对准实时（near-real time）服务的需求等。数据库以及各种分析技术的长足发展，使得在信息供应链的前端捕获更多的信息成为可能，而且越来越多的是那种已经经过处理以及分析的信息。我们可以总结出如下主要趋势：

• 更多的数据以非结构化的格式被捕获、保存以及分析。这些数据包括聊天记录、消息、电子邮件、推特信息、地理空间信息、音频以及视频等。

• 随着所收集到的数据的范围逐渐扩大，并且我们也不再只是使用那些仅在关系型数据库中进行精心管理的数据，此时那些可以提供关于数据来源之基本情况以及关于其准确性之保证程度的元数据将会变得愈加至关重要。

• 目前在金融服务领域，如果确实有需要使用它们来保护投资者以及（提升一定的）透明度以帮助监管机构实施市场监督之职能，那么就非常有必要保留并披露更多的相关记录。

• 由于竞争的加剧以及客户购物行为的改变，除了仍然受到监管屏障的保护（protective walls of regulation）之外，银行业与投资管理行业正变得越来越像其他零售服务行业了。

• 随着越来越多的客户交互活动被转移至在线门户网站（portals），BI工具也越来越多地被用于处理这种数字化跟踪行为，并借此提供各种个性化服务。金融服务公司需要更多地利用这些工具来衡量客户行为并权衡相关的购买决策。

• 控制的性质以及内部流程、数据的检查方式等都将会发生一定的变化。这个流程在过去常常被用于随机取样与检查。而现在，大规模地处理数据不再受到太多的约束，整个数据集都可作为一个分析的对象，从而自动呈现出那些可被归入“标准的”数据图表（profile）集的模式以及其他任何东西。我们可以扫描任何一笔交易或者数据交互行为，并将其放在一定的环境下分析可能发生的例外情况。也就是说，风险、审计以及财务方面的各种流程可能会变得更加持续化与颗粒化。

那些在所有行业中都得以广泛应用的大数据技术之主要用例，正在明显提升客户的体验，同时也在驱动那些更有针对性的营销。特别是在金融服务业中，改进的风险管理就是一个用例。在很多情况下，ROI仍然难以明确，因为此时此刻此行业之业务流程才刚刚走出实验室及其实验活动，即将拥抱那些大数据技术。如何从这些技术中获取价值，仍然是大数据所面临的最大挑战，并且大部分公司目前还无从知晓这些大数据投资的ROI是否能够保持为正（2016年Gartner的大数据报告，参见http：//www.gartner.com/newsroom/id/3466117）。

5.3.1 数据分析能力的发展

如果没有那些用以检索与处理数据之各种工具的话，亦即*搜索技术*以及各种*分析方法*，一般来说，那些在NoSQL数据库中所捕获与保存的大量数据都是一无可取的。

为了避免淹没在大量的数据当中，可以采用*语义搜索*（semantic search）去努力了解该搜索人的*意图*。这就需要根据词汇在上下文中的具体含义来反馈相关结果了。通过使用用户资料中的丰富信息——与该用户迄今为止的每次交互日志，加上关于该用户的任何可用的外部信息，那些用以进一步猜测（second-guessing）用户之*意图*的工具越来越靠谱了。

在*分析*活动方面，其所扮演的角色以及所产生的直接影响，亦即各种流程所受其直接影响的程度以及人为因素所能改变的程度等，有一个符合逻辑的发展过程。分析可以是*描述性的*，对所发生的事情进行总结。分析也可以是*诊断性的*，为发现错误或改进流程提供指导。在脚本化的（scripted）客户交互中，呼叫中心或在线门户等的预测分析（predictive analytics）适用于提供适当建议、引导讨论、建议促销，以及向客户提供服务等。预测分析的运营可以从本地分支机构扩展到中央执行中心。它还可以缓解那种对训练有素之工作人员的过分依赖。如果分析变成约定俗成的事情，则可直接用于结论的归纳。

分析已经转向机器学习和人工智能（artificial intelligence）方面。因为在金融服务中，大多数资产都是信息资产而非实物资产，所以人工智能工具的潜力很大，包括：

• 减少运营支出（opex reduction）（数据清理自动化、减少遗留痕迹）以提升运营效率；

• 客户服务（降低客户流失率、根据机器人的建议而找到最优的资产配置等）；

• 前台和中台：套利机会以及投资决策等；

• 风险与合规性：通过自动化、主动监控以及监视等来降低风险。

在AI进化中的某个时刻，人类和软件的作用可能相互转换。此时，分析不再是监视人类行为的工具，而是（帮助）人类监视各种程序中的各种算法，并在必要之时进行干预，以此推动算法的进一步发展。而为了支持这种发展，KPIs必须不断地改进。那些进一步的发展很可能就是那种在人类监视之下即可促进更为直接的彼此交谈的自动化以及可重复之过程。

所收集到的原始数据之质量可能会有所不同，但各种分析方法的广泛运用可以促进数据质量不断提高。那些对数据及其来源所采取的保密措施将对数据的使用产生一定的影响，而数据归档（data profiling）将有助于形成关于数据质量的某种评价。人们将越来越注重如何去区分信号与噪声。那种结构化的数据，例如经过筛选以及严格控制的客户记录等，当它们进入组织之后，就可被看作锚，亦即非结构化数据的必要支撑。你可以将非结构化数据用于金融产品开发，但你必须掌握那种充分利用非结构化数据挖掘之优势的基本权利。

5.3.2 金融服务中大数据技术的用例

大数据技术在金融服务中的用例是不可穷尽的，同时也是在不断创新的。从客户交互以及定制产品之创造的角度看，在未来的金融服务中，成倍增加的数据探索以及所嵌入的预测或规范性分析等活动，意味着金融服务需要大量的员工。公司拥有更多的手段来持续追踪客户的行为、记录并利用所有的市场活动，同时还可在完全数字化以及移动的世界里自动获得个性化的建议。如果金融服务提供商需要推荐产品、收集反馈意见，以及照常使用以前的客户交互来改进平台相关性，那么它们就必然会变得更像亚马逊（Amazon）。比如：

基于零售客户时间线而成长的数字金融生活顾问。（他们）追踪与每个客户相关联的所有活动，包括所有的客户沟通、个人自愿在公共社交媒体上所提供的全部信息，以及所有的交易——无论是与你公司的交易，还是你可以从社交媒体帖子中推断出来的那种交易。所追踪的零售客户活动包括他们何时访问你的网站、进行了哪些投资、银行付款与信用卡历史记录，以及支出类别的变化等。人生大事方面包括生孩子、搬家、升职以及结婚等。简言之，也就是过去人们在与可信任的客户经理进行面对面会议时自愿提供的所有信息。这些信息有助于数字金融生活顾问提供个性化的金融解决方案，包括储蓄解决方案、投资计划、保险以及退休计划等。*机器人顾问*（Robo Advisers）、在线财富管理平台、自动化、基于算法的投资组合管理，以及无须人工介入的财务计划都是这一领域中的最新发展成果。

用于研究与投资策略的市场日志（market logs）。它们为不同的交易场所保存了完整的交易记录以及同步报价的历史记录。对每一个时间序列以及其他所有信息进行回归分析，可以找到交易的模式以及一些新的思路。按照行业、国家以及金融工具等多种不同的方式对数据进行切分，可以得出新的指数与金融产品集，进而制订各种个性化的投资解决方案。

为每一位客户，包括资本市场客户、需要融资的中小企业以及零售客户等所做的**信用风险评估**。交易对手所有活动的时间线都将通过法律层次结构，亦即从个体子公司到母公司的递进方向进行汇总。所有交易以及包括授权、电子邮件与其他文件在内的所有信息都将被妥善保留。诸如公司中的社交媒体、P2P支付，以及关于其产品的情绪分析等非传统之信息来源，都将提供各种新的信用指标，以至于形成相关的预测得分值。例如，用户在优步（Uber）和爱彼迎（AirBnB）上的评论可以体现公司不同的信誉度以及可信赖程度，而且这些评价还可以被持续追踪。对SME来说，关于其产品的评论意见以及其零售购买模式的相关指标有助于形成信用评估结论。随着越来越多的零售业务以及B2B转向线上渠道，更多的数据可以被即时而持续地收集。人们喜欢在脸书（Facebook）和推特（Twitter）上讨论自己购买了什么以便即时地收集数据。在你对出货量以及用户满意度做出预测之前，不再需要进行具体的数据收集工作，因此可以更快地修改信用评估（creditworthiness assessments）报告。

用于成本管理以及合规性的数据源储存。它是按照数据源分门别类地准备数据集的记录，并会按照每个目标及其质量指标而匹配相关的成本。那种可被用以围绕某一决策目标而重构图谱的完整谱系将被妥善保留。这里边既有监管方面的原因，也有其他方面的考虑。比如说，在出现费用纠纷的时候，它就像是一张拥有来自客户随时提供之数据的安全网。

在通过移动设备来吸引客户注意力方面，新技术与Web 2.0公司的影响力给传统的金融服务提供商带来了挑战。银行必须反问自己，是否只是银行执照（以及所提供的信贷）才使得它们与众不同，以及是否还会有任何监管呵护（regulatory-walled）的花园留给它们等。

值得注意的是，大部分零售客户的数据都是自愿提供的，这些数据可以用于个性化安排以及改进相关的金融服务。但是这样做的首要条件就是*信任*。换言之，银行只有在获得客户的信任之后才有可能胜任数字金融生活顾问的角色。信任就是储备货币，而在一个品牌受损的时代，具有改进数据管理功能的移动技术有助于品牌的恢复。移动平台以及量身定制的在线体验在很大程度上挤垮了银行的分支网络，取而代之的是个人账户经理。金融服务就是关于数据制造的各种业务，如能利用一个富有吸引力的移动平台而向客户们传递良好、全面、准确、及时的信息，则可创建那种信任关系。好消息是，只要体验良好、数据可靠，客户们并不介意通过应用程序和网站来实现自助服务。而这为新的中介机构创造了空间。

随着业务转向移动平台，我们也将从脚本化的交互（scripted interactions）转向算法与规范性分析，同时金融服务流程所需的人员数量会逐渐减少，而其对监控流程、数据运用与开发算法的影响却会相应增加。对大数据技术的认识以及个人能做什么事情将变得愈加重要。

5.3.3 结论

大数据技术拓宽了网络空间，同时也加重了数据在决策中的作用分量。大数据正在逐渐走向成熟，（其目标）业已不再是克服那些来自数据规模及其多样性等方面的各种挑战，而是如何才能真正获取价值并深深扎根于业务流程之中。各种策略也正围绕着不同的用例、业务目标及其结果而构建，但主要还是围绕着如何改进客户体验以及提供个性化的金融产品。

通过整合新的相关数据来源并且随时关注那些质量指标，分析的成熟度日渐提高。分析正日益接近实时状态，其功能亦逐渐从先前的解释与诊断转换为直播（live）业务流程当中的一个更为重要的角色。在对决策所产生的影响力方面，它将变得更加强大，几乎达到了直接干预的程度。人类所扮演的角色则将相应地转换为监控这些过程，只会在必要之时才介入并改进算法。因此，任何个人的影响及其数据管理防火墙都将变得愈加重要。员工的工作效率会变得更高，从这个意义上说，人力资本只会随着技术的进步而增加。但总之，让员工以负责任的*数据*公民（data citizens）身份来开展工作变得越来越关键。

5.4 数据安全性

数字化的第一波浪潮是内部流程的自动化。这种状况还停留在组织内部，亦即一个私人数据中心的隐秘花园（walled garden）。第二波浪潮则始于供应商——客户之间交互的数字化以及自动化。紧随B2B电子商务平台的是，这种数字化已经普及到每个接入互联网以及拥有移动设备的零售客户端。这一点意味着每个客户都有一个全天候（24/7）的在线交易平台，并且希望能和它们的供应商直接互动。先前隐秘花园数据中心与公共互联网之间的这种接触可能会导致各种网络攻击的漏洞。“自带设备”（bring your own device）（BYOD）的趋势使这一问题更加棘手，因为此时个人智能手机和电脑都可以直接接入公司的网络。

在这里，一种吊诡的情形是，如果要让消费者面向银行提供其个人信息，那么他们往往慎之又慎，但是如果向社会媒体提供其个人信息，他们却是心甘情愿的。此中一个简单的奥妙就在于，他们会按照他们自己对于那些需要他们提供其个人信息之公司的信任程度，来最后确定自身的行为选择（保守还是开放）。许多金融服务公司的品牌仍在受损，而社交媒体公司的形象却要好得多。当99%的交易和流量都在线上进行时，品牌比任何时候都弥足珍贵。品牌受损以及相应的间接经济损失是网络钓鱼和欺诈等所造成的直接损失的100倍之巨。

5.4.1 风险和威胁

网络攻击（cyber attacks）的目标是计算机网络、数据库以及个人计算机等，意在通过黑客入侵以窃取、操纵或破坏信息。它们由个人或组织发起，旨在窃取行业机密以及敏感性客户数据、直接榨取钱财或者只是造成破坏。网络攻击的范围非常广泛，从在个人PC上安装间谍软件

（spyware）到尝试破坏完整的企业基础结构等，不一而足。常用的方法包括：

• 病毒。这是一种自我复制程序，也就是把自己附加到另一个程序或文件中而进行复制。

• “蠕虫”。这是一种自我支持的程序，不需要其他文件或程序来复制自己。

• “特洛伊木马”（Trojan horse）。这是一个不但可以执行合法任务，而且同时又以一种隐蔽的方式来执行有害活动的程序。特洛伊木马通常会使用一些合法软件来搭便车。

网络攻击的代价非常之大、触目惊心（据估计，网络犯罪几乎耗去了全世界GDP的0.8%；参见Center for Strategic and International Studies and McAfee，2014）。这些网络犯罪所导致的风险及威胁包括：

• 丢失客户信息，如用于访问银行账户以及提取资金的客户信息（这也包括被盗账户上的那种可用于敲诈客户或者向税务机关提供的账户余额信息）；

• 丢失知识产权；

• 因为财务信息和产品成本信息被盗而丧失定价能力；

• 窃取个人敏感信息或者外交信息（维基解密（WikiLeaks）就是一个令人瞩目的例子）；

• 因为黑客攻击网站及在线平台等而造成业务中断；

• 由于客户数据被盗而可能暴露出来的法律及监管方面的各种风险。

图5-15概述了基于网络攻击威胁程度及其响应情况而描绘的各种潜在之未来情景（基于Kaplan et al.，2015，p.34）。

5.4.2 缓解措施

为了应对这些威胁，响应范围从一般的业务流程变更与IT实践，拓展到了那些特定的网络安全措施（本段引用自Kaplan et al.，2015）。

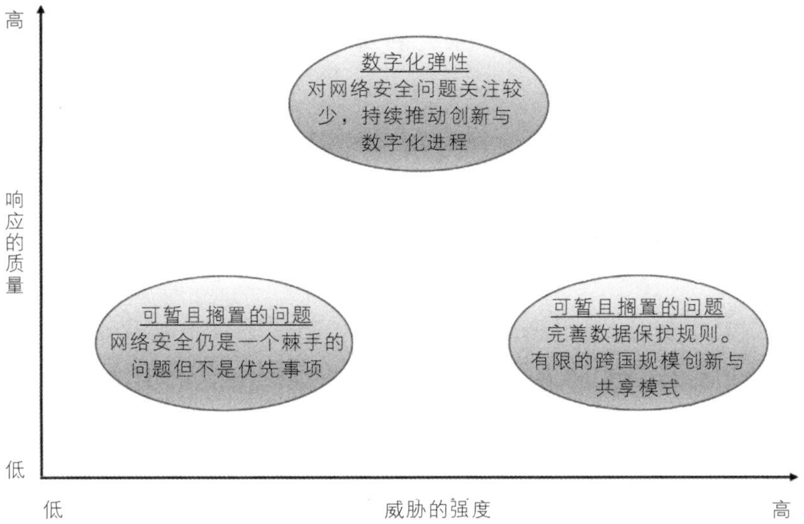

图5-15　网络安全——未来的三种情景

从业务流程的角度来看，缓解措施的实行始于对员工进行培训并使他们意识到那些风险之所在。它还可以扩展到加强背景调查与监控，以此作为HR流程的一部分。公司将制定更广泛的安全政策，并且对供应商——如软件与IT服务供应商，尤其是那种数据中心——的需求会日益扩大。具体的安全要求包括更严格的身份验证与授权要求，以及内置的自动访问权限审核。

总体而言，在IT方面，对应用程序与网络的安全性要求将会不断提高。文件管理系统中的数字权限管理会受到更加严格的控制。USB端口已经被锁定而只允许访问特定的网站。传输那种大型文件或者未知扩展名的文件会受到更加严密的跟踪。改良之后的身份管理非常重要，它可以通过更加严格的密码策略（密码强度与更改频率，以及附加的控制问题等）以及多因素身份验证（通过将文本代码发送到以前提供的手机号码或电子邮件等）来完成。

在对那些访问门户网站的客户进行身份验证的时候，可以尝试使用验证码（tokens）以及各种生物识别技术。例如，为避免受到欺骗，你可以在验证码与密码的基础之上进一步使用那种提交自拍照以及面部识别的功能来对他人进行身份验证。简短的视频以及地理空间信息都可以用于进一步确认那个人就是他或她所说的那个他或她。无论是处于存储状态（“休眠中”），抑或特别是处于在线交换状态（“运转中”），数据都能通过加密而得到保护。数据库中的数据可以通过频繁的备份以防止丢失。相反，出于数据隐私法与消费者权益等方面的考虑，有时需要把个人资料从所有的系统中清除干净。但这并非易事，因为从基础设施到BI再到EUDA系统，数据无处不在，而个人数据在一家公司则可能被存储数十次之多。

移动平台已经在很大程度上取代了传统的银行分支网络。鉴于信任在移动平台中的重要性，以及移动交互质量与品牌价值的关系越来越密切，生物识别技术与智能手机组合的识别技术是创新的主要领域。同样的技术与社交媒体数据相互结合，可直接用于挑战传统的金融服务提供商。信任度较高的网站也可以在P2P支付与众筹中使用“可信赖的第三方”功能。

5.5 区块链

分布式分类账（distributed ledger）或区块链（blockchain）技术是一种非常专门化的数据质量认证方法，致力于提高效率及安全性，同时还要降低成本。在本节中，首先，我们概述其定义，并且针对其当前试图解决的一些基础设施问题而展开讨论。其次，我们将列示区块链的优点，并探讨聚焦主数据的各种用例。最后，我们将分析采用区块链所面临的各种挑战。

5.5.1 概念界定

为简化起见，可将区块链视为一种智能的众包（crowdsourcing），但必须被置入一个促使各方达成共识的流程。*分布式分类账*是一个术语，用以描述一种数据库架构。在这种架构中，同一系统里的所有节点都会相互协作，以就共享数据资源的正确状态达成某种共识。*区块链*是一个流程，它通过添加加密签名数据块而形成那种不可变更的记录。区块链的组成成分就是那些按时间顺序排列之关于各种交易的记录或账簿，而那些交易又被分成各个数据结构组别，称为区块（blocks）。这些区块通过使用加密手段来防止各种未经授权的修改行为。

区块链网络中的每次交易处理节点都包含着一个完整的交易记录，同时还会通过使用一种共识算法（consensus algorithm）而将新的区块添加进来，因为这种算法可以使得所有的节点都确信那个区块及其所包含的各种交易均已得到了验证。在网络上的任何节点均可轻松地查看到所有的那些交易，这一点使得交易更加透明进而更加容易稽核（图5-16）。

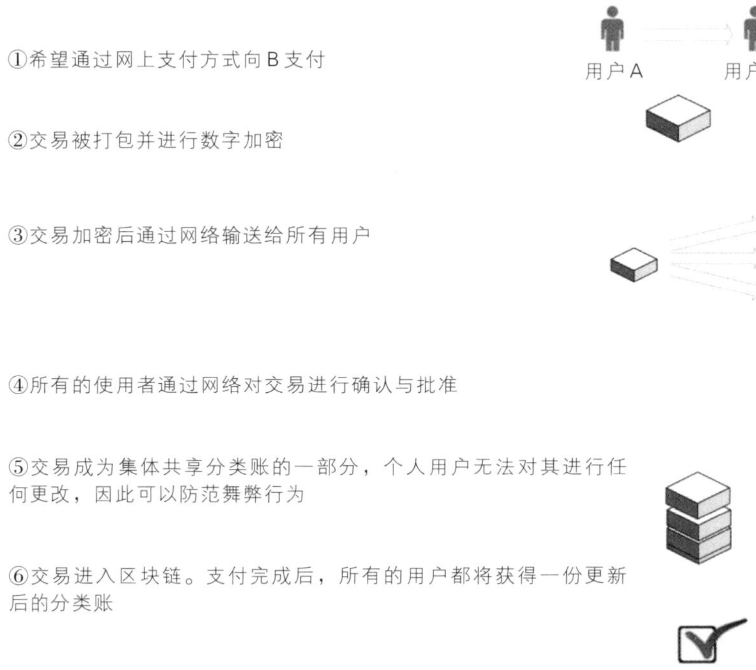

图5-16　区块链的步骤

区块链因为支持比特币及其支付系统而名声大噪，据此逐渐引起了金融市场的广泛兴趣。比特币支付网络的兴起源于一种在没有中心点的情况下去跟踪与验证那些交易的点对点的分布式平台（peer-to-peer distributed platform)。区块链方法的主要特征包括：

• 资产内嵌于那些（专门为进行网络中的数据交换而建立的）协议（protocol）之中。

• 交易链接——每一笔交易记录都会和之前的同类交易相互链接，以至于你可以随时追溯其完整的历史记录。

• 每个节点都遵循同一标准而存储分类账数据，因此可以得到该数据的一个完整副本。

• 区块链使用非集中化的（decentralized）共识算法。这种方法可以确保所有的交易均可得到验证，并且每次验证之后交易都会向区块链中添加一次，但亦仅限一次。

5.5.2 当前基础设施所面临的挑战

一般认为，区块链以及分布式分类账技术可以促使金融业之基础设施的筒仓式设计（siloed design）实现现代化、流线化以及简约化。在克服当前基础设施之不同领域所面临的各种限制因素方面，分布式分类账技术可以发挥一定的作用：

• 主数据方面。区块链可以通过转而创建那些所有行业参与者均一致同意的共享数据资源，来减少所谓真相版本的数量，而过去每家银行都不得不反复维护同一个数据集。

• 承受技术威胁的脆弱性方面。目前的基础设施并非针对互联网的完全数字化交互环境而精心设计的，因此非常容易遭到网络攻击。数据也十分容易遭到破坏。由于冗余数据的维护普遍存在，所以如果你想破坏数据，真的有很多门路。

• 复杂性方面。随着时间的推移，IT系统和数据集已经逐渐得到有效整理；在许多大公司里，我们可以看到从20世纪80年代到21世纪前10年的技术可能同时共存于一个架构之中。但系统与系统之间的那种较低层次的整合就非常有可能引发交接点上的各种混乱。

• 全天候（24/7/365）处理能力欠缺方面。大多数IT基础设施都是面向单日批量处理（batch-oriented）的环境，只能反映传统的工作日内的交易状况，而不像全球互联的基础设施，必须不断升级，以反映客户的期望，他们希望能够随时通过移动平台进行交易。

5.5.3 区块链的优势

区块链技术的主要优势就是，它是一种潜在的更好、更快、成本更低的交易处理方式。这一点有助于降低交易总成本以及操作风险，从而降低消费者的成本。主要的优势包括：

• 一个针对真相的共同版本——网络中的每个成员都拥有一个副本。

• 全部的数据都以相同的方式*加密*（encrypted），而只有密钥的所有者才能解密。

• 共享的账簿建立起了一个（独立的）网络以及一个（单一的）数据标准。

• 交易分发模型定义了一种激活的方法：激活以及那种有助于免遭本地数据库损坏的连续处理方法。

5.5.4 主数据的区块链

区块链为获取一个主数据集或单一版本之真相提供了一种新的方法。与每个金融市场参与者重复创建的内部主数据不同，该流程为行业层面上公共数据集的形成提供了可能性。

这一点是通过相互协商一致的验证协议来实现的，该协议允许网络对数据库进行*同步*更新，以此确保整个数据集始终正确，而无须依赖中央管理机构。主数据可能包括安全主数据、法人主数据以及有关交易场所、银行假日的信息等。例如，目前需从招股说明书中提取或从数据提供商处购买的关于金融产品所有条款和条件等数据，将来都有可能走向公共领域。金融监管机构、托管机构或者中央安全存储机构等都可以成为这些数据的管理者。

金融服务实质上就是准确记录的保存。在金融服务中，保存证券所有权记录的中央证券存管机构对区块链非常感兴趣。可以引用一篇关于DTCC（美国存款信托结算公司）的区块链技术论文为证："DTCC的观点是，基本的行业主数据是数据管理改进的理想方案，它使用了非集中化的共识算法、标准化的规则以及可稽核的历史变更等元素。在理论上，这些信息是为整个行业所用的，但一致性及其质量的欠缺是一个反复出现的行业问题。因此，可以采取下列方式来进行重构，即将多个公司授权给数据提交者，这样就可产生许多的数据验证者，并且让大多数用户变成数据消费者。但需要注意的是，在不久的将来，以非程序化法律术语编写的一些属于当地特定法律规定的主数据信息，将难以通过标准化来支持规则的自动化"（参见DTCC，2016；这一段文字的另一个来源是Euroclear and Wyman，2016）。

5.5.5 其他应用领域

区块链并非只能应用在主数据方面。在任何受益于标准、信任与规模经济的行业，以及存在数据损坏或者处理模糊之风险的地方都可以找到区块链运用的各种实例。奇怪的是，任何业务都会试图使用或利用（规则之间的）细微差别（就像前面提到的DTCC所引用的复杂法律文件中存在的那种情况），即便是你也有可能需要利用灰色地带来获利。然而如果是身处一个成本中心，那么你就需要那种完全的透明度来确保你的利润。

区块链的潜在影响及用例包括：

• **其他数据**。除了客户或产品主数据之外，诸如用以衡量各方信誉度与可信度的支付速度记录等其他数据也可以放进区块链。这一点有些像Uber和AirBnB的评级与审查系统。

• **简化的账户结构**。对银行、分级托管人、全球托管人以及中央证券存托机构之间的不同托管级别进行适度压缩。通过扁平化账户结构，各种冗余作业及其相关成本可以减少。

• **洞察力**。如果能将颗粒度很小的数据共享到区块链，那么监管机构就可以更直接地了解这些数据，亦即现在它们只能通过大规模IT与数据收集项目才能获取的那种数据。

• **明确的所有权记录。**所有证券与衍生品合约的所有权数据都可放在一个区块链当中。可以利用数字化签名签署交易，解锁资产或现金，然后转移所有权。双方都有交易前的知情权，有助于互相尊重交易的对手方。身份管理可将用户标识与他们所拥有的内容关联起来。

• **新的问题。**能否将某些资产直接计入资产分类账户就是一个问题。证券也可以被事先分解。换言之，分离现金流的所有权，如债券的本金与利息等。这样就可能导致部分银行业的去中介（职能）化。此外，如果有人能够控制区块链，那么实施卖空禁令将会更加容易。

• **智能且明确的合约。**分布式分类账技术具有可编程交易功能，并且可将衍生产品创建为预编程的智能（smart）合约，用以捕捉双方各自承担的义务。在双边合同中，你可以想到什么就谈什么，但就区块链中使用的任何衍生产品而言，（就没那么随意了，而是）必须提前对条款和条件达成完全一致的意见。智能合约的一个潜在缺点是，如果你在其中构建了自动执行规则，那么它们就可能会触发自行清算条款。为了防止连锁反应演变为最后的崩盘，并防止大量的智能逻辑朝同一方向发展（就像1987年的股市崩盘一样，当时投资组合保险自动生成了抛售指令，以致加剧了下跌势头），你需要设立熔断机制（circuit breakers）。

从孤立的概念证明发展到大规模的、横跨行业范围的全行业流程，区块链的应用可能掀起了一波浪潮。区块链的用例有助于巩固金融服务行业用以降低成本的某些新的共享服务。例如，针对那些抵押品池、旨在就新客户达成共识的KYC数据服务以及其他常见数据服务的管理活动等。在区块链的背景下，KYC是一个特定的流程，它有助于参与各方组建成一个共同体，并且作为可通过账户跟踪的金融产品参与者及所有者进入分布式分类账。

5.5.6 一些挑战

尽管区块链技术具有诸多主观方面的吸引力，但是在一个与金融服务一样受到严格监管的市场上，广泛地采用区块链技术仍然存在一些重大的障碍。这些挑战包括：

• 在应用分布式分类账技术的时候，关于隐私方面的各种*监管要求*之间存在着一定的分歧。在某些情况下，数据需要在特定的地理位置上进行物理保存。而此概念与那种将分类账副本分发至全球范围内之各个节点的想法之间并不能相互契合。

• 关于区块链等技术在互联网上的运行，目前没有明确的边界，这就带来了*治理法律*（governing law）方面的问题。由于没有一个（统领全局）的权力机构，因此不清楚到底是谁拥有哪些区块链，以及又将如何解决可能存在的各种争端。并且因为操纵的影响（较之以前会显著）更大，所以需要对区块链进行干预，比如在法院裁决之后变更相关的所有权归属等。同样，不存在单点失败（single point of failure，意指区块链技术有相互核对功能，不会发生单个节点出错的情况，译者注）的另一面就是，责任划分也不是十分明确。

• *匿名*并不总是可取的：监管机构需要进行必要的市场监控，并维持AML与反恐融资的相关控制（阻止恐怖组织拿到相关的活动经费，译者注）等。这就需要一致推选一个领航供应商来负责担纲（这是所有创新活动都会面临的一个普遍的障碍）。监管机构需要按照它们各自的法律责任进行干预，并且不接受那些可能阻止或者导致干预愈加复杂化的技术。

• 目前还不完全清楚会如何应允*受信任的第三方*进入那种分类账，以及如何与原有技术进行整合。如果在核心金融服务流程中采用区块链，那么就会存在许多需要跨越的交接点（handover points）（又被称为*信任边界*）。这些交接点需要得到保护，因为通常它们正是数据质量及完整性可能受损的地方。在任何给定的组织中，又会存在多少这样的交接点呢？

• 有些用例只有在其运行的*规模足以*带来一定的网络效果之时才能产生收益。也就是说，在开始区块链项目之前，需要达到必要的规模并得到足够的支持（图5-17）。

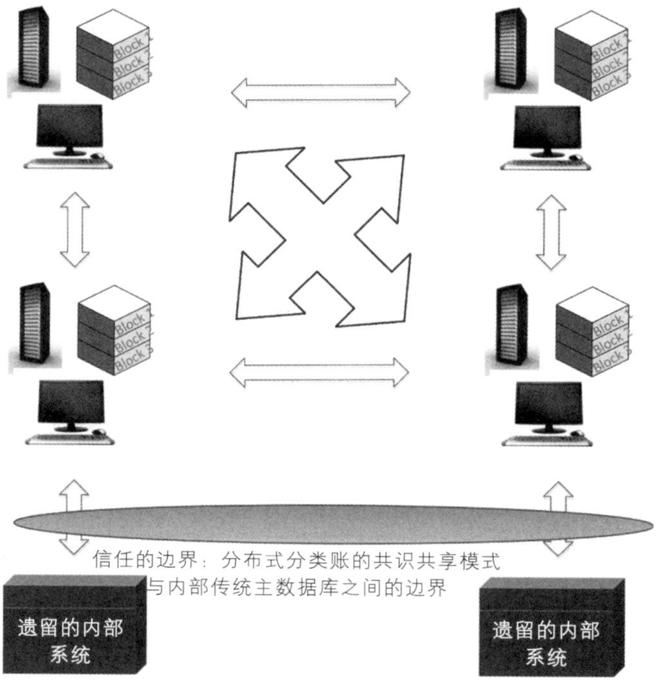

图 5-17 信任的边界

5.5.7 结论

区块链最终可以获得一个行业共同签署（signed-off）的数据模型，无论是由于惯性还是缺乏意愿，这都是那个行业从未达到的目标。这种对于金融产品及其交易对手的了解可以交由整个行业来共同分享，而其中的每笔交易都会得到认证，因此这种了解听起来是那么的完美无缺、清晰透明，应该能够大大地降低那些用以处理交易的各种成本。

事实上，区块链可以完全彻底地革新 CSDs 与保管人在追踪证券受益人方面的公证职能。此外，它还可以彻底革新参考数据世界以及各种清算结算流程，事实上也就是所有的交易后操作。毫无疑问，监管机构和税务机关都会要求即时地了解所发生的每一笔交易，这一点将会导致资本市场更加密集、持续地接受监管（图 5-18）。

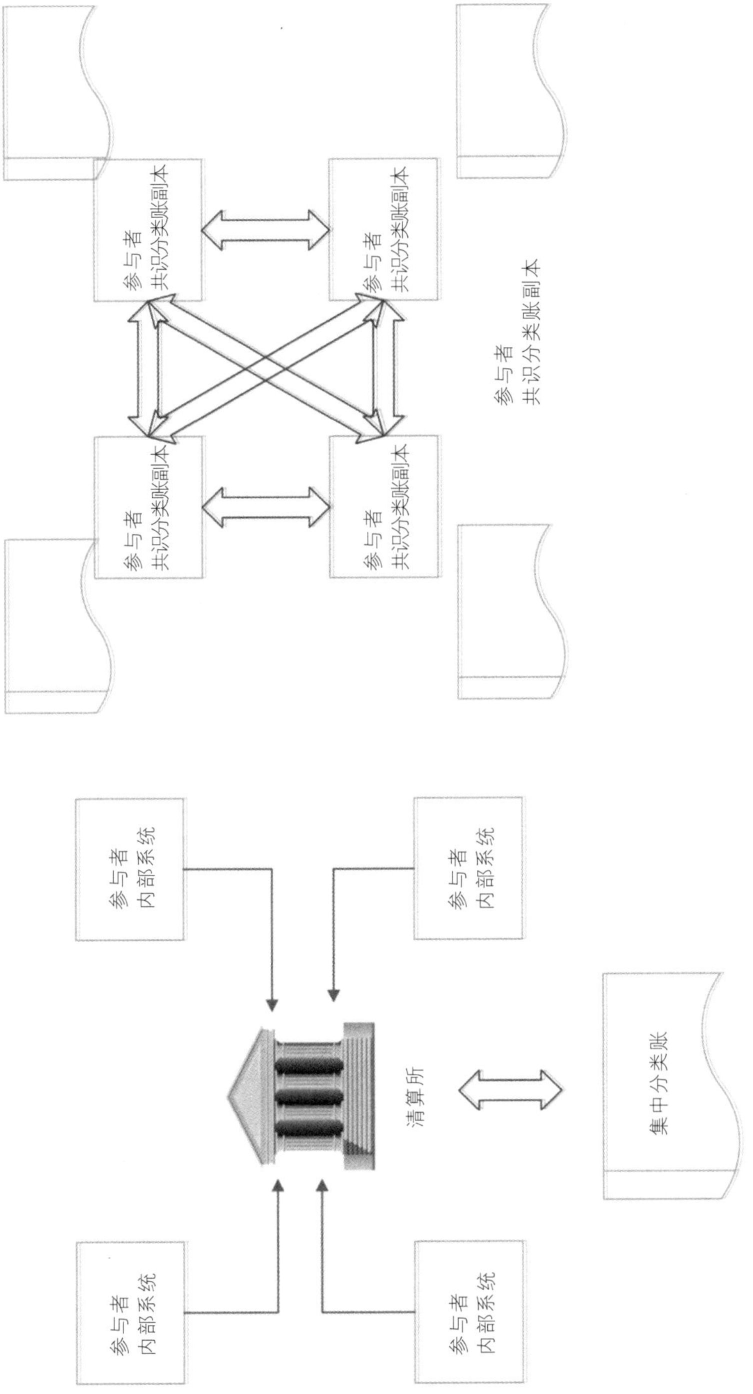

图5-18 作为清算中心的分布式分类账

5.6 云与信息访问

5.6.1 云模式

习惯上，数据通常会被存放在公司的数据中心。而现在，可供选择的存储方式越来越多，包括租用模式的软件（“软件即服务”），以及公共云、私有云或任何可能的组合。

表5-4列出了最为常见之各种模式的特征。

表5-4　　　　各种不同云模式之间的比较

模式	特征	数据管理问题
公共SaaS	SaaS应用于特定的业务情况，Salesforce.com是最著名的例子	数据访问、《美国爱国者法案》（所要求的）合规性
公共云	公共存储，适用于那些没有合规性问题的底层安全应用程序	机密信息的合规性问题。可以用于主数据和任何非事务性、非客户以及非商业敏感的信息
私有云	是可满足较高安全性需求的基础设施	适用于基础设施的主要部分，可处理所有事务性业务流程 考虑到私有云的风险程度，需要对供应商进行深度的尽职调查
传统的托管	如果架构将其排除在外，或者基于主机的应用程序在传统的数据中心那里运行	通常是在主机上运行的零售银行客户端流程以及支付应用程序

5.6.2 数据中心的要求

“数据中心”（data center）一词是指专门设计的计算机机房。它指的是自家大楼内存放服务器的房间，或者阵列了大量被出租给不同公司的服务器的完整仓库。数据中心配备标准机架来安装设备、活动地板以及电缆托盘。随着云计算的普及，企业和政府组织可在安全性、可用性、环境影响以及遵循标准等方面对数据中心进行更高程度的审查。

有些国家会对数据的存储位置有所限制，尤其是在事务性与客户端主数据方面，在产品主数据方面的限制比较少。当然这主要是指那些拥有大型私人银行部门的国家，如瑞士和新加坡等。根据《美国爱国者法案》（USA PATRIOT Act），美国官员能够以调查为目的而合法地要求任何在美国做生意的公司披露非美国数据。这是选择数据中心所在位置的影响因素之一（表5-5）。

表5-5　　数据隐私法示例

<table>
<tr><th colspan="2">瑞士</th></tr>
<tr><td>1992年《联邦数据保护法》（DPA）</td><td rowspan="2">•提供一个总体框架，并采用其他国家类似的原则处理数据保护问题
•在处理数据时保护数据主体的隐私、利益以及基本权利
•中心目标：
维护良好的数据文件实操（practice）
对数据提供同等水平的保护，以推动国际数据交换</td></tr>
<tr><td>1993年《联邦数据保护法条例》（DPO）</td></tr>
<tr><th colspan="2">英国</th></tr>
<tr><td>1998年《数据保护法》</td><td>•针对可识别的在世人群所需处理的数据而制定法律
•订立须遵守的数据保护原则及数据当事人的权利
•制定该法案是为了使英国法律与欧盟数据保护指令之间保持一致
•一个独立的权威机构对合规性进行监管与执行：信息专员办公室（Information Commissioner's Office）</td></tr>
</table>

续表

<table>
<tr><th colspan="2">欧盟</th></tr>
<tr><td>《关于保护自然人在处理个人数据方面的权利以及此类数据自由流动的条例》2016/679（废除95/46/EC号指令）</td><td>•数据保护协会对欧盟内部个人数据的处理问题进行监管
•欧盟数据保护改革始于2012年1月，其目的在于要让欧洲适应数字化时代：2016年新规通过并颁布，并将于2018年5月开始实施</td></tr>
<tr><th colspan="2">美国</th></tr>
<tr><td>1999年《格雷姆-里奇-布利利法案》（GLBA）</td><td rowspan="2">美国根据“行业”（sectoral）制定法律：
•GLBA适用于金融服务行业，以保护可识别的信息
•HIPAA适用于那些提供健康信息的组织</td></tr>
<tr><td>1996年《健康保险可携性及其责任法案》（HIPAA）</td></tr>
<tr><td>《美国-瑞士安全港框架》</td><td>为了向美国的各类组织遵守欧洲指令以及瑞士数据保护法等提供一种精简的方法，美国商务部与欧洲委员会（EC）以及瑞士联邦数据保护和信息专员（FDPIC）磋商，建立了“安全港”框架，制定了安全港“自我认证”计划。在施雷姆斯诉数据保护专员案之后，欧盟与美国之间的协议被推翻了，（换言之）2015年欧洲法院（European Court of Justice）的一宗案件，为跨大西洋数据流动带来了一个新的框架。美国与瑞士之间的协议仍在不断地改变</td></tr>
</table>

数据中心通常会配备多余的或备用电源，多余的数据通信连接装置，诸如空调和灭火器等环境控制设施以及各种安全设备等。大型数据中心的运行达到了工业规模的级别，其耗电量相当于一座小型城镇。它们通常位于气候较冷的地区，以减少冷却方面的作业。

“熄灯”（lights-out）数据中心或暗数据中心几乎消除了人员直接访问的需要。因为在正常情况下，没有工作人员需要进入房间，所以可以在没有照明的情况下照常运行。相反，所有的硬件是通过远程系统的监控来访问的。这样不但能减少员工的成本与精力，而且还可将数据中心设在偏远的地方以防止人类干预，同时亦可降低基础设施遭受恶意攻击的可能性。

5.6.3 鉴证标准与认证

由于越来越多地使用外部数据存储，而且通常还会有更多的第三方参与信息管理，对服务提供商的独立认证变得愈加重要。出于业务连续性以及运营风险管理的要求，公司需要鉴证发动机罩子底下的引擎动力十足，组织有足够的弹性提供服务，并拥有履行合同的运营手段。会计师事务所通常会提供这些鉴证，除了用于资产负债表项目的评估之外，也常常用于内部流程的控制。鉴证的标准（assurance standards）包括SAS70以及最近的ISAE 3402等。

发布于2011年6月的ISAE3402又被称为“关于服务业组织内控的鉴证报告”（参见http：//www.ifac.org/system/files/downloads/b014-2010-iaasb-handbooksae-3402.pdf)，是一个用于证明服务业组织拥有足够充分之内部控制的标准程序。ISAE的意思就是“鉴证业务的国际标准”（international standard for assurance engagements)。与诸如SAS 70以及SSAE 16等那些较早的鉴证标准相类似，ISAE 3402沿用了那些为认证组织的客户及相关用户提供鉴证的服务业审计师所起草的概念，定义了服务业组织控制（service organization control，SOC）报告的含义。一般来说，SOC报告有两类：

- 第一类：这类SOC报告记录了某个特定时间点上组织内控的快照(snapshot)。

- 第二类：这类SOC报告记录了通常为期6个月的一段时间内的相关情况，显示在该段时间内控制受到了一定的监管。

ISAE 3402标准经由国际审计与鉴证准则委员会（International Auditing and Assurance Standards Board ）制定，但同时也得到其他会计准则委员会的支持。它取代了早期的SAS 70，并且更加重视对组织内控进行持续监控与评估的各种程序。

5.7 IT管理以及外购还是自建的权衡

规模较大的金融服务公司通常拥有大量的软件应用程序以支持其各种业务流程。如果你足够幸运，那么（你会发现）这些应用程序将会使用相同的数据库，并在相同的操作系统上运行，但（不幸的是，一般来说），它是MSQL、Oracle，以及NoSQL数据库加上Linux与Windows（等不同系统）的组合。企业必须仔细考虑该应用程序的获取方式，是从第三方购买还是自己在内部开发。如果企业确实购买了第三方产品，那么它们就必须在采纳曲线（adoption curve）上选择它们认可的位置。这一点通常浓缩为二选一的纠结，即要么极有可能了解你所做出的是次优选择，要么押注某种东西可能会极大地改变你的能力（表5-6）。

表5-6　　　　技术采纳曲线的早期与晚期阶段

	采纳的早期阶段	已发行的产品
优点	新的IP、前沿功能以及底层之新技术的使用。具备指导产品路线图的能力	·技术成熟 ·可以从其他公司的学习曲线中获益 建有服务性的生态系统
缺点	如果安装门槛较低或者根本没有安装门槛，那么风险就会很高。倘若缺乏服务性的生态系统，则该产品的支持及寿命会出现各种问题	·采用过时产品的风险 ·对产品特征集没有影响 ·如果处于“夕阳”阶段，则会存在产品报废的风险

表5-7列出了自建还是外购的决策中需要考虑的各种因素（关于IT项目之成功因素的一览表请参见The Standish Group的CHAOS报告：https：//www.standishgroup.com/）。

表 5-7　　　　应用程序的自行开发与外购

	自行开发	外购
优点	·市场中或许不存在一个可满足你所有需求的产品，自行开发则能准确地满足自身需求 ·如果需求相对简单，自行开发的费用也会更低 ·不需要将技能保留在自身内部 ·可对变更管理流程进行控制	·从其他客户的失误中获益，并且将经验为己所用 ·（挑选）第三方应用程序时可以设定一些标准，以获得更加灵活的应用程序 ·如果供应商产品的安装门槛很高，那么相应的市场上就一定会提供应用以及维护产品方面的人才
缺点	·当你还在自行开发并准备开始向上“攀爬”研究学习曲线时，或许应用程序供应商的其他客户早已完成了这个阶段 ·自行开发一个应用程序会涉及特定的专业知识——如果相关的员工离职，重新设计程序将是一件非常困难的事情	·永远无法完全满足你的业务需求 ·无法对供应商行为进行准确预测；它们或许会被收购，以致业务失去发展重心，或者出人意料地将价格提高 ·你必须依赖供应商的意愿而对软件进行一些优化，或者相比你掌握了密码可以做事的那种情况，你必须支付高出很多的花费 ·注意防范被某些特定实体所绑定，如软件供应商或者它们的顾问等

那些用于描述世界级IT组织，或者用于对软件开发组织的成熟度级别进行排序的各种模型已经被开发出来了。理想的IT组织的一些特性包括：

- **积极主动**。能够事前进行考虑，而不是停留在一种被动应对的（coping）模式之上。这一点适用于日常操作，也适用于新系统的设计与执行。事前考虑不仅仅只关注应用程序功能方面的问题，而且还会关注未来容量、其他非功能需求以及对IT基础设施之其他部分的影响等。

• **以服务为导向。**IT部门是公司其他部门的供应商。当其达到可供使用而用户可以使用的状态之时，特点就转化成了优点。在给予支持与设计新型程序时都应始终优先考虑用户。

• **业务协同**（business alignment）。IT部门是（企业整体）运营的基本组成部分，而不仅仅是一个成本中心。该部门需要提供资源与技能，以便交付（整个）企业（及时使用）。

许多金融服务公司已经认识到，为了应对来自创新与日常业务运营所构成的双重挑战，它们需要的是一种具体的组织模式，而非追求整个IT组织的理想特性。为解决此问题，一些公司采用了*双峰*（bimodal）IT组织模式。双峰IT模式的一些特性包括：

• 就是一种如同日常之运行的安全且高效的业务，专注于那些能以低运营风险来运行的稳定生产系统。在这种情形之下，针对变更的控制程序以及针对操作风险的控制等都是非常强有力的，总之其重中之重就是稳定性。

• 就是一个专注于敏捷性的特定*沙箱*（sandbox）领域，在此领域内经由在册公司与初创公司所研发的新型应用程序都能得以短期试用，并且允许计划“快速失败”（fail fast）以促成那种猝然陡峭的学习曲线。可以在特定的国家、客户群体或者使用这些程序的金融产品中进行相关的试验活动。其首要关注的重点是创新以及新的功能。只有在试验成功之后，这些产品才可以被集成到BAU操作之中（图5-19）。

能力成熟度模型（capability maturity model）（该模型是在卡内基梅隆大学的软件工程学院开发成功的；参见http：//cmmiinstitute.com/）可以用来对软件开发的成熟度进行评分。它设定了5个成熟度级别，而受此启发，EDM委员会也专门为数据管理开发了一个类似的成熟度模型。我们将会在随后的第6章里介绍这个内容（图5-20）。

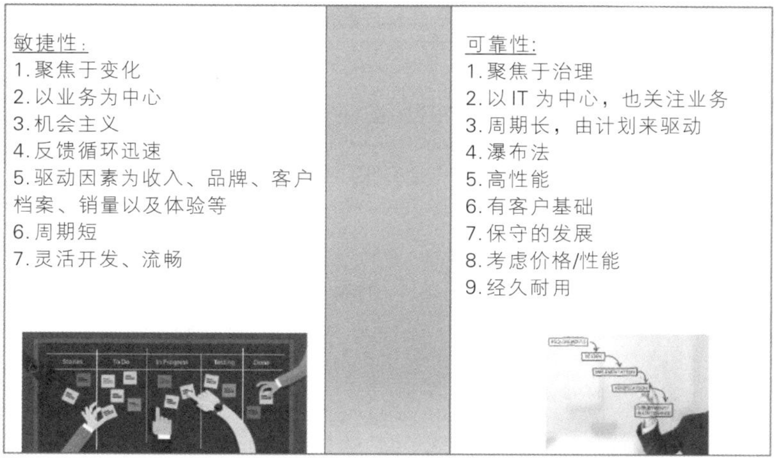

图5-19　双峰IT模式

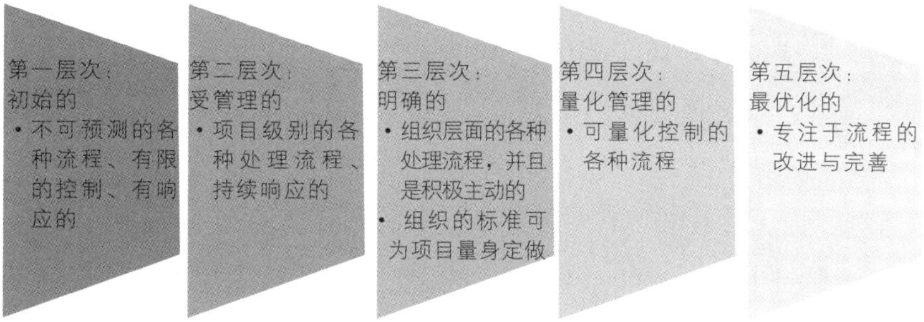

图5-20　成熟度的层次

Gartner还有一个针对IT基础设施的成熟度模型（maturity model），该模型（参见 https://www.gartner.com/doc/527814/introducing-gartner-it-infrastructure-operations）可以捕捉到优秀的IT部门与糟糕的IT部门之间存在的主要差异，其层次如下：

• 第零层次：*生存*。几乎不会对IT基础设施及其运营等给予任何关注。

• 第一层次：*觉醒*。公司意识到了基础设施及其运营对企业的重要性，并且已经采取了一些有助于控制运营以及提升透明度的措施。

• 第二层次：*坚定信念*（committed）。这一层次开始转向管理环境了。

其日常的IT支持流程以及项目管理的目的在于打造那种以客户为中心的IT组织。

• 第三层次：*积极主动*。效率及服务质量等通过标准化程度的提高、明确政策的制定以及完善的治理等而得以实现。实施了主动的跨部门变更并发布管理流程。

• 第四层次：*对标服务*（service-aligned）。IT被管理得就像一个以客户为中心的自主企业，成为一个可与外部供应商进行比较的、有竞争力的、值得信赖的IT服务供应商。

• 第五层次：*业务合作伙伴关系*。IT部门充当了整个企业可信赖的一个伙伴。企业认为IT真的有助于提升各个业务流程以及整个企业的价值及其竞争力。

大多数IT部门都处在第二层次附近，有些到了第三层次。在金融服务供应商中，只有极少数内部IT部门在此层次之上。这就可以大致解释为什么绝大多数IT都要外包：基础设施结构与IT运营将由大型IT服务公司来管理，而大多数应用程序都将从商业软件提供商那里购买。

在IT部门中，长期的基础设施以及数据管理往往在程序交付过程中扮演着次要的（second fiddle）角色。短期的IT项目可能会与成熟度模型中更高级别的成就不相吻合，因为后者通常需要一个战略的、长期的视角和承诺。

5.8 结论与展望

对金融服务中的数据管理来说，各式各样的技术工具及其发展意味着什么？

任何信息基础设施的先决条件都是要在数据模型与数据字典上达成明确的一致意见。这点如果做得很好，那么它就会有巨大的产能收益。但如果做得不好，那么即使是在不同的数据模型及定义已经连接上了应用程序*之后*，还得要花费大量的人力、物力使其达成一致的意见。

渐渐地，共同的数据字典变成了一个行业层面的问题。随着我们从*前端到后端*的整合，仍然专注于从交易捕捉到交易后的*内部*交易观点，公司与其客户和服务提供商之间的协调变得至关重要。业务的数字化意味着（终）端对（终）端流程（end-to-end processes）的电子化，而整合工作不会在公司内部结束。我们正在将整合模式从“前到后”模式转换为“*端到端*”模式，此时在交易的主要责任人及其所牵涉的诸如经纪人、其他中间人、保管人、基金管理人、监管者以及CSDs（中央证券托管机构）等任何其他参与者之间，必定会存在那种持续不断的信息交换。

对于一个运行平稳，同时成本与效益之间又高度匹配的流程来说，在整个供应链中就诸如实体与产品标识，以及关于产品条款与条件之清晰的命名约定与领域定义等基本项目达成一致的意见，无疑是至关重要的。这也是衡量与比较那些端到端流程之KPIs的唯一有效方法。

应用程序的开发（如“商用现成软件”（commercial off-the-shelf software，COTS）、内部开发与委托第三方的应用程序开发等）与IT操作系统的来源选项越来越丰富。采购部门需要重点关注的是，掌握一些有助于保持灵活性的工具，从而避免将数据锁定到流程当中。同样重要的是，避免锁定某些特定的格式或供应商，以及针对任何一种特殊工具的某些细节而无休止地索取并产生依赖。采购部门必须努力寻找关于工具、操作以及服务的最优配置模式，同时尽可能地减少各种约束条件，但是又能最好地*包容*（containers）企业的各种难言之隐（secret sauce）。在双峰模式中，采购部门还必须帮助公司找到那些有潜力的创新专区。

社交媒体创建了丰富的数据集，而该数据集又可免费获取或者成本很低，大大地推动了大数据工具集的使用。在数据库和时间线中，可以从不同的角度来组织大量的传闻信息，包括：

• 产品观。什么类型的客户，又有多少这样的客户在购买这种产品，他们对产品的评价怎么样？他们会拿着这种产品和它的竞争品如何进行比较？这一点，需要用到那些实时销售信息、成本信息以及风险信息等。那些外部消息又是怎么影响到这一点的呢？

• 客户观。我们的客户在做什么、在想什么？他们会去哪里购物和度假？他们的沟通模式又是什么样的？推特上的率性表达或许可让我们更加了解人们的真实想法。客户会和谁谈论什么？他们是在换工作、结婚、生孩子还是在搬家？大量新的信息可供信用分析使用。

最为关键的挑战就是如何明智地使用那些已获取到的信息、在噪声中找到有价值的信号，并将其整合到业务流程中的相关用例，从而改善客户的交流互动和体验。过度使用个人信息可能会适得其反，而在这个线上门户网站是品牌的重要部分的时代，还有可能造成巨大伤害。

那些来自互联网公司的大数据以及 NoSQL 数据库技术正在银行业务以及投资管理中寻找相关的应用领域。云计算为其提供了成本优势以及新的采购选项。区块链既可用于确保那些关于主数据以及所有权之各种记录的一致性，也可用于交易之后公司业务模式的变更。

换言之，技术不仅可用以促进自动化或者降低成本，有时在不经意间也可能是业务流程之破坏性变革的推动者。人们可以围绕着这些技术来精心地组建新公司，其特征是拥有新的商业模式却没有多少遗留设施方面的负担。

参考文献

Center for Strategic and International Studies, McAfee, 2014. Net Losses: Estimating the Global Cost of Cybercrime. Available from: <www.mcafee.com/us/resources/reports/rp-economicimpact-cybercrime2.pdf>.

Codd, E., 1970. A relational model of data for large shared data banks. Commun.

ACM 13 (6), 377-387. DTCC, 2016. Embracing disruption—tapping the potential of distributed ledgers to improve the post-trade landscape. White Paper. Available from<http://www.dtcc.com/news/2016/january/25/new-dtcc-white-paper-calls-for-leveraging-distributed-ledger-technology>.

Euroclear, Oliver Wyman, 2016. Blockchain in capital markets. Joint Report. Available from<https://www.euroclear.com/en/campaigns/blockchain-in-capital-markets.html>.

Kaplan, J.M., Bailey, T., O'Halloran, D., Marcus, A., Rezek, C., 2015. Beyond Cybersecurity: Protecting Your Digital Business. Wiley, Hoboken, NJ, p.69ff.

第6章　数据管理流程与质量管理

6.1　绪论：元数据的分类与数据管理流程

6.2　关于数据质量的一些基础知识

6.3　数据质量的维度

6.4　数据质量的业务规则

6.4.1　信息转换

6.4.2　针对各类金融工具的具体规则

6.4.3　阶段性的质量流程规则

6.4.4　示例：市场数据规则

6.5　质量指标：信息管理供应链KPIs

6.5.1　吞吐量

6.5.2　供应比率

6.5.3　平衡计分卡

6.5.4　周转期

6.5.5　每百万机会缺陷数

6.5.6　完美订单量

6.5.7　存货周转

6.5.8　COPQ

6.5.9　其他指标

6.5.10 KPIs与本因分析

6.5.11 KPIs的界定与监管及其在SLA中的使用

6.5.12 最佳KPI实践

6.6 探索并控制信息的不确定性

6.7 提升质量以及修正流程：怎样结合KPIs来采取行动？

6.8 数据标准所扮演的角色

6.9 数据管理成熟度模型

6.10 数据管理流程与质量管理的ROI

6.11 结论与展望

参考文献

6.1 绪论：元数据的分类与数据管理流程

到目前为止，我们已经从财务数据的类别、业务流程及其技术等多个角度对数据管理进行了考察，并且探讨了金融服务行业所面临的各种挑战。那种连接与纵览信息链的能力大小可能会引发两种截然不同的后果：一是系统得以良好运行；二是生成信息丛林（jungle）。前者能够有效地扩大新客户以及新产品的*规模*。而后者则可能致使用户淹没在那些不相关的信息之中，并且会让它们无休止地怀疑自己所使用的信息是否真的存在或者真的可靠。

本章将重点阐述如何界定信息的质量与适用性，以及用于评估信息获取、处理、传播与生成流程等效率的指标。我们将针对信息质量的判断标准以及信息系统的管理方法展开讨论。

基于现实案例，我们将讨论特定基准以及关键绩效指标（Key Performance Indicators，KPIs）。因为流程可以被固定植入到组织当中，并且常常在终端被微调（电子表格、手工操作），或者被滥用（在现有数据模型中强行加入新的信息)，因此可能会变得越来越不透明。

首先，我们讨论的是关于数据质量的一些基础知识以及信息质量的不同类型。IT的重心（甚至是为了组织的未来荣耀）一直都是新系统的构建，而不是从现有系统中获得最大收益。其次，我们将讨论衡量数据质量方面的业务规则，以及用于追踪质量指标并以此采取行动的不同类型的KPI。金融机构中大多数的信息架构建立方式，都体现着信息中的显著不确定性或者*无序性*，(也叫*熵*，entropy)。针对这种不确定性，我们将介绍几种有效的控制方法。例如，使用数据标准以及数据管理成熟度对标（maturity benchmarking）测试等。再次，我们将进行一个影响分析概述，即衡量数据管理基础设施投资的ROI以及低数据质量对成本的各种影响。最后，我们将分析财务信息的未来持有状态及其获取与分发的方式。

正如McGilvray（2008）所言：“信息质量代表着信息和数据可以成为任何以及/或者全部需求方的可信来源的（适用）程度。只有在合适的时间与地点为合适的人员提供一系列正确的信息，才有助于（正确地）制定决策、经营业务、服务客户以及实现公司目标等。”

6.2 关于数据质量的一些基础知识

数据质量管理始于对数据衰减（data decay）及其成因的理解。在自动化取得了初期成效之后，各式各样的数据衰减情况便会不断地涌现出来。造成数据衰减的主要原因包括：

• 无法及时捕获数据所发生的各种变更，主要是因为数据变更通常发生在意料之外，而新的数据值又不能匹配旧的系统，或者是因为不了解该系统还有一个分离式的独立数据存储库。

• 系统升级。一个系统通常可以通过将数据迁移到新的版本来进行升级。但是，新的版本却又可能希望有额外的数据项被填充进来，并为其提供一些初始默认值（default values）。

• 新数据的使用。为了让系统保持稳定的使用状态，IT可能会为了获取决定某应用程序之行为的特殊值而过度使用数据库中的某些字段。

• 专业知识的流失。（比如说）最初设计这个系统的人员可能已经离职了。

• 外包/缺乏训练。一方面，在对外包人员进行描述时，我们经常听到这样一句话：“（这些）都是你的错。”另一方面，如果那些接触专有系统的新手没有接受足够的培训，那么未来该系统中的信息质量下降也就不足为奇了。

• 数据迁移。数据迁移耗时较长，可能需要采取快速修复（quick fixes）的方式把数据输入新的存储模型之中。

如果要延缓数据衰减的速度，首先，要使其易于访问并且更新及时。其次，一个系统应该让用户明白是他们自己要对数据质量负责。最后，应用程序应该定期提示要去确认或更新数值。这一点既可用于内部用户，也可用于询问客户以确认其详细资料。

IT过去一直都在朝着终端到终端流程自动化的方向发展，而这种流程可以横跨不同公司的供应链，并不限于特定的、内部的部门用例。这一点意味着需要对数据进行整合，以降低那种在节点出现错误的可能性，并且减少那些造成信息传递错误以及质量下降的机会。你不仅需要知道你想测量的各个方面（数据质量的维度），而且还需要知道那种最适用于衡量业务后果的技术，以便确定数据改进工作的优先级并为此撰写业务案例。

信息可以被建模、获取，随后被存储、共享、维护、使用并最终存档或终止使用。信息的美妙之处就在于它不会消耗殆尽，而是可以被无限地重复使用。若要评估数据质量在业务流程中的作用，则我们应首先了解它的生命周期。质量一直都在观察者的视线里，从未离开。

数据在安全性、内容许可、保留要求以及隐私方面总会受到一定的限制，而良好的数据管理流程就始于对这些限制的深刻理解。接下来就是对数据本身的理解：何谓数据模型？模型元素之间的关系如何？我们期望数据能够反映哪些行为？每个数据项的允许值及其范围如何？我们要在何处以及如何测试其有效性？何谓数据结构？在数据字典中如何定义每个元素？

我们需要建立数据获取策略和一个评估及反馈循环计划，来追踪数据质量并制定变更与改进的相关程序。尽管存储成本已经变得很低了，但是多次存储同一信息仍然不太划算。在数据获取过程中，“一击就中”（first time right）是一项重要的原则，因此你需要谨慎操作。为了避免后续的清洗工作，需要重点关注数据质量，而且要在数据流入公司之时重点检查。

数据一旦被存储起来并受到持续维护，那么就需要设置一些治理程序（governance procedures）。比如说，要用这些治理程序来定义每条信息的来源，以及如何对信息进行质疑、更新、删除或者更正等。治理程序指定了谁可以创建（create）、读取（read）、更新（update）与删除（delete）信息（亦即“CRUD”规则，取其首写字母而组成，译者注），以及谁可以为数据变更设置RACI模型等（RACI概述了谁负责、谁解释、谁在提供咨询时为决策提供意见，以及谁是知情的而不需要顾及的人等）（同样是取其首写字母，译者注）。

如果眼下要分析一个现有数据集，那么我们首先就应该去了解那些数据。*数据特征剖析*（data profiling）旨在接近、了解数据，并且对其潜在的质量问题有一点初步的印象。正如McGilvray（2008，p.118）所指出的那样：“数据特征剖析是使用分析技术来发现数据的结构、内容以及质量等。”数据特征剖析的目的主要在于寻找以下属性：

- 填充率：各种字段被占用（populated）的频率。
- 唯一值与重复值之间的数量之比较。

• 域内值间的频率分布。比如说，假设你有一个七分段的评分表（7-point rating scale），并且99%的记录都属于三分段或四分段，那么这个评分表就很有可能无法实现评价之目的。

• 命名惯例的遵循情况（关于命名惯例、业务效率的提升，以及提高信息质量的相关最佳实践之信息，请同时参见http://www.iaidq.org上有关国际信息与数据质量协会（International Association for Information and Data Quality，IAIDQ）的内容）。

• 数据的平均使用年限。

• 每项最新更新记录的平均使用年限。

• 数据被使用、关联以及读取的频率。

• 记录的副本。

• （数字的）精确度以及该精确度的变化；

• 对快递编码/邮政编码、地址或其他成组的信息使用某些掩饰码。

• 标准文件的质量。

6.3 数据质量的维度

如果去询问人们该如何定义及衡量数据的质量，那么就会在无形中促使他们形成一些模糊的认识，进而引发一些哲学性的并且常常是非常激烈的讨论。在本节，我们将针对数据质量的几个不同方面展开讨论。数据质量取决于那些处于接收端的用户的各种需求；而数据质量的衡量维度则常常会因部门以及数据类型的不同而有所差异。必须按照那种数据所应遵循的标准对质量进行评估。元数据——关于数据的数据——与数据本身一样重要（图6-1）。

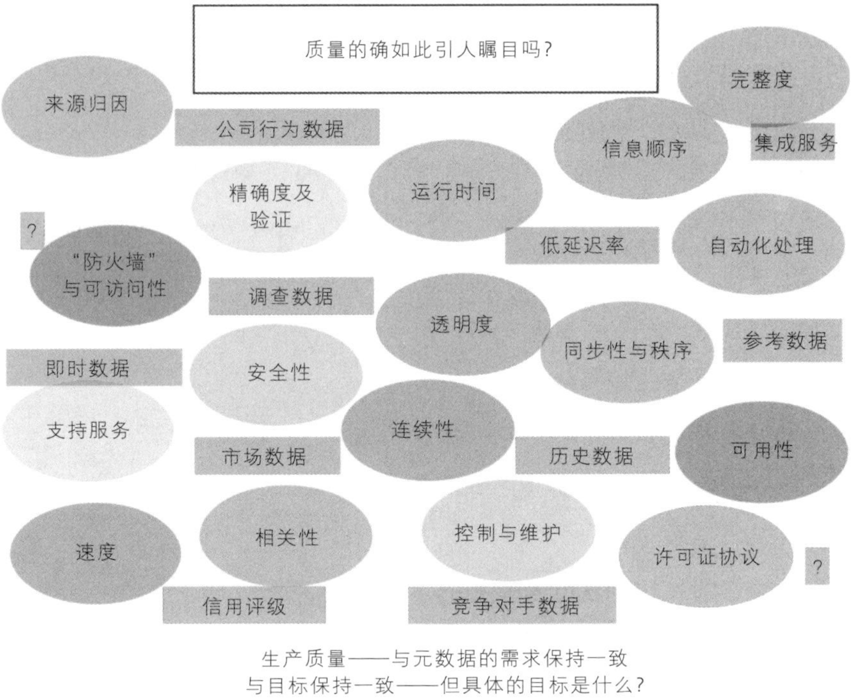

图6-1　数据质量的不同维度

• *速度*。这是指数据的时间维度。我们何时可对数据进行处理？引发数据值衰减的因素有哪些？在有些（比如高频交易等）情况下，机会只发生在几微秒之间。速度意味着要在合适的时间、合适的地点拿到（想要的）信息。（那么）向一位客户提供服务、开设一个新账户，或者引入一些新的受税法变化所驱动的金融产品需要多长时间呢？

• *精确度*。何时才会需要你对信息的精确度（比如精确的拼写或编码，信用违约掉期（credit default swap）中的完整法定名称或客户个人身份认证等）进行100%的确定？

• *一致性*。如果你出于风险报告的目的而拥有多个不同的交易账簿，那么你就会希望使用相同的（折算）汇率。你对待多样化的客户会一视同仁吗，还是只对其中某些客户更为友好？公司可以拥有服务于同一客户的众多产品线，但面向外部世界的表达应该只有一个声音。

• *鉴证*（authentication）。是否已经确认了资料来源的有效性？报价是指示性的还是可立即执行的？是否已经确认了这笔交易？如果所提供的价格或结算指示被证明是错误的，那么是否需要承担责任后果？是否存在一个“暗化”（twilighting）处理来定期重申有效性？

• *透明度*。完整数据谱系的清晰度达到了哪种程度？例如，在为承接新客户做出决策的*当时*使用了*哪些*信息？相关监管越来越需要*交易重建能力*（trade reconstruction capabilities），这就意味着你需要重现那个决策流程，展示*谁*知道*什么*以及它们又是*什么时候*知道的。

• *同步性与先后顺序*（synchronicity and order）。你是否已经按照正确的顺序而为监管报告保存了相关信息，即使转瞬即逝？此外，如果你必须依赖复制粘贴信息以及多库查询来汇编一份报告，那么就很有可能无法同时获取各种信息，或者说当即就失去了同步性。

• *完整性*。要确保客户所需的所有数据值都确有所值。还要特别注意那些被视为“高风险”的属性，或者那些用于关键流程的属性，如标识符或交叉引用等。而且也要确保预期可能发生变化的数据值不会过时。怎么才算信息完整呢？例如，你在一项贷款或一份债券中拥有25份契约；你确实知晓每份契约的精确信息，但如果你只报告了24份，那么该信息就是不完整的。另一个关于完整性的例子来自法律实体信息，此时你所需要的完整信息涉及法律结构、实体及其任何子公司的担保与责任等。不同的用例对详细信息与记录的完整性有着不同程度的要求。为客户的入职流程提供实体数据就要容易得多，可能只需10~15个字段。而履行合规职能则需要审计和记录文件等方面的额外信息。信息完整性的各个层次包括：

• *研究完备*（research ready），有了一个信息子集存在。

• *合规完备*（compliance ready），有了一个关于该主体的潜在的多个信息子集。

• *交易完备*（trading ready），一个完整的属性集已经成形并且经过了核验。

• *相关性*。信息是否已经经过有效过滤？你肯定不会希望被那些无用的信息搅晕脑袋，而只会想从信息洪流中提取到有用的点滴。解决这个问题的方法包括：只过滤出更新后的相关信息；只在实际更新时提醒用户；优先考虑或过滤那些（特定信息源）提供的信息，比如具有敞口头寸的证券、前25项风险、信用评级、价格波动，以及复杂产品风险等。

• *控制及维护*。电子表格与宏指令成为IT大众化的象征，但也导致了控制及维护方面的一些问题。宏指令与电子表格将强大的IT工具交到大众手中，但却缺乏关于版本控制、共享以及再利用等方面的管理框架。那些了解180-MB电子表格的人手中集中了过多的权力。

• *可访问性*。数据是否储存在本地桌面？是否每个有需要的人都能对其进行访问？访问权限、防火墙、职责划分等是否符合内容授权条款以及（比如，研究与咨询功能之间，或者公司财务与销售贸易之间的）利益冲突规则？如果要采集或处理外包或离岸外包客户信息，则尤其需要关注信息保护与隐私问题。数据（或数据访问）是离开了单位、离开了国家还是离开了组织？这些事项中的每一件都有可能得到了许可，但也有可能不被许可。

可访问性还有一个方面在于信息自动检索与处理的难易程度。通过肉眼直接访问与通过API访问是完全不同的。信息可能存在于机构的*某个地方*，但是通常没有黄页可以把你带到那个相关的部门。哪些人可直接（和有特权）访问数据存储库（backdoors）呢？比如说，是数据库管理员、IT人员，还是管理人员？如果那些拥有访问特权的人数足够庞大，那么那种专为其他用户而设置的各种控制手段将会变得毫无意义。

• *使用限制*。组织是否在遵守合同中的授权条款内容？

• *安全性*。是否禁止未经授权的访问？信息是否加密？是否遵循关于信息（从公开资料至保密资料，以及介于两者之间的信息）安全水平的机构标准？

• *数据服务与支持*。如果需要做出一些更改，那么如何设置灵活度与周转时间？如果你对此（查询、错误或优化）存在疑问，那么供应商与内部数据管理团队处理的周转时间有多长？数据服务还有一个方面是可获取性。你是否总是能够访问到各种数据（可以通过设置正常运行*时间目标*来实现，如4个“9”或5个“9”，分别表示99.99%和99.999%的正常运行时间)?

还有一个明显的问题是，数据的辩护能力如何（how defendable is the data)？我们一般通过以下几点来判断：它是内部审计证据，还是更重要的监管证据？我们是否在适用法规下验证了其数据质量要求？Solvency Ⅱ为保险公司设置了一定的数据质量要求；而针对银行的*FRTB*（Fundamental Review of the Trading Book）则提出了另一些质量要求。

接下来一个相关问题是数据认证（data certification）问题。谁对数据质量进行了认证？数据提供者是否接受了审计？数据的商业提供者在数据存在缺陷的情况下应承担何种责任？对此，我们可用*效用性*（transactability）一词来概括说明，即“数据可能导致业务交易发生或产生交易结果的程度”（McGilvray，2008，p.33)。换句话说，效用性是用以揭示（数据）可立即使用而无须进一步处理（之程度）的那样一种指标。

数据质量的这些不同维度真正要表达的是，信息可以通过不同的方式来满足不同的目的。用户在实施商业活动、成本控制或者合规行为时，对这些数据的依赖与否都可能导致不同的质量观点。此外，这些质量标准的各种子集与细分的数据类型（定价或静态，股权或商品，对方或公司自身行为）更具相关性。例如，与订单执行质量相关的信息质量方面将包含有效价差、(相对于基准的）价格提高率或降低率、订单完成率以及周转速度方面的指标等。

有关质量的问题，并不存在一个正确的答案。因为在定义标准数据服务时，用户通常会根据自身情况自行构建考察数据质量的维度组合，并将其运用于服务水平协议（SLAs）当中。

6.4 数据质量的业务规则

业务规则（business rules）是指对数据（质量）做出判断的标准。这些规则可用于标记错误或标记遗漏的信息、指出逻辑上的不一致，以及观察数据质量方面的趋势。质量规则作为一种筛选器，可将异常数据与BAU数据或者期望数据相互分开。每一个从事数据工作的人通常都了解是什么构成了正常的数据行为。而挑战就在于如何获取所有的这些知识并将其运用于数据操作之中，以免将时间都浪费在那些异常的数据上面。在本节中，我们将提供关于业务规则的各种观点。我们将探讨数据转换规则、金融工具类型规则、一系列关注不同颗粒度级别信息质量的分级质量规则示例，以及市场数据规则示例等。首先，我们将对适用于交易性数据或者主数据的常见业务规则类型进行分析（参见McGilvray，2008，p.50）。

主数据一般包括下列内容：

• 强制性信息：每张债券都必须有一个字段来表示票面利率。

• 一致性：我们知道全部客户的出生日期吗？

• 合理性：如果大盘股（large cap stock）的涨幅是指数涨幅的两倍以上，那么就要核查其价值的相关信息了。

• 替代性：如果某个债券的价格信息不见了，那么就应将相似债券的收益率纳入该债券上一个交易日的定价过程。

• 允许值：货币代码是否都包含在ISO域之中？

交易性数据一般包括如下内容：

• 限制条款：某一类别的客户不能交易一些特定的产品。

• 先决条件：在允许此交易进行之前，要检查诸如客户资格以及可用资金等先决条件。

• 计算：计算一款基金的资产净值。

• 推断：倘若一位顾客的账户不再有现金流入，则可推断出他/她可能已经失业或者更换银行了。

• 时效性：在结算之后的一定时间内，需要向监管机构报告该交易的相关情况。

• 触发机制：倘若客户的交易额接近他/她的上限，则需以短信的形式对其进行提醒。

数据质量管理以及数据清理规则方面的最佳实践包括：

• 主动了解规则集（rule sets）之间的业务逻辑，以筛选数据产品：应根据数据本身的优点进行评估，而不是根据数据源最后能否达成一致而做出相关的判断。

• 寻求原属数据源，并从其中获取相关的业务逻辑及数据。倘若可以根据数据项的经验信息来建立一些规则集，则许多属性就可以被补充完整，即使这些属性并非那些数据源本身来提供的。这一点可能包括存单以及交易（depositories and exchanges）等。数据供应链中的任何切换点都只会不折不扣地增加延迟的时间，而且通常还会降低数据的质量。

• 尽可能到数据管理的上游环节那里查找问题。这一点始于将供应商数据的到达情况与预期时间以及文件增量的规模做比较，以此来判断我们是否获得了预期的变更量。

• 查看那些关于数据使用的统计信息，包括数据的新鲜度/衰减度、数据计费/成本分配（付款方总是拥有关于质量的发言权），以及任何关于授权/供应商报告的要求等。

• 将数据归类到不同的组别当中。通过了解安全性、法律实体、公司行为、定价以及评级数据之间的相互依赖关系，可以识别出每组数据无法独立揭示的问题。例如，一些静态数据只应在某一公司活动后发生变更。如果检测到数据项两个版本之间的某一静态数据出现了变更，那么就需要在发生异常情况之前，通过使用公司行为数据集来检查该变更是否有效。

6.4.1 信息转换

另一类的业务规则是关于*信息转换*（transformations）的。如果需要将信息从应用程序中提取至报告当中——或者将信息从一个应用程序中转移至另一个应用程序当中，那么通常就需要依据业务规则来约束转换点上的相关操作。有关金融工具价格的具体业务规则示例包括：

• *同比例缩放*（scaling）价格以使其表述基于同一基础。例如，把价格基础从便士转换为英镑，可使价格以同一报告货币来表示，或者可用一套通用的财务报告计量单位来重述商品价格（例如，把天然气的价格单位从每百万立方英尺美元转换为每焦耳加拿大元）等。

• 通过诸如“和/或”（AND/OR）条件、是否存在于某个子集中、是否相等等各种规则来*过滤*相关信息。

• *算术运算*，如加、减、乘，以及用常数或变数（货币汇率）对信息进行除法运算等。此外，还有诸如创建一个价差曲线（spread curve）等。

• *从关联工具那里得到的隐含价格信息*。在经济学范畴里，相同的工具应该具有相同的价格。通过深入了解价格的决定因素以及风险因素，我们知道用以定价的信息通常都是含而不露的。例如，需要通过与其协同变化的相关产品方可得知（该工具的）相关定价信息。

• *隐含的附加定价字段*。通常，同一金融工具的价格有着多种不同的表述方式，而且两两之间可以相互转换。例如，把债券收益率转换为债券价格，或者把期权的价格转换为价格波动性等。如果不同的工具会使用到不同的定价方法，那么这些转换就能够使它们具有一定的可比性。清晰明确的参考数据（期权方面，是行权价、到期日、期权类型、无风险利率、期权标的等；债券方面，是票面利率、到期日、支付频率、计日数约定、赎回价格，以及可能的可选择性要素，包括赎回时间表与转换价格等）是准确地运行这些计算的必要条件。

6.4.2 针对各类金融工具的具体规则

不同于上述质量方面的规则，业务规则侧重于检查数据的有效性。它们因数据类型的不同而有所区别。表6-1列出了不同金融工具类型的规则示例。

表6-1 数据质量规则示例

	权益（证券）	固定收益（证券）	交易所交易的衍生品	利率
身份信息	语法检查ISIN、CUSIP、SEDOL; 交叉引用供应商IDs; 由公司行为（M&A）引起的变更; 链接多个清单	语法检查ISIN、CUSIP、SEDOL; 交叉引用供应商IDs; 由公司行为（M&A）引起的变更	交易符号、针对更新之供应商符号的交叉引用、全局管理	基于属性的ID构建、不同数据提供者IDs之间关系的相互参照与检查
收入特点	股利信息（预期公司行为）; 权证、投标（意外的公司行为）	预期变更（比率重置）以及意外变更（看跌/看涨期权）、缺省默认	合同明细条款、链接到基础产品	无
发行者数据	变更注册地址、M&A、发行人评级、链接至实体/最终所有者等事项	变更注册地址、M&A、发行人评级、链接至法人数据集、最终所有者等事项	交易身份	无
定价数据	报价一致性规则; 针对历史、指数以及其他列表的合理性规则	将合理性规则下的数据与历史数据相比较、贴现现金流的“公允价格”、链接各种曲线创建图库、参考各种评估价格进行比较	数据一致性的原始来源，包括其他时间序列数据，如未平仓利息等。基于底层（资产）的公司行为可能导致大幅跳动（取决于交易策略）	推断可匹配的其他货币、隐含的存款/远期利率。收益核验、合理性核验
内部数据	客户端特定IDs、客户端特定层次结构、客户端处理的信息、容忍度参数	客户端特定IDs、客户端处理的信息、容忍度参数	客户端处理的信息、本地交叉引用、定价策略、容忍度参数	对于银行/经纪人关于产品、货币、容忍度参数之单位报价的偏好
税务及监管信息	预扣与交易税税率; 针对金融工具/监管实体分类系统	预扣与交易税税率; 针对金融工具/监管实体分类系统	预扣与交易税税率; 针对金融工具/监管实体分类系统	无

6.4.3 阶段性的质量流程规则

业务规则以及质量管理具有一定的阶段性。例如，质量验证流程（quality verification process）首先从核对数据源开始，然后是金融工具层面上的查看，再然后是字段一致性层面上的查看。最后，通过增加外部获得数据来进一步充实数据（图6-2）。

图6-2 金融工具数据的阶段性质量管理

该阶段性流程中的规则示例如下：

信息源层面的规则（source-level rules）——适用于数据供应商/数据交换。其中，关于供应商层面规则的例子如下：

• 提供标识符检查——有效的长度、校验码、格式（ISIN、CUSIP、SEDOL）等。

• 所有的强制性字段都需要填满。

• 数据文件的格式合乎预期。

产品层面规则（product-level rules）——适用于每种金融产品类型。一些产品层面规则的例子如下：

• 期货需要一个月、一年的代码以及最后交易日期（等信息）。

• 期权需要执行价格、看跌/看涨指标、一个月和一年的代码或到期日（等信息）。

• MBS（抵押担保证券）的发行日期应该在每月的第一天。

• 零息债券不应该有付款日期、付息频率或者票面利率（等信息）。

字段类型（field-type）规则——适用于字段之间的规则。字段类型规则的示例如下：

• 对于衍生品，结算日期不应发生在最后一个交易日之前。

• 对于上市衍生品，合约规模、最小报价单位以及基点价值等不应为无效数值。

• 对于固定收益，第一个收益日不应出现在发行日之前。

• 对于固定收益，如果支付频率不是无效或零，则应提供支付日期（等信息）。

数据丰富（data enrichment）——在这一流程层面的各种规则主要应用于增加那些来自供应商、交易所或者客户的当前数据文件。该层面的验证示例如下：

• 使用假日日历，确保那些交易日期不会与周末或者节假日等相互冲突。

• 根据合同规范而手工计算所遗漏的日期信息。

• 终止已到期/届满的合约。

• 跨供应商数据之间的比较。

• 推断或转换值。例如，对于期权来说，在变化幅度（deltapoints）与行权价格水平之间相互换算，可用以表示价值损益等。

6.4.4 示例：市场数据规则

当我们查看验证市场数据的规则时，填充缺失值是一个常见的数据问题。这一点可以根据上下文的内容，以多种方式来解决：

• 推算出先前的值。

• 在前一个值和后一个值之间以时间顺序进行插值测试。

• 使用统计估计技术。

• 使用一个时间序列的替代值，或者直接采用，或者以其为参考值进行等比例缩放等。例如，倘若某个权益值现处于缺失状态，此时即可采用该权益的历史值，并将其贝塔值与（市场）指数的收益率相乘。或者，还可以采用一种更为具体的代理方式，即获取匹配组的收益值并将其与历史值（一起结合计算）。（替代值的做法并不局限于时间序列，它们也用于信用评级领域。如果发行者没有被评级，则可以通过对优先债务的评级来替代发行者的评级。）

在完成收益率曲线的过程中，还存在着其他一些需要补充缺失值的例子。（比如）通常，可以从部分曲线中获得新鲜的数据，但是中间点或曲线的远期末端数据却是缺失的。内插法或外插法可以被用来填充缺失值。具体的插值方法需要结合底层（underneath）产品的信息来选择。此外，还需要查看结果是否符合直观判断：如果利差曲线或者信贷利差变成了负值，那么就有可能是基准利率出了问题。更多的常见市场数据问题还包括：

• 价格过时。做市商给出的报价可能已经过时。

• 低流动性。许多合同不会有很多交易与大额持仓（large open interest），尤其是那些资金过多或者过少的合同。大多数价值和交易活动都是围绕着那些平价合约（at-the-money contracts）而展开的。

• 大额买入价与卖出价之间的价差。在这种情况下，无论是采用买入价还是卖出价都将产生很大的损益。此外，在某些情况下，经销商可能只会针对其中的一方进行报价，此时就没有（那种完整的）关于*买入价*或*卖出价*（的信息了）。

可以通过运行下列各种验证方式来查找价格数据中的某些错误：

• *信息源的比对*。亦即比对那些应该载有相同信息的两个或两个以上的载体。

• *语义验证*。在某些内容领域中，可以用到具有置入（应用背景）领域知识的筛选分类方法。例如，用于零售客户关系管理的系统逻辑，因为这个系统通晓各种地址的格式，同时还拥有那些关于不同国家的邮政编码格式以及街道名称编写惯例的各种专门知识。这一点通常包括拼写、语言的大写规则以及公司法律形式的缩写（比如 Ltd、SA、Inc、LLC）等。

• *参考数据的一致性*以及信息的存在性。（比如）检查条款与条件中的各个字段是否一致。如果一个债券是可赎回的，则必须配备一份赎回时间表，反之亦然。就期权而言，其必然存在行权之时。如果同时存在到期日和发行日这两个日期，那么发行日必须先于到期日。

• *市场数据的一致性*。如果报价中带有买入价（bid），则可以检查其与中间价（mid）以及卖出价（ask）之间的一致性。买入价必须小于中间价，中间价必须小于卖出价，而中间价必须等于买入价和卖出价的平均值。对于某一交易结束日所包含的开盘、最高、最低以及收盘字段的报价来说，最低价必须是最小值，而最高价则必须是最大值。

• *合理性检查*。在这种情况下，可以通过对照历史标准离差或者偏离基准的变化幅度来检查数据的合理性。

• 价格行为方面的*容差或容忍度设定*（tolerance settings，亦即可以容忍的变化幅度，译者注）。需要根据金融工具类型的不同而采用不同的参数来选择数据修复及数据验证的功能。一个简单的例子就是，对回报率设定一个阈值（threshold），这个阈值将用以标记所有变化超过一定百分比或者一定标准偏差范围的数值。如果需要描绘曲线，那么我们就可以使用不同百分比的变化容差来表示，或者是1周内的容差，或者是10年内的容差，彼此间差异可以很大。OECD组织成员国的货币将受到更严格的检查，并且对于那些预期会出现较大波动的金融工具，比如小型股、外来货币以及非流通公司债券等，相关容差也会相对更高。

6.5 质量指标：信息管理供应链KPIs

KPIs是以提供质量数据（quality data）为服务内容的自然延伸结果(follow-on)。如果提供质量数据已经成为日常工作的一部分，而不是一组特别活动，那么把追踪质量数据作为一项持续不断的工作就是非常有意义的。本节，我们将讨论质量指标及其KPIs。同时，我们的关注点也正在从数据质量指标逐步转向流程质量指标。

• *数据驱动的KPIs*。这些是较低层次的KPIs，从系统和数据开始自下而上地构建而成。它们主要用于衡量数据质量，如之前讨论过的可用于衡量软件以及内容服务的那些指标。这些KPIs涵盖了从技术/系统健康信息到数据容量信息等这一跨度范围。

• *流程驱动的KPIs*。这些是较高层次的KPIs，是反映诸如错误结算以及客户流失百分比等关键业务的一些指标。这些KPIs一般都是服务提供商SLAs的必要基础。

KPIs与实际成本基础越是接近，或者与业务收入越相关，它们就越有效。质量指标和KPIs应该推动流程有效地进行，并且帮助改善客户体验。基于客户直接或间接地提供的数据而构建的分析（模型），正在越来越多地驱动产品开发、客户沟通方式以及营销的发展（例见King，2010)。例如，任何可以从公共社交媒体和/或交易分析中推断得出的重要事件，都有可能引起（特定的）警报信号以及（相关的）客户沟通行为。

如果我们以银行核心业务为例，那么就可以按照客户分部来细分服务，如表6-2所述。

表6-2　　按客户分部划分的银行核心服务类别

客户分部/服务	零售客户	富豪	HNWI	SMEs	批发商/机构
信贷	透支	消费融资	大规模贷款、特殊结构	银行贷款	债券发行
投资	储蓄账户	ETFs/PRIIPS，基金	结构性产品、财富管理、对冲基金	资金服务、外汇/存款	定制投资工具、基金、OTC衍生品
其他服务	推广、品牌联合	抵押贷款、设立大学基金	税务服务、房地产规划	公司银行业务、国际支付服务	交易服务、现金管理

HNWI，高净值人士；*PRIIPS*，打包零售投资和保险产品

那些有关信息质量的KPIs，应由表6-2中为客户分部提供服务的相关KPIs来驱动。较低层次的KPIs可以是通用的，既可用于所有客户分部，也可用于改善基本数据。例如，检查零售客户的出生日期以及检查其邮政编码等。与客户行为相关联的某些属性，可以用于构建更高层次的KPIs，甚至用于构建客户行为的预测模型。

那些经由底层基础数据构建而来的KPIs可运用到客户服务之中。过去，客户生活方面的轨迹需要经过客户经理的发掘探索，比如小孩（状况）、已婚或离婚、就业或失业，甚至一次搬家行动等。如今，通过自动化交易分析以及那些客户所自愿提供的信息便能了解客户生活方面的这些信息了。这些信息通常包括下列行为：

- 已停止发放的工资（这一点可能意味着失业或者生病）；
- 大额交易；
- 闲置现金（这一点可能引发银行给出一些投资建议）；

• 改变的消费模式；

• 新的经常性收入（这一点可能代表着新的工作或者新的业务）。

因为信息管理问题在很大程度上是一个类似于物流的（logistic）问题（也就是说，要在正确的时间、正确的地点获得正确的信息），所以供应链领域的指标可为此提供一个有用的视角。供应链管理的理念不仅适用于信息质量，而且还适用于解释金融工具与交易生命周期之管理方式，以及机构所生产之新内容的恰当性（success）。在供应链管理中，物流、配送以及追踪库存（亦即资产负债表上的金融产品以及金融服务中的现金）等都是重中之重的问题。我们在图6-3中讨论了供应链管理的几个相关指标。

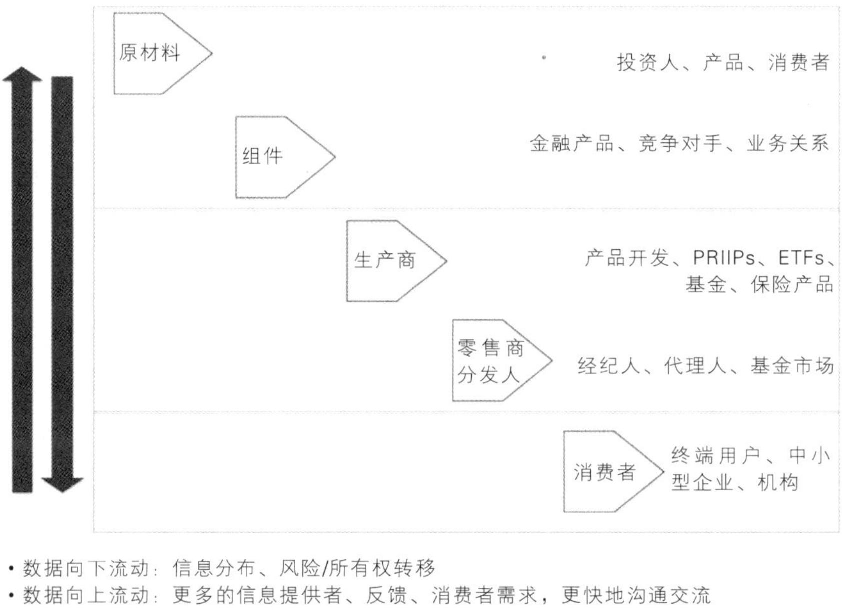

图6-3　供应链视角

6.5.1　吞吐量

吞吐量（throughput）是一个基本量，意指信息基础架构的可扩缩性——每秒钟可以处理多少条消息？信息加载与检索的速度有多快？完成订单的速度怎么样？

6.5.2 供应比率

供应比率（fill rate）是指可以立即以自身存货来供应客户的订单百分比。在信息管理方面，供应比率也可能是指来自用户和下游系统的，可以立即从包含安全主数据、交易对手或者公司行为数据的完备副本（golden copy）信息库中得到（明确）答复的问询数占比。而那些无法回答的问题（亦即无法供应的订单）将会导致公司对外部主体的问询。同时，必须对信息的库存管理亦即保鲜成本加以衡量。内容的（生产）成本通常可以直接进行归因，一般是根据其使用情况来分配一部分硬件成本、人员成本以及间接成本等。这样就形成了对数据使用情况进行追踪的需求。通常情况下，金融机构并不充分了解已经购买了哪些内容，以及哪些是在哪里可用的信息。因此可能会存在一些可用但未用的内容库存。

6.5.3 平衡计分卡

平衡计分卡（balanced scorecard，罗伯特·S.卡普兰和戴维·P.诺顿在20世纪90年代初提出的一个术语）是一些用来衡量信息供应链效率的定性指标。表6-3是在信息管理领域中应用平衡计分卡的一个示例。

平衡计分卡——正如名字所暗示的那样——形成了一种更为全面地看待业务功能以及平衡成本与收益的（绩效评价）方式。对那些拘泥于细节的数据供应链从业者来说，平衡计分卡提供了一个高层次的视角，有时可能会令人耳目一新。

表6-3 平衡计分卡

财务维度 ● 库存成本 ● 临时成本 ● 储蓄/ROI	*内部运营维度* ● 部门预算 ● 规划/新内容
顾客维度 ● 对供应链管理（SCM）KPI指标进行评分 ● 客户满意度	*学习与成长维度* ● 数据管理部门的知识水平 ● 接受新内容、研发新产品的能力

KPI，关键绩效指标

6.5.4 周转期

周转期（cycle time）是指系统与用户之间从请求到接收某段特定信息之间所需耗费的时长。周转期和*供应比率*密切相关。对于不同的业务流程，需要设置不同级别的目标平均周转期。如果你正在交易或者回复客户的问询，那么反馈的速度就应该越快越好。而如果要对监管机构或税务局的问询做出回应，那么你通常无须重复在线的信息。所需的周转期时间可以是定量交易策略中的微秒，也可以是编制财务报表时的数小时或者几周。表6-4按照周转速度的快慢，给出了一些商务活动相对于响应时间的相应表现。

制造周期（manufacturing cycle time）的概念，是指从内容供应处那里接收到最后一比特所需的原始数据或未处理数据，与交付或更新主数据的完备副本之间所需耗费的时长。值得注意的是，通常也可以设置基础架构，以使那些请求最为频繁的项目拥有最短的周转期。

6.5.5 每百万机会缺陷数

这是从"六西格玛"流程改进方法当中得出的一个概念，定义如下：

$$\frac{\text{总缺陷数}}{\text{缺陷机会总数}}\times 100\text{万}$$

表6-4　　各种活动的周转时间

高频交易、套利——微秒	周转时间、将报价与订单传输到执行场地并且返回确认
定价、交易前分析——秒	量化模型的输出能够为客户的OTC产品进行定价、限制交易前的风险并且核实资本成本
交易记录完成——秒	查找SSI的参考数据、交易确认方面的安全主数据
当日风险管理——每隔几小时	抵押品的重新定价、相对于市场变动的限制条件检查
日常P&L的计算——小时	为P&L而准备日常的EOD价格、例外管理、价格核实
历史数据集和压力情景的管理——天，通常会每月更新一次	历史数据、各类风险指标之间的相关性，例如预期缺口及在险价值、违约风险敞口（EAD）、违约损失（LGD）、信用风险违约概率（PD）模型等
资产服务——几天到几周	公司行为的处理以及客户的响应
历史数据查找——几天到几周	为监管目的下的交易复盘而查找历史报价/交易（等信息）
年终财务报表、收购——几周到几个月	编制年度财务报表、关于并购的尽职调查

“六西格玛”的目标是每百万机会缺陷数（defects per million opportunities，DPMO）的最大值为3.4（源于“六西格玛”背景：6个标准离差）。可以在一个SLA中确定那些缺陷的数量：选取一组财务对象以及一组针对这些财务对象所追踪的属性。交付字段中的某一值无论是即时提交（on-request），还是作为每日约定交付的一部分，只要在交付时被认为是错误的或者不够及时，那么这就是一种缺陷。

相对而言，更难衡量的是那些缺陷机会的数量。对于金融信息供应链来说，数据格式的多样性、缺乏标准、总熵、数据源的多样化以及通常冗长的供应链，这些都意味着大量（可能导致缺陷的）机会的存在。通过粗略地估计（可能导致缺陷的）机会的数量，我们就可以说明这一点。我们可以用到一个具有代表性数字的典型架构。

• 7个最终来源；

• 3个再分配者或主数据提供者；

• 3个银行内的独立输入通道；

• 4个安全主数据库；

• 5种不同的输出格式；

• 16个用以保存数据副本的下游解释系统；

• 100万种金融工具+ 2万个交易对手+ 20万项企业活动，总共122万条记录。

假设我们每天更新一比特的信息，这组数字将导致1.22×16×5×4×3×3×7百万个亦即将近250亿个缺陷机会。若采用3.4 DPMO的“六西格玛”目标，则主数据中将存在不少于83 623个缺陷。而将交易数据添加到主数据示例中来则会使情况变得更加复杂。

6.5.6 完美订单量

完美订单量（perfect order measure）大致指的是每阶段订单的零误差率，而当我们用信息管理的术语来解读订单时（可以这样说）：订单就是来自运用数据的用户或下游应用程序的问询。因此，完美订单量指的是供应链各阶段的零误差率。然而，通常很难在供应链的各个阶段衡量（信息）质量，其中一部分原因在于没有完整的信息描述，另一部分原因则在于各种各样的格式与识别标准掩盖了事物的真相。如果你确实正面临着质量衡量的难题，那么你就可以对内外部信息进行计分并报告。有关此完美订单量的信息，可以通过收集那些来自整合与验证流程中的信息以及用户对报告缺陷的反馈来完成（图6-4）。

需要注意的是，在设定的财务对象中可能总会有一些特殊的“关键项目”（critical items）存在，而你应该针对这些项目进行额外的特别溯源以及验证处理，因为你*无法*承担因为这些项目发生错误或者退出市场的风险，比如欧元/美元的兑换率、政府债券曲线以及蓝筹股等。具体的关键项目（的设置）因（各个）机构业务的不同而有所区别。

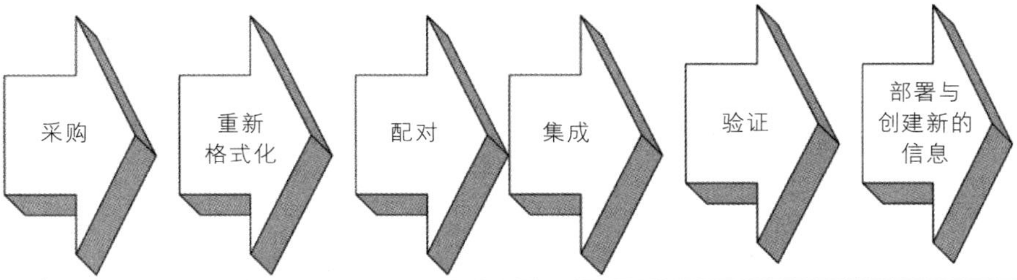

加载文件	映射到标准文件	对所有的来源分组	创建主记录	较高的差异度	向终端用户分发
所有的预期文件都接收了吗? 供应商网页能浏览吗? 文件能解读吗? 所有的事物都准备到位了吗?文件或短信包含了预期信息吗?	是否所有的目标对象都能被识别和标准化? 哪些不能？为什么? 是否解决了某种标识符? 在哪种情况下，资产类型无法被确定?	哪一项由于识别问题而不能被匹配? 有没有不太完整的记录呢? 处理诸如并购、分设、分立等特殊事项的效果	关于每一种资产类别、业务、小组、投资组合、下游用户等方面的非一致数据项。 与诸如主体与公司行为等其他项之间的一致性。 根据重要性来进行权衡	是否存在价格差异? 是否考虑了所要求的EOD价格及风险因素? 是否有所遗漏? 所有的执行场地的价格都接受了吗?	购物清单上的所有东西都准备齐全了吗? 对质量指标是否满意? 数据集是否已经及时送达? 下游站点是否都已经到达? 终端用户的反馈是否都已经过滤回溯?

图6-4　信息供应链在每个阶段所面临的各种质量问题

6.5.7　存货周转

在供应链管理中，存货周转被定义为库存存货周转的次数。在数据背景下，我们可以将存货周转与数据使用联系起来。从主数据库中*输出*（shipped）的频率是多少？又有多少采购/验证工作从未进行过？反过来，这也可以用于驱动内部成本的分配以及空闲数据的追查。

6.5.8　COPQ

一个有趣的指标是信息的不良质量成本（cost of poor quality，COPQ）。如果系统、流程以及数据内容非常完美，那么就不存在所谓的不良质量成本。明确阐述COPQ的概念是非常必要的，因为对于那些存在质量改进项目的任何业务情形来说，这是一个进行合理估计的主要指标。度量员工、冗余存储库以及内容的直接成本，相对来说更加容易。但如果将机会成本纳入考虑，那么不良质量成本指标将会变得非常之高。在下一节中，我们将会列出评估业务对ROI影响程度的不同方法，这有助于分辨哪些成本是可以避免的，哪些是不可避免的。

6.5.9 其他指标

还有许多其他指标可用于SLAs的评价指标。其中，包括用于衡量遵守SLA条款之忠诚度的“*承诺表现*”（performance to promise）这一指标。“*材料增加值*”（material value add）用于衡量那种在流程中所增加的价值，通常表示为：（售价-主要成本）/主要成本。

如果去观察那个由信息供应链总成本除以内容成本所得到的比率，那么我们就会发现内容成本其实只占了很小的一部分。即使我们不考虑那些实际上传至应用程序的内容成本，机构内处理那些内容的成本也会大大高于那些支付给内容的价格。我们可以将这些*持有成本*（holding costs）理解为数据分配基础设施的成本，包括接口与映射（mappings）：亦即通过供应链写入部分内容的成本。在信息方面，我们也需要确认网上到底保存了多少历史记录，以及对信息所进行的审计又到底属于何种级别。正如在第4章中所讨论的，特别地，从过往来看，对风险、审计、监管机构和客户（等方面信息）的请求已经明显地增加了。

6.5.10 KPIs与本因分析

衡量数据的（管理）成本与不良数据的修复（knock-on）成本是当前的一种趋势。数据库工具（市场数据库工具供应商包括Screen Infomatch（http：//www.screeninfomatch.com），MDSL（https：//www.mdsl.com/），以及Roberts Group （https：//www.trgrp.com/）等）能够追踪到数据资产集以

及到底是谁使用过什么（数据资产），但是需要补充一些能将用户反馈纳入考虑之数据质量方面的特定指标。KPIs通常会有不同级别的详细程度，从公司控制面板（dashboards）上的概要信息到改善处境所需的详细信息等，层次分明（图6-5）。

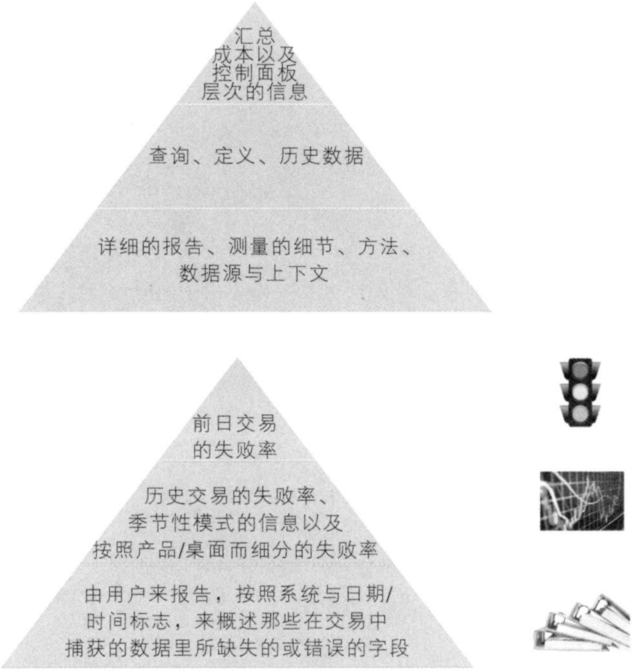

图6-5　KPI的具体层次以及STP速率的示例。*KPI，关键绩效指标*

如果你仔细研究KPIs，或许你同样可以推断出导致流程失败的各种潜在因素。这一点意味着要防患于未然，亦即通过（根）本（原）因（root-cause）分析来防止损失的发生。失败的流程将导致损失，而KPI控制面板可以提供早期警告。将这些控制面板组合在一起，以及在不同利益相关者之间分辨出哪些KPIs是最为相关的等，这些流程有助于找到那些不够完善或者可加以改进的环节。需要通过追踪指标的历史数据来发现趋势，并据以推断绩效与成本之间是否保持着平衡关系。供应链管理是关于成本与质量之间的平衡。信息也许可以达到百分之百的准确度，但在具体的某个点上，想要进一步提升却不一定是经济可行的。

明确定义相关指标并且了解如果偏离目标水平则如何做出应对是至关重要的。相关的统计指标可以应用于KPIs，同时还可以根据阈值来设置报警提示。设置一些用以识别突发事件的阈值是趋势预测以及操作风险分析的基础工作。在此之前，明确说明如果考虑如下信息会出现什么样的结果，也是十分重要的：

• 预期的周期性变化，包括能源价格以及商品的季节性影响，具体到每月、每周或每日的频率。例如，交易流量（trade flows）以及年度或季度周期的股利等。

• 某种指标之“正常”范围或频宽（bandwidth），用以区分背景干扰以及真正的异常值。

• 历史上（发生频率）高/低的案例，以便指出何时发生了前所未有的事情。

• 对指标之间相关性的预测，以及哪些指标预期会同步变化。这些预期取决于某特定指标是领先还是滞后于其他指标。据此可知，何时需要修正关于不同指标间逻辑关系的假设。

标准统计值（standard statistics）可用来衡量偏差均值的方差、标准差、历史相关性或波动性等。它们可以检验某些假设，并提供事件概率分布的置信区间。统计工作既可在较低级别即数据驱动的KPIs层次上开展，也可在较高级别亦即流程驱动的KPIs层次上开展。KPIs还能衡量信息供应链上突发事件（disruptions）的数量。例如，当我们面临未知金融工具、未知客户、未知对手方、未知结算地，或者是未知的某一金融工具价格的时候，此类信息必须被反馈到信息供应链基础设施那里，甚至是内容供应商那里，如果后者恰好正是突发事件之发源地的话，其目的就在于修复数据中的各种漏洞或错误等。

示例包括：

• 成本与缺陷的数值，以及金融工具的数量；

• 请求新工具设置的响应时间；

• 对手方在设置方面的误差；

• 延期结算或者撤销结算；

• 订单供应比率；

• 请求额外信息时，对手方的响应能力；

• 指标跟踪误差；

• 每笔交易的成本偏差；

• 通过贷款拖欠或贷款核销的份额来评估贷款组合部分（portion）的信贷质量；

• 错误的估值；

• 抵押品的质量及组成；

• 企业事件信息的及时性与准确性。

6.5.11 KPIs的界定与监管及其在SLA中的使用

在一个公司里，不同的部门关心不同的质量指标。交易者需要有关价格行为、驱动因素以及套利边际的信息，（证券）保管人需要明确的身份识别信息以及诸如股利等事件的实时详情，投资者需要了解控制与估值的程序，监管机构需要知晓有关透明度、投资者保护以及资本充足率等方面的情况，而后台部门则只关心运营是否平稳以及如何降低每笔交易的成本。

KPIs通常是按照交易生命周期及其相应的供应链节点来设置的（见表6-5）。KPIs不仅是公司管理层的关注点，同时也是那些试图比较不同公司之分析师以及那些紧盯控制程序合理性之监管机构的关注点。在图6-6中，我们按照交易生命周期的各个阶段，列出了各种不同信息的关注点。

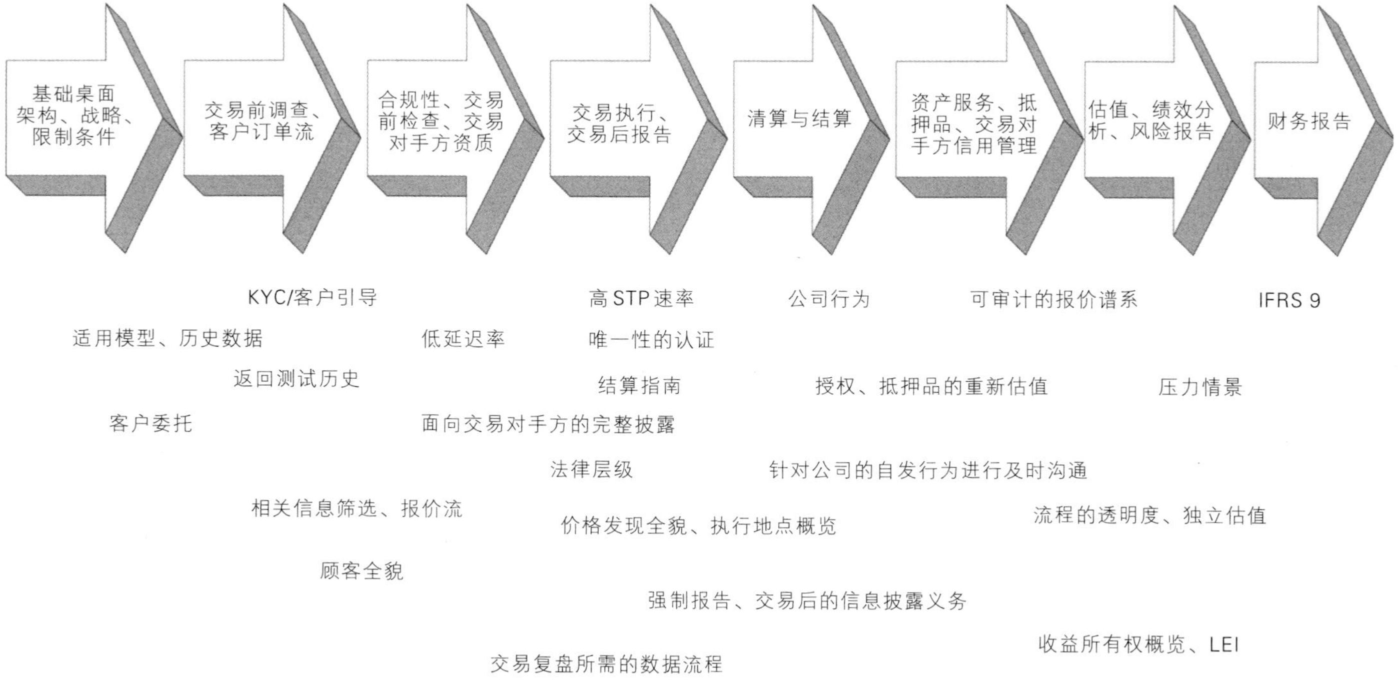

图6-6　交易生命周期各个阶段中不同的信息关注点

表6-5　　KPI示例

服务类型	服务措施	绩效目标	最低绩效（%）	计量时间间隔	权重（%）
可用性	通过FTP站点进行实时数据传输的可用性	FTP站点的可用性	x	每月	x
交付的及时性	按商定的时间安排提交数据	文件按期交付	x	每月	x
紧急事件处理	处理的时间	在事件处理矩阵所规定的时间内处理事件，包括升级	x	每月	x
请求回应处理	处理的时间	在请求处理矩阵所规定的时间内做出回应	x	每月	x
质量	数据准确率	按照每一种需求与业务规则交付正确的数据属性	x	每周	x

KPI，关键绩效指标

具有目标追求及潜在惩罚条款的KPIs通常是一份SLA中的一个构建模块。一份SLA的其余部分是事件优先顺序表（incident priorities table），该表以目标响应时间为依据定义了各个事件之严重性的级别。事件优先顺序表一般要界定响应时间与解决时间的具体含义：

• 承认客户事件属实的限定时间为××分钟（不考虑其严重性）。

• 响应时间始于数据服务提供商确认收到了该事项信息，终于该数据服务提供商明确接受、了解、识别并且同意着手协调修复该事项。

• 解决时间始于响应时间的结束，终于数据服务提供商彻底解决了该实际问题。

根据表6-6中的分类，响应事件与解决事件的时间可能有所不同。

表 6-6　　事件响应时间

序号	事件类型	定义	响应时间（分钟）	解决时间
1	特别严重的	• 为所有的用户或者系统中几个明显重要的用户提供服务/应用程序 • 可能会产生重大的财务影响和/或导致公司声誉受到重大损害 • 没有现成的解决方案	X	X
2	严重的	• 为几个明显重要的用户或者一个系统用户提供服务/应用程序 • 所有的用户或系统用户的服务/应用程序已经降级 • 可能会产生重要的财务影响和/或导致公司声誉受到重大损害 • 没有现成的解决方案 • UAT环境不可用	X	X
3	显著重要的	• 至少为一个标准用户提供服务/应用程序 • 一个或多个标准用户、客户的服务/应用程序已经降级 • 可能会产生显著重要的影响 • 有现成的解决方案 • UAT环境退化	X	X
4	（程度较）低的	• 存在的问题较小并且可提前与用户想好解决方案或者干预手段（对公司自身没有影响或者影响较小） • 可能会产生较小的影响	X	X

6.5.12　最佳KPI实践

恰当的KPIs应该能够把衡量规则、衡量结果的期望值以及应对实际偏差的决策树这三者完美地结合起来（图6-7）。

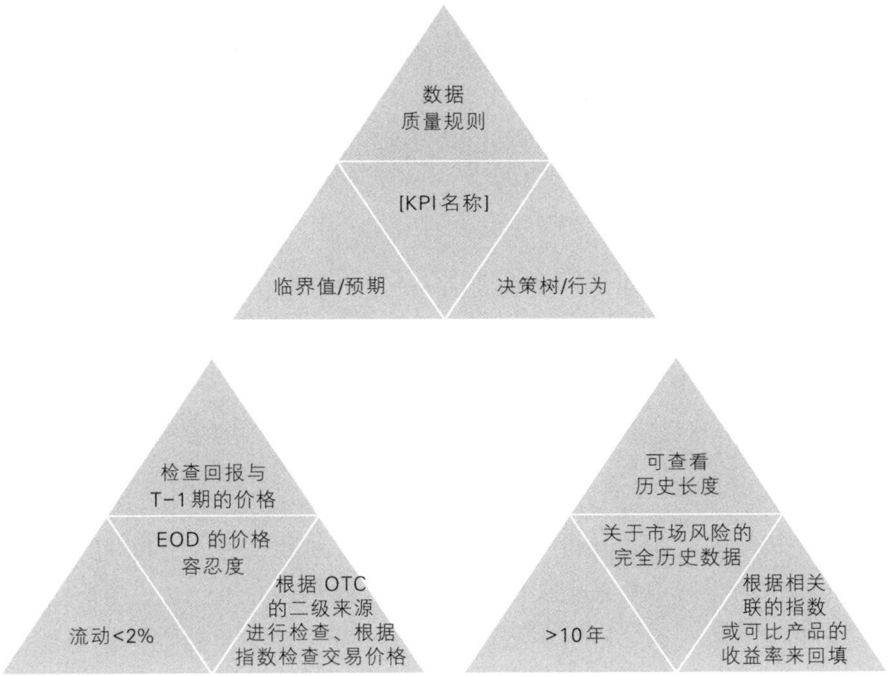

图6-7　KPI分解图。*KPI，关键绩效指标*

选择和设置KPIs的最佳实践包括：

• 若要评估同行业竞争者或其他部门，则KPIs应具有*可比性*，从而显示哪里可以改进，哪里可以花最少的精力却能提高得最多。如果多个公司同时使用同一个KPI方法以及数据池，那么就可以帮助它们了解自己与同行业竞争者之间的关联程度。这也适用于数据管理中成熟度水平的基准测试。基准测试不仅可以从*内部的*一个部门到另一个部门进行操作，还可以在外部以同行业群体的形式来实际操作。监管机构也会因所有公司都使用相同指标而大受裨益。

• 需请特别注意，要选择反映*你自身业务*运营效率的指标，而不是从其他公司那里照搬一组指标。KPIs与任何其他统计值一样：你总是希望尽可能高效地压缩信息，但又不会失去总体面貌以及主要趋势。在数据方面，如果你要衡量信息供应链中的某些部分，那么你就可能希望KPIs能够反映前已述及的那些重要的各个*质量*特征。

• 选定的KPIs应该反映出某种特定关系的*目标*（比如外包给第三方）或者要考核的目标。这些目标可以是客户满意度——通过一些指标来反映，比如对特殊查询的响应时间等，或者充分运用定价/模型的投资组合百分比，如100%准确的NAV、无争议事项、错误定价数量、STP速率等；这些目标也可以是成本（美元/交易）；这些目标还可以是对更大容量的支持度，一般通过诸如系统正常运行时间等指标来反映，例如“5×9式的可用性”（99.999%的正常运行时间或者每年最多约5分钟计划外停机时间等），还有新工具设置数量、公司事务处理数量、所服务的投资组合数量、延迟、消息/秒的发送量等。同样，清晰地了解那些用来改进KPIs当前值的措施所取得之结果也非常重要。这些措施会让客户更加满意吗？会产生更多的收入？会导致更低的成本？还是会导致上述的所有这些结果？

• 不要收集*太多的*KPIs。因为KPIs之间可能具有非常强烈的关联性，所以增加KPIs的数量不一定会带来更多的信息。进一步地说，收集KPIs本应是一项简便易行的工作。如果其收集过程费时又费力，那么这项工作就不会（或者不会一直）进行下去，此时你得到的信息要么是残缺不全的，要么是谬之千里的，因为人们会急于传递某些东西并以各式各样的方式去解释那些将要传递的数据。那种附有成百上千个KPIs的报告与恰当性及效率性之间是背道而驰的，甚至都不具有最起码的可读性：因为人们不可能会透过森林看到树木。

• 需要保证那些适用于各种不同流程的KPIs在概念上保持必要的*一致性*。不一致的KPIs无法汇总为整体信息，也不能作为业务部门营运风险费用分配的基础。定义一致的KPIs能够为编制营运风险报告提供便利，并将最终惠及那些需要理解和比较这些报告的监管机构。

• KPIs需要接受责任主体或者承接该流程的外包主体的*控制*。例如，如果需要衡量一个从事数据管理的外部主体在系统中设置新工具或新客户方面的提前期（lead time）指标，那么该提前期的长短将可能在很大程度上取决于金融机构自身的风险控制程序。

• KPIs应该能够*支持本因分析*（support root-cause analysis）以及趋势预测等。

• 为了达到KPIs的特定值，KPIs应该有负责实现这一目标的*负责人*（owners）。此外也还应该有一个反馈循环以使各种信息能够反馈至任何可能*影响到*KPIs实现的人员。

• KPIs应该是由*流程*来驱动而不是*数据*来驱动的。如果要执行那种由流程到数据的过程规划，那么就需要识别出可以决定产品能否取得成功的根本因素。

6.6 探索并控制信息的不确定性

在信息论中，*熵*是指信息出现意外的程度或者说不确定性的程度。在金融基础设施环境中，我们可以将此概念应用于度量信息供应链的效率。

供应链中那些尚未到达终端用户或者系统实际*处理*之前的不同步骤，以及一些为数可观的不同部门与分支机构，都会对数据质量的信任度产生一定的影响。

信息供应链就像中国式的“传话”游戏一样，随着接触信息的节点数量逐渐增加，影响到信息准确性的不确定因素就也会不断地增加。监管机构总是要求引入新的供应商内容以及软件产品，而这些又都需要与现有的基础设施之间进行整合。当我们鸟瞰公司数据架构时，会发现它们看起来就像一个堵塞的三角洲。数据流向外分涌而出，最后又汇集在一起。有些通道从源头到目的地都运行顺畅，而其他的通道则被淤泥堵塞，导致数据积压与流动停滞。

使用临时的Excel表以及其他的EUDA是为了干预上市的时间，但通常其存续期会比预期的更加持久，最终成为基础设施的一部分。信息系统、电子表格以及数据库丛林也是过去并购与最近合并的结果。被收购公司的层级结构可以通过信息基础设施来观察。(但)由于收集完善信息供应链的难度较大且成本高昂，法务会计师与EDP审计员也不得不偶尔只能像业余考古学家那样（零敲碎打）。用户们一般总是不太愿意放弃控制权并交出那些电子表格。

信息在一个机构中的分布程度，与那种为创建一个连贯而全面之业务现状布局所付出的努力之间，一般是相互对等的。那些可能导致机构中总体信息熵的增加，并且在任意初始数据质量诊断中都需要加以评估的因素包括：

- 所流入的独立之数据流的数量；
- 交易量大小以及不同类型之种类的数量；
- 所交易之产品的范围；
- 跨地域、跨时区的用户分布；
- 独立数据存储的数量以及业务应用程序中主数据存储的频率；
- 流程中的中介角色与步骤的数量；
- 数据字段定义的数量；
- 相同或重叠数据的独立进入点（经由手动入口、客户端提交、商业数据源等）的数量；
- Excel及其他EUDA在操作流程中的普及（程度）；
- 每个数据域中所有权及其变更管理的明确（程度）；
- 具有对同一数据写入权限的人数，以及他们所处的部门；
- 人类语言、计量单位以及公司文件格式的分布状况等。

熵值越高，则总体的复杂性、成本、惯性以及无法满足新信息管理需求的程度就越高。通过观察那些生成熵的不同因素，我们可以研究潜在的改进措施。两次运行安全主程序不只是增加*两倍*的工作量，而是增加*三倍*，因为你需要在你两次的内部数据存储之间进行必要的核对。在一个糟糕的基础架构中，新的数据需求通常要求额外的员工加入进行核对以及返工。

那些有助于降低数据不确定性并提高信息生命周期管理效率的缓解（熵的）因素包括：

• 采用单一数据标准来解决那些不兼容以及解释力的相关问题；

• 共享服务，以避免重复获取、处理和存储相同的信息；

• 通过明晰每个数据域的所有权及其变更的管理流程进行数据治理；

• （运行）控制及营运风险报告框架；

• 对重大经营风险事件投保；

• 通过指标以及控制面板来追踪质量KPIs及其变化趋势；

• （使用）一种反馈机制以提高内部数据的质量并获得一些来自客户与供应商的数据。

企业如何才能运用好上述这些缓解（熵的）因素，取决于企业的组织形式。例如，企业是按照地域、客户群体、产品等来组织的，还是通过社会环境来组织的，同时是否还拥有那种能够推动标准与公共服务的纵向一体式（cross-vertical）的共享服务等（图6-8）。

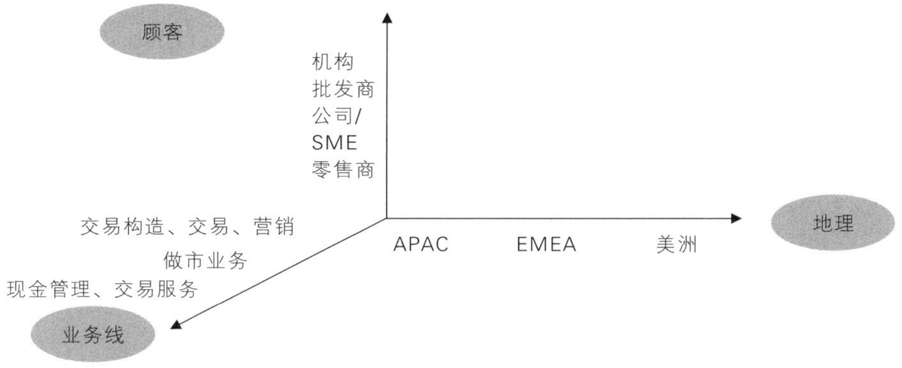

图6-8　金融机构的组织维度。HNWI，高净值人士

即使是从头开始设计并设置最为完善的信息架构，那也只能是反映当*时的*（at that moment）那种业务需求。而由于需求的变化，信息架构通常

会被调整、过度使用和改造。即使是在拥有健全基础架构的情况下，走捷径的行为也在所难免。这就是衡量标准和针对行业最佳实践、成熟度模型进行定期基准测试的非常重要的一个原因：确保每个人都在正确的道路上前进。

热力学第二定律似乎也适用于数据基础设施。如果没有干预与控制，用户就会挖空心思地去走捷径以求实现短期之目标。而如果没有适当的数据管理方法，那么信息的不确定性或者熵就会不可避免地增加。阻止与逆转数据降级趋势的唯一方法就是向系统注入新的能量。

6.7　提升质量以及修正流程：怎样结合KPIs来采取行动?

在定义并设置了KPIs之后，应该趁势将其公开并以此来指导正确的行动。我们将会明确界定业务流程管理（business process management，BPM）与业务活动监测（business activity monitoring，BAM）这两个专业术语，以及它们与那些财务流程指标之间的相关性。

*控制面板*可以呈现对KPIs进行整理之后的一个综合结果，并且能够将工作流中的各个不同步骤紧密地黏合到一起，给出一个关于流程业绩及其健康状况的概貌描述。“BPM”意指一个业务流程中各个步骤的控制活动及其透明度，而且一般是位于管理与信息技术领域的交叉点之上。它强调的是企业架构方面的具体业务流程。“BAM”主要界定的概念是，那些必须保持在一定水平之上的特定指标以及需要给予警示并采取行动的各种条件。与控制面板相比，BAM更具实时性，主要由事件来驱动，并且以各业务流程为导向。*商务智能*（business intelligence，“BI”）指的是用以揭示BAM可能实时显示之趋势的历史分析以及数据挖掘。控制面板、BAM以及BI都是对流程进行深入了解（如何比较）的技术，并且都需要一些基础的KPIs。比如说，BAM在下列几种需创建前瞻性警报的情况下，

可用作库存管理（技术）：

• 处于违约极限或者接近临界点。

• 账户现金余额、特定工具的实时库存量。

• 抵押品组合的质量。例如，倘若达到了一定的信贷额度，或者是触及了关于行业集中度的某些相关限制条件，就会触发关于抵押品追加或者替换的指令。

• 做市库存（market-making inventory），有可能导致对报价以及报价规模的必要调整，或者那些足以改变库存水平的直接买/卖订单。

• 关于保证金的指令，一般会引发现金转移。

• 检查那些临近截止日期的公司未决事项，并随后向账户持有人发送提示性的信息，以敦促其做出必要的选择。

BI可用于那些滞后更久的事后报告以及环境分析。例如，在（确定）STP速率时，可通过调查哪些账户、哪些产品可能导致最多数量的中断等，从而决定针对这些领域的数据质量进行实质性的投入。数据科学家或业务工程师可以使用功能更为强大的BI工具，（这些工具）扮演着那种可将业务知识与广泛的IT技能相互结合的新型角色。

在开始阶段，BPM和BAM通常只能揭示某些（运转不良的）症状，但是如果设置得当，它们就会起到诊断的作用。诊断一般又会引发开处方的行为，而开处方的行为则会导致治愈的结果。先前所讨论的最佳KPIs实践应该有助于降低这些风险。但需请注意的是，所用工具中的逻辑与价值，永远都无法替代那些在配置和使用它们时所必需的（部分）智能。

针对KPIs的面板控制以及纠正措施是信息供应链各个质量维度值之（情况）汇合的自然结果（logical conclusion）。这个流程始于识别哪些内容是必需的，以及根据内容识别流程所需的服务级别是怎样的等。紧接着下一步则是设置KPIs。每个质量维度的相对权重将会随着业务功能的不同而有所变化。数据质量要素可以代表一定的竞争优势；达到某种绝对的质量水平也可能不会是什么既定的目标，而是说你只需要比别人做得*相对*更好。如果真是这样的话，那么即使离完美的数据质量相去甚远，你也已经拥有了一定的竞争优势。

操作性的KPIs和那些来自预测分析的各个指标，都与人工干预密切相关：

• 如果所丢失的数据是被标记过的：（那么就）可以通过内部查找、从外部以按需数据（on-demand data）服务的方式来购买或者联系客户而（直接向其）提供所丢失的个人数据。

• 可疑数据：（可以）从另一个来源去探求并寻找相关的佐证。

• 自动拨打电话，发送邮件或者短信。可以设置数据收集门户来收集更多的动态数据，以及通过用户自己确认或添加数据来完善数据管理的流程。

SLAs界定了交易双方分别对于服务提供者关系的期望，也就是界定了服务提供者承诺了什么、如何度量、如何定价以及偏离服务会产生何种影响等（交易所涉及的几个主要方面）。KPIs是一个非常有用的工具，因为它可就指标的使用而达成清晰简明的协议，并可对预期结果进行汇总。由于越来越多的服务是由机构内的公共服务部门或者第三方提供的，因此从一开始就明确设定一些期望目标是非常有必要的。

如图6-7所示，拆分之后的KPIs不应仅仅用于反映现状。事实上，它们还可为我们提供一个深入研究本因（root causes）的机会，以便改进业务流程。对KPIs观察值的频繁反馈会强化流程审查，并且促进信息获取、处理以及分发方面的改进。质量反馈与信息供应链的延伸之间应该是方向相反的；否则，就不会有任何可能的提升。反馈循环如图6-9所示。

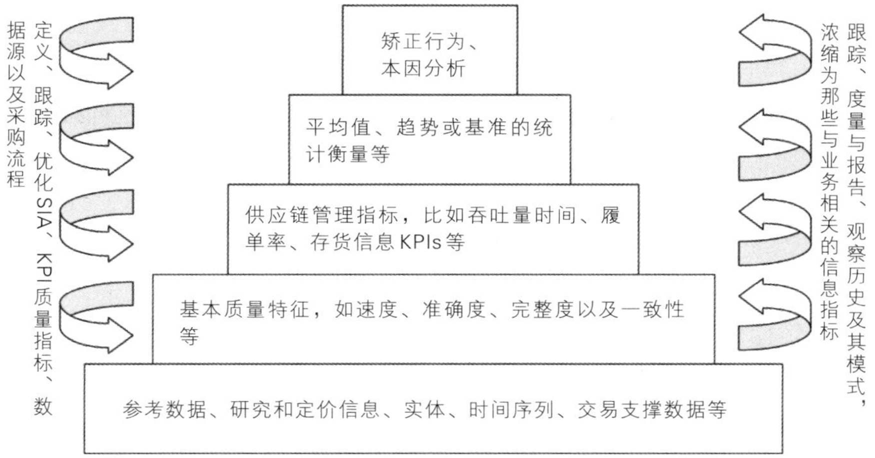

图6-9　数据指标的报告与反馈循环。*KPI，关键绩效指标*

我们可以看到的KPIs之发展趋势包括：数据的成本计算更为颗粒化、所有权控制更为严格化，以及背景数据的保留更为多样化。KPIs未来的发展，则可能会涵盖元数据以及置信度等方面。我们可在Facebook个人资料中跟踪每条数据的去向、功能、链接内容以及用户的反馈情况。同样，KPIs将会与各种业务流程更加密切相关。我们将看到这样一种情形，即每项操作或每笔交易的成本都可以一种更加颗粒化的方式估算出来。管理／财务会计将会贯穿整个经营活动。数据也将以一种颗粒化的方式进行收费，并且内容授权协议也必将适应甚至促进这种方式的发展，因为内容所有者自己也希望对其数据使用情况有一个全面彻底的了解。

6.8　数据标准所扮演的角色

我们在第3章中提到了一些数据标准。数据标准分别存在于几个不同的层次：

• 处于单个字段域层次的：一个（采用）货币代码（来标识）国家的

标准集；

• 处于身份识别层次的：一种识别法律实体或金融工具的标准（关于ISIN代码的是ISO 6166；关于LEI代码的是ISO 17442；也可参见https：//www.leiroc.org/）；

• 处于交易层次的；

• 处于金融服务界完备模型层次的，通常划分为几个不同的子域。

数据标准将身处不同公司、不同部门的用户按照相同的基础（on the same footing）置于一项业务流程的不同步骤之中。那些能够明确定义以及厘清词汇表中不同术语之间关系的可控或约束性词汇表（controlled vocabularies），是有效自动化的先决条件：（因为）自动化歧义通常就是灾难发生的根源所在。

各种数据标准可以来自ISO标准的制定流程（关于这个流程，可以在http：//www.iso.org/iso/home/stan dards_development.htm上找到一个很好的简要介绍），该流程会组织一些具备行业代表性的技术委员会，而其主要工作之一就是任命一个登记机构（registration authority）来促进相关标准的实施。例如，SWIFT就是一个促进包括ISO 20022以及LEI在内的相关标准实施的在册权威机构。当然，以FIX与FpML为例来说，标准也可以是由行业自身来直接驱动的。常见的标准如表6-7所示。

表6-7　　各种交易数据标准

标准	范围	描述
FpML	交易，专注于衍生品	ISDA集成标准的开发
FIX	交易，主要是上市产品	由非营利性行业协会Fix Protocol Limited来开发
ISO 20022	所有的金融信息	跨境金融交流。SWIFT是该标准的注册机构
XBRL International	交换商业信息，主要是财务报表	由XBRL国际来开发。 与财务会计十分相关。广泛用于财务报表报送以及公司税务报告等

有关各个标准的更多信息可以在http：//www.fpml.org/、www.fixtradingcommunity .org/、https：//www.iso2002org/faq.page，以及https：//www.xbrl.org/等地址上找到

在IT世界，*本体论*（ontology）这个词指的是在特定域中，关于实体类别、属性、关系的正式命名及其定义。例如，对货币期权交易、企业操作处理或者信贷风险管理等来说，都存在相应的本体。

本体论的目标就是达成共同的含义，以使人们对术语及关系等有着共同的理解。反过来，这也使得一种机器之间的共同理解、应用程序之间的更有效的自动化与信息交换成为可能。本体论不仅定义了所有的那些能在特定业务流程自动化中发挥作用的变量，而且还设定了它们之间的潜在联系方式。(也就是说）建立一份固定的、受控的词汇表及其相互之间的关系表，不仅有助于实现自动化，而且还有助于实现自动的演绎推理。

本体论不仅描述各个术语的含义，还会通过推理来判断数据类别、数据验证以及数据关联等。从定义中，不难推断出不同对象之间的关系。本体论通常利用增添明确的含义以及关联，来对现有的技术进行补充。一般来说，本体论以及数据标准有助于：

• 在同一本体域上构建一些新流程的时候，降低软件开发成本以及维护成本，同时缩短产品上市时间。

• 通过共享词汇来实现共享认知。用于操作流程（交易处理、安全服务、税务服务、基金管理等）的公共数据模型可以促进成本降低，并且使得客户能够更加及时地访问到信息。

• 为定义KPIs以及其他指标提供一致的基础。这一点适用于外包且需跨公司分解业务流程的情况下（服务）质量的比较与基准测试。

• 对财务与系统风险情报的支持。监管机构尤其需要标准，因为它们是财务信息的超级汇总者（superaggregators）。

• 合规性（的判断）、KYC，特别是规定了风险数据汇总要求的BCBS239（的执行程度）。任何信息汇总都需要使用通用的标准。如果你不知道它们应以何种基准来呈现，那么你就无法填报任何数字。

• 基于金融概念的通用含义、共享行业服务基础以及企业间共享性的基础，而开始行业间的协调行动。

本体是推理与决策的基础。本体可以促进生成具有内置规则（built-in rules）的智能合约（smart contract），这些内置规则用以防止错误或触发行为的发生。智能合约本质上是自动化协议，它能促进、验证并执行财务合约的各项条款，并且启动所需的执行工作流程。与现有的IT流程相比，（基于智能合约的）数据模型与相关流程之间的耦合关系更加紧密。

智能合约可与分布式分类账技术相结合，在满足某些边界条件的情况下自动转移资产。

在表6-8中，我们将现有的数据建模与自动化状态，以及智能合约的潜在表现进行了比较。

表6-8　　智能合约与当前状态的差异

智能合约	当前状态
透明化的、低成本或者无执行成本	非透明化、潜在执行成本较高
由明确的构建模块以及操作描述组成，例如，交易对手方、交易、抵押指令或支付等	复杂仅仅是因为集成松散，其中人与人之间的交互或者IT，是以电子表格和点对点界面的形式来融合的
可信任的、资产能够自动转移	易出错的、易受欺骗的
可核实的、双方共享条款	不精确的、每一方都有自己的内部IT基础架构以及数据模型
有语义的、包含在术语和条款之中	没有任何意义，即使有意义也必须通过人工干预或者定制IT应用程序来收集

Gruber（1995）在20世纪90年代将本体论引入计算机科学领域。Gruber引入这一术语意在为一个概念模型提供规范解释：“本体，是指一种对概念与关系的描述（就像一个程序的正式规范），这些概念与关系因代理或代理群体而正式存在。”

金融危机导致人们对数据标准产生了更加浓厚的兴趣：

• 紧缩的利润导致了对成本进行更高程度的审查行为，而标准可能会带来一定的效益。

• 客户期望在线的价格发现、交易及其报告。如果缺乏相关的标准，那么这些功能背后的强有力的技术基础设施也就不可能运转。

• 监管改革会促使业务流程更加标准化以及特定产品的商品化。例如，衍生品的集中结算及其交易后的透明度要求。

• 行业认识到了危险的存在，以及交易中模棱两可的财务后果。利率互换或货币互换交易的交易对手方，不会接受模棱两可的说辞而只会要求必要的透明度。标准的缺失也会导致术语表述的自我矛盾、含糊不清。

EDM委员会正在推动FIBO（financial industry business ontology，金融行业业务规范）的稳步发展（FIBO；参见www.edmcouncil.org，EDM委员会商标）。这是一个开放的行业“通用语言”标准，用以定义那些与金融合约相关的术语、事实及其关系等。FIBO覆盖了金融工具（产品相关的数据）、市场数据定价以及各种财务流程。

各类数据标准提供了一个创新的平台，亦即建立一个分析的基础。各类数据标准有助于提供一个通用的数据基础，以使业界能够据此来汇集数据并达成共享服务。如果数据需要在应用程序之间、数据源至应用程序之间，或者应用程序至报表之间自由移动，那么这些标准就可用于减少那些发生在各个切换点之上的矛盾冲突。

标准的存在，本身并不是出于审美的目的，而是一种促成意图。它的目标不是为了标准化而标准化；它的目标是建立共享词汇，防止数据管理中可避免成本以及风险的发生。过去的经验告诉我们，从那些明确划定的领域（公司行为、财务会计、衍生品或证券交易等）中诞生的标准，比起世界通用标准来更容易被（利益相关者）采用。

6.9 数据管理成熟度模型

数据成熟度模型类似于软件工程中的能力成熟度模型，用以衡量各个机构中数据管理实践的成熟度。成熟度模型认为，数据决定于IT；各种工具需要被更好地连接起来，而数据标准则是实现该良好连接的先决条件。那个经由EDM委员会开发的“数据管理能力评估模型”（Data Management Capability Assessment Model）（DCAM；更多信息请参见www.edmcouncil.org）是一个非常有用的模型。

对于如何在组织内建立一个成熟且能被良好控制的数据管理体系，DCAM定义了其所需能力的范畴。这个能力范畴由EDM委员会在行业参与的情况下创建，并已成为任何公司评估其能力或启动新数据管理计划的一个良好的对照标准。这个对照标准被用来作为目标设置与交付成果以及引介通用词汇的对照检查清单，同时还被用来作为调查该行业的一个比照基础。

用以评估的数据管理能力被有机地划分为以下八个组成部分：

- 数据管理策略
- 数据管理业务用例以及融资模式
- 数据管理程序
- 数据治理
- 数据架构
- 技术架构
- 数据质量程序
- 数据控制环境

每个组成部分都可分解为多种能力（指标），而这些能力又可进一步划分为多个子能力（指标）。例如，表6-9列示了上述第5个组成部分即数据架构部分的详细内容（完整的能力集以及子能力集参见 www.edmcouncil.org；这还要感谢EDM委员会的Mike Atkin）。

表6-9　　DCAM数据架构组成部分示例

5.0数据架构	5.1识别数据	5.1.1　已对数据逻辑域进行识别、记录及编目
		5.1.2　已对数据底层物理存储库进行识别、记录及编目
	5.2定义数据	5.2.1　定义概念模型（本体）
		5.2.2　开发逻辑模型（分类法）
		5.2.3　属性级的“业务”定义由利益相关者来确定、记录及批准
		5.2.4　定义元数据
	5.3治理数据	5.3.1　建立数据架构治理程序，以确保数据的授权及使用控制
		5.3.2　数据架构治理程序已就位，并与业务治理流程保持一致
		5.3.3　数据架构治理程序业已就位，并且与技术之间保持一致

DCAM，数据管理能力评估模型

针对上述每种能力的成熟度水平之评估，EDM委员会开发了一种评分方法。成熟度水平主要分为以下几个等级：

a.尚未启动

b.进程中（概念梳理）

c.进程中（逐步开发）

d.进程中（边界确定）

e.能力达成

例如，对于先前数据架构示例中所列出的某些能力，其评分情况即可如表6-10所示，并且这些也就是数据架构中第5.0节的起始内容。

表6-10　　DCAM数据架构能力示例

	尚未启动	进程中（概念梳理）	进程中（逐步开发）	进程中（边界确定）	能力达成
5.1.1　已对数据逻辑域进行识别、记录以及编目	尚未对逻辑数据域进行定义	提出了逻辑数据域。确定了利益相关者，并且要求它们参与识别的过程	选择业务利益相关者来帮助识别逻辑数据域。业务利益相关者得以确认、涉入并且参与进来	利益相关者验证了逻辑数据域	逻辑数据域已被识别、优先排序并且得到了认可
5.1.2　已对数据底层物理存储库进行识别、记录以及编目	尚未识别数据底层物理存储库	物理数据域的识别正在进行中	已经识别物理域存储并且分享给了利益相关者	物理存储库与逻辑域相连，已对链接进行了记录及验证	业已指定物理存储库并且积极维护相关存储库

DCAM，数据管理能力评估模型

EDM委员会还会定期地进行基准测试（参见EDM Council，2015）。DCAM所识别的许多能力，与诸如BCBS239在风险数据汇总等方面的监管倡议等所要求具备的能力之间一一对应。EDM委员会最近的一项调查显示，行业对个体能力的评分平均在2.66～3.53之间。拖后腿的主要是关于数据描述、数据谱系、数据指标等方面的能力。加分项则主要是关于数据管理策略、数据联盟、数据资金投入等方面的能力。从这一点来看，业界似乎知道应该采取某些措施（来提高得分），但相关战略尚未得以提炼从而转化为那种端到端的、透明的信息获取流程。

6.10　数据管理流程与质量管理的ROI

低效的数据管理流程既会引致直接成本，也会产生间接成本，其中直接成本主要包括采购冗余、存储冗余与程序处理冗余的成本，以及因为数据错误所需返工来修复的成本等。而更为严重的还是那些间接成本：因为程序处理冗余会导致不确定性以及信任的缺失。最终，数据质量问题会影响到公司与客户、对手方、投资者，以及监管机构之间（原本良好）的关系。成本类型的概览如表6-11（摘自McGilvray，2008，pp.190－191）所示。

表6-11　　成本类型概览

影响类型	实例
硬性影响——易于衡量	客户流失：由于客户更换银行、资金转换而导致的业务损失； 由于不当销售、欺诈而导致的监管罚款
软性影响——明显但难以衡量	因需仔细检查信息而导致的决策推迟； 因缺乏对主数据系统及本地系统的信任，企业用户、风险及财务部门人员需进行返工以及质量检查； 导致惰性、缺乏竞争力以及数据所有权方面的冲突
收入减少	由于产品从开发到上市的时间较长，存在机会成本； 在一个移动通信的世界中，如果客户获取到的信息是不正确的或者姗姗来迟，他们便会产生不满情绪； KPIs的成本/数量都很糟糕、品牌价值较低
成本增加	因为重复的数据获取与存储、过多的运营及IT主管、应变方案的设置等而导致组织惰性及成本过高
风险增加	IT基础设施较为脆弱，不符合BCBS239的原则要求，使得监管干预和内部审计（不得不长期存在）； 在糟糕的数据管理与数据治理中存在着许多舞弊机会，如果风险（管理）、估值、头寸维护等要由终端用户控制的应用程序来完成，那么就会存在各种（数据）隐瞒或滥用的机会
打击信心	因为重要的数据问题、媒体报道的欺诈或交易丑闻而引发的监管审计、审查会严重打击投资者的信心，也会导致资本规划中的监管干预等； 糟糕的管理信息系统

（实务中）有好几种不同的业务效应技术（business impact techniques），被用以证明数据的价值以及确定那些可改进数据质量之措施的优先顺序。改进数据质量的措施涵盖区间，包括小规模的流程变更、基本数据指标跟踪与离散型重复存储，以及大规模的全公司范围适用措施等。最好是先从小处着手，测试什么是有效的，然后思考如何将行之有效的小规模干预机制推广到整个组织层面。业务效应技术包括（摘自McGilvray，2008，p.163ff）：

• *轶事趣闻*（anecdotal）。大多数用户都有可能有过因为（数据）质量不佳而影响到订单、客户满意度以及自身日常工作（例如，反复地做同一件事等）等（尴尬）经历。

• *用例*。比较数据的当前用途与未来的新用途以及与其相互关联的每个流程。在新的监管报告中，客户或产品的用例数据可以反映出质量问题，并催生出各种改进项目。

• 通过采访业务用户并反复询问“为什么”的*本因分析*。从一般的经验来看，经过五次问询之后，你就能知道真正的业务效应如何了。在整个业务流程中，这一点有助于通过数据生命周期来追踪数据。这通常也是识别失效（dead-end）数据流以及过时数据池的好方法。

• 描绘*成本/效益矩阵*，定性地列出低（数据）质量对经营的各种影响，而且同时可阐明，如果能够更快地获取更多的、逻辑更为一致的数据，那么流程将会得到怎样的改进。

• 通过按照其对具体业务流程的影响程度之高低来排列各种质量问题，从而为数据遗失以及数据错误所产生的影响做出*有优先次序的排序*。

• *流程效应*（process impact）。这一点主要是显示低质量数据对业务流程所产生的各种影响。通常是使用一些变通方案，或者更多地使用诸如Excel等专门为其开发的终端用户适用程序（end user-developed applications）等，来克服基础设施数据方面的各种问题。此外，临时的员工数量通常也会掩盖数据质量存在问题这一真实的情况。

• 收集大量关于低质量数据对业务流失、错失收入机会、浪费、返工或监管罚款之影响的*示例*（examples），是证明需要结构性改进的最佳方法。只要能够被推广至更大规模的实操中，那么大量的示例以及关于数据质量的KPIs就有可能足以令人满意。

• 为了说明*投资的回报情况*（return on investment），需要对低质量数据的财务影响、结构改进的所需投资，以及新状态下的质量水平进行全面评估。那些在项目结束之后为了保持数据质量而发生的成本也需要包括在内。过于乐观是常见的情形，但数据质量项目（评估）确实很少能够达到100％的准确率——更不要说完全防止事后的数据衰变了。

更大规模的数据质量改进项目包括了第5章中所讨论过的一些工具。这些工具可以是追踪定义的数据治理工具，也可以是收集反馈意见的内部社交媒体，还可以是数据清理工具。特定的数据清理工具可以解析现有的数据，从中找到重复或空白的数据——特别是在域与定义十分清晰，同时存在许多可编入清理工具之识别码（比如在客户记录与地址信息中）的那种情况之下。其他工具可以自我发现并记录流程与数据流——只要你允许在你的网络上使用一些扫描以及查找之类的软件即可。这些工具应由那些技术娴熟的人员来负责具体操作。如果没有可用的工具，那么就应该开发自定义脚本，但此时大规模的数据库更新在所难免。必须特别注意，现有的经营不能随意中断。我们将在下一章对数据管理的组织动态进行讨论。

业务效应可以各种不同的方式来表述（参见McGilvray，2008，p.166ff），包括：

• 收入的增加。

• 直接成本的节约。

• 通过KPIs的提高（例如，减少周转时间等）来表示的运营效率。

• 员工生产力（每名员工的营业额、每名员工每小时处理的订单数量）的提高。

• 降低风险即减轻结果的意外波动性。换言之，增加可预测的处理时间。

通常需要相关的KPIs用以支持业务案例（business case）。例如，基于所追踪的人工干预数来分摊相关成本（track number of manual interventions to proxy cost）。（假设已经观测到）每次人工干预需要花费5分钟，每次审批都需花费2分钟。（那么）这个总结的信息将有助于设置该业务案例（make the business case）。（还要）追踪那些可能导致外部沟通的机会场景：客户或对手方就结算中、估价中或者报告中的错误进行讨论的频率是多少？如果将其并入关于经营损失的数据库，那么它将可以用于衡量那些直接成本。

对金融服务业来说，遵守规则就是一种经营成本。例如，在金融危机期间，涉及跨库检索的临时报告需求常常会引发尖锐的数据质量问题。对于长期存在的问题，人们寻求的应对办法一般是额外安排人员以及EUDA等。

监管是数据改进项目的主要驱动力之一，但改进项目却又不应该仅仅发生在监管范围之内。与其说是“因为你不得不（这么做）”，倒不如说是由于存在创收机会，也就是说要用“因为你想要（这么做）”的视角(来看待某些问题)。

数据管理的转换成本非常之高。主数据库与分发工具之间的黏性很大，主要是因为熵的存在以及海量的点对点式的各种连接。这一点说明长期以来，组织始终没有得到它们真正满意的解决方案。相应地，供应商可能也没有足够的驱动力来提供世界级的服务，因为他们的客户别无他选。因此，如果是为了理顺与重组信息供应链而建立一些项目，那么就应确保始终至少已经完成了一项紧急的任务。

关于信息管理未来所可能面临的各种挑战，可以很容易地做出一些预测：更多的容量、更少的延迟、更多的监管，以及交易生命周期中不同链接之间更广泛的地理分布等。如果说数据质量是一种比较优势，那么它就如同平均质量一样，也是一个变化的目标，因此，基准会不断变化，准入门槛也将持续提高。但不变的事实是，风险总是存在于你最意想不到的地方。这一点不仅适用于信息管理风险，也适用于各种财务风险。

信息的熵越大，潜在的ROI就越大，只要你能清理并且简化你的“内容行为”（content act），减少熵就意味着减少不良数据以及数据缺陷存在的机会。这一点意味着未来有更低的信息检索成本、更高的生产力以及更轻松的合规途径。

6.11 结论与展望

信息只有在对其采取了一些行动之时才是有用的。数据的质量及其易访问性，决定了它的有用程度。信息在最终传递至决策者之前，常常需要通过一个很长的供应链。了解信息的供应链与每个步骤之中信息的更改与添加，以及在切换点发生了什么，对于任何依赖于此信息的活动而言，都是成功的条件。然而，简直不要太正常的是，（你想要的那些）信息却往往姗姗来迟、残缺不全，或者驴唇不对马嘴。

全面了解数据质量的各个方面，对用户来说非常重要，而如何度量数据质量以及制定适当的KPIs也是非常关键的。为此，标准和成熟度模型作为实现标准数据服务的必要前提与实用工具，可以提供必要的帮助。我们将会看到越来越多的通用服务，既有企业内部的，也有跨行业的：

• 对内，IT部门必须提供公司的*数据操作系统*（data operating system），并确保系统能够在客户以及服务提供商的切换点顺利整合。

• 对外，我们将增加行业级别的主数据服务。这些服务将同时满足主数据服务以及流程本身的需要，比如运行安全主数据或者客户登录时的数据采集等。

良好的信息供应链需要做到以下几点：

• 能够轻松访问到关于交易的所有信息边界条款：关于产品、软件、客户的主数据；

• 能够管理数据的各种变化频率（various frequencies）；

• 企业层面上一致的数据标准——在理想情况下，还能与客户和供应商的标准保持一致；

• 信息交换点的管理，并且当数据在应用程序之间流动，或者是进入或离开公司之时，能够确保完整性；

• 通过验证规则来确认数据质量及其完整性；

• 重新格式化数据，以提供给内部/外部应用程序；

• 面向下游用户的简易数据报告及其披露；

• 健全的安全与审计功能；

• 能满足企业需求的可扩缩性；

• 定义并收集汇总统计数据以及KPIs，同时拥有那种可促进数据质量提升的反馈循环；

• 数据治理：数据域的所有权以及变更管理流程。

即使你已经得到了高级管理人员的密切关注，也仍然有成千上万个理由来解释，创建企业的标准数据服务到底有多难。各式各样的挑战主要存在于以下几个方面：

• 如果许多成本被隐藏在部门层面，那么设置*业务情形*就可能会非常困难。因为经常性的组织重组使得成本分析与成本归因不能顺利开展，所以很难评估各种集中解决方案的效应结果。如果组织结构处于变化之中，那么用户就会优先考虑局部自主决策，并倾向于使用EUDA。

• 现有基础设施的*黏性*（stickiness）。信息基础设施通常具有难以置信的黏性。基础设施很难被改变，因为其成本高昂，并且还可能会侵害到修订者的既得利益（不仅仅是内容、软件供应商，还毫无疑问地包括那些建立了完备知识体系的内部员工，因为一旦相关基础设施不复存在，那么这个知识体系也将会变得一文不值）。

• *授权成本*（licensing costs）。需要获得内容与系统的企业级权限。那些软件与内容供应商通常都会希望通过合理设置某种使用限制来追求额外的商业机会。此时，致力于获取这些软件及内容的各个金融机构，就会面临着潜在的巨额预付授权费用。

• 还会存在一些*人事方面*（political）的挑战。企业需要设置独立于各个业务线的专用服务团队。一家机构的人事安排需要考虑到这一点。一般的组织通常会按照业务线来设立专职经理，并对一切事务都采用垂直管理的组织形式。（这一点）如果站在横跨业务的角度来看，往往就不存在什么吸引人的职业机会。只有在对外售出服务的情况下，横向跨界的（cross-horizontal）工作才会有收入目标，以及相应的奖金。

• 用户需要就*通用术语*（common terminology）达成一致。就覆盖范围（属性）、频率（实时或批量数据）、质量（手动验证、自动检查，或者仅仅是从供应商那里接手过来）而言，服务的类型可能是多种多样的。但不仅如此，在一个机构内部，对资产类型或行业部门分类的看法，也可能会有所不同。

• 用户需要就内容的*所有权归属*（ownership）达成一致。如果要将内容的所有权移交给一个专属的中央部门（即集中化处理），那么这个部门就必须拥有足够的权力，同时在预算以及员工等方面也具备足够的公信力，方能得到各方认可。如果所有权是不能统一的（非集中化），那么它就可以沿着产品、矩阵或者客户维度等进行分割。不过，这些不同的分割方式可能会产生交集。此外，在人员关系上，很难确定客户数据的所有权，因为这一点通常与商业关系直接相联。诸如商业假日信息等更多的中立信息，进行集中化相对更加容易。安全主信息则应处于（集中化与非集中化之）中间的某个位置。

• 让足够的用户与系统充分利用这些数据服务需要*耗费大量的时间*，即使其功效已经获得了广泛的认可。数据集成解决方案天然地具有一定的黏性：让它适得其所需要很长的一段时间，而让它退避其所也需要同样长的时间。组织需要对长期投资持乐观态度，并且需要来自下游数据服务的证据，以充分证明该项投资是有利可图的。此外便是信任的问题：在某些情况下，需要给予用户一定的自由空间，同时从人工控制转变为独立的（自动）数据功能。

• 应对那些附有连接不同平台之应用程序的多样化下游架构所带来的*技术挑战*。通常还有一些（从旧系统中）遗留下来且自带数据模型的系统，而这些模型在某些情况下恰恰并不适合所设想的通用服务。

在下一章中，我们将讨论数据管理组织方面的问题，以及成功地进行数据管理与质量提升的各种条件。

参考文献

EDM Council，2015. Data Management Industry Benchmark Report. Available from：<www. edmcouncil.org>.

Gruber，T.，1995. Toward principles for the design of ontologies used for knowledge sharing. Int. J. Hum. Comput. Stud. 43（5-6），907-928.

King，B.，2010. Bank 2.0：How Customer Behavior and Technology Will Change the Future of Financial Services. Marshall Cavendish，Singapore，pp. 379ff-380ff.

McGilvray，D.，2008. Executing Data Quality Projects. Morgan Kaufmann，Amsterdam，p. 5.

第7章　数据管理的组织问题

7.1　引言：组织方面的需求变化

7.2　信息治理

7.2.1　什么是数据治理？

7.2.2　数据治理模式

7.2.3　数据治理与成本分摊

7.3　组织方法

7.3.1　哪种组织模式？

7.3.2　数据管理的新角色：CDOs与数据管家

7.3.3　将员工转变为负责任的“数据公民”

7.4　数据管理中的外包与服务选项

7.4.1　各种不同的服务模式

7.4.2　1∶1模式

7.4.3　1∶N模式；行业共享服务以及实用模式

7.4.4　重新规划后台的边界：哪是里面，哪是外面？

7.4.5　对服务提供商的影响

7.4.6　未来的发展趋势；N∶M模式？

7.5　共享数据服务的变更管理程序

7.5.1　最佳实践

7.5.2 变更的各个阶段

7.5.3 治理

7.6 结论与展望

参考文献

7.1 引言：组织方面的需求变化

数据是不可消耗、不可降解以及经久耐用的资产。如果数据得到了正确管理并经过了高质量的验证，且经由用户的反馈循环而增强了部分品质的话，那么它就将是任何经营取得成功的关键所在，并且其价值还会随着时间的推移而不断地得以提升。为了确保数据价值的提升，同时确保所有的利益相关者都能获取这种价值，许多公司已经意识到需要改变它们处理数据的方式了。它们要以一种全新的方式来看待数据、关注那些有助于获取并更改数据的最优举措，同时要让那些附有正确之内外部服务资源组合的组织模式发挥其应有的功效。

金融信息世界瞬息万变，本章我们将对组织的响应以及新兴采购模式进行探讨。内容涵盖了各个组织为了解决我们所讨论的一些主题而正在进行的诸多工作。这些主题包括：

• 数据产生、共享以及获取等方面所发生的各种变化；

• 在信息提供方面，客户服务期望与客户反应时间等所发生的各种变化；

• 在处理强度以及信息颗粒度等方面所增加的监管报告要求；

• 所增加的成本效益性需求。

（事实上）许多组织已经通过自身的变革（reorganizing）以及经常性地将其数据操作与信息技术进行整编（centralizing）等，（对外部环境变化）做出了必要的响应。它们已经开发了新的工具，比如说数据管家与首席数据官（CDOs）等。它们更为严格地审视它们所获取的数据总量，并且更加关心客户获取数据的体验是否更加简便以及更加敏捷。它们正在试验新的技术，以求提高效率并提升用户、监管机构以及客户的信息获取能力。在这些领域中所用到的技术通常会被分组，分别被贴上“金融科技”（fintech）或“监管科技”（regtech）等各色标签。（另一方面，）监管机构也高度关注如何提高它们从金融机构那里所获数据的质量，以及如何改善自身流程的效率。更有效的业务逻辑自动化方法，可以带来大量成本收益（gains）——付出的代价则是在风险、财务、控制、IT以及运营等方面的各种业务支出。

除了使用内部技术之外，许多企业还会把目光放在采购模式上：数据采购以及整合流程的哪些部分应该保留在企业内部，哪些部分又应该外包给别人。企业正在逐渐认识到信息库存以及资产管理的价值：在信息管理方面，需要保持和其他资产管理完全一样的严谨度。

数据服务领域的格局正在迅速地发展，其主要标志是许多企业都在研究关于法律实体与金融产品之主数据服务的共享服务。基本模式也正在从将特定功能外包给专门的服务供应商，转变为一种融合技术与运营的升级版共享服务。但问题在于，如何划定联合功能与中央内部功能以及行业共享服务之间的界限。

在本章中，我们将首先讨论数据治理领域，也就是信息的所有权归属及其变更管理问题。其次是对数据管理的各种组织方法进行概述。我们将讨论传统的业务划分方法（前台、风险以及运营等）和IT，以及CDOs与数据管理员的引入可能意味着什么等。接下来，就是概述数据管理的采购方法选择问题，既包括传统的外包式劳动力成本套利模型，也包括更有趣的行业共享服务、公用事业，以及传统IT服务与数据供应商的反应等。其中的主要问题就是关于界限划分的问题以及明确数据效用的终极范围。换言之，就是哪些功能可能会被留在企业内部并构成自身的核心竞争力及其差异性。最后，我们将对促使企业转向新的采购或组织模式的变更程序进行概述，并在本章末展望未来。

7.2 信息治理

管理的关键任务之一就是寻找组织的共同利益（common good），超越一时、一地以及任何具体的要求。就数据管理而言，这更是一个特别棘手的目标。可靠的并可访问的数据算得上是组织中备受争议的最大共同利益点，但在企业中却会明显地存在着各种分裂力量。

对于如何看待数据管理问题，信息治理采取了另一种方式：不看重技术方面，而是关注其（引发的）社会动态。事实上，技术本身不是问题，如果有什么问题的话，那就是金融服务中存在太多的技术，或者在某些情况下，存在着太多互相之间不可协调的自动化工作。数据治理是对企业数据管理的必要补充及平衡（图7-1）（引自Ladley，2012）。

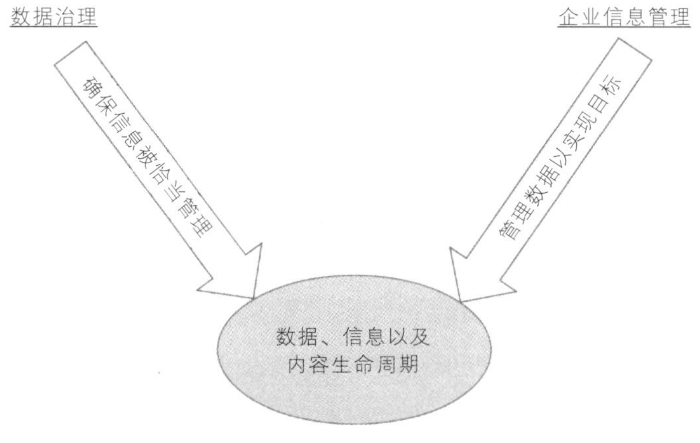

图7-1　数据治理

获取、集成、清理、存储以及发布经过处理的数据等（相关工作），从概念上来讲，是一个简单的问题，但在实务中却真的会让终端用户承担巨大的成本以及糟糕的服务。其中的一个主要原因可能是，许多公司都认为信息管理就是一个简单的技术问题，不必为其投入太多的时间、智力或者钱财，也不必充分考虑其成功运行所必备的组织方面的先决条件。

好几种来自组织方面的压力，导致了IT项目令人沮丧的高失败率（比如，参见“项目失败率概览”，网址为https：//www.kpmg.com/NZ/en/IssuesAndInsights/ArticlesPublications/Documents/KPMG-Project-Management-Survey-2013.pdf）。其中包括项目牵扯的大量的心机各异之利益相关者的社会复杂性以及该问题整体上的“不良性”（wickedness）（这些术语是Churchman在1967年引入的）。不良性问题（wicked problems）通常存在着极为复杂的相互依赖关系，以及难以摆平的（hard-to-pin-down）各方要求。具体来说，它们有以下特点：

• 在问题得以解决之前，你不会知道那究竟是什么问题：它因人而异，就是说取决于你问的利益相关者是谁。这一点使得界定待解决问题及其判断（问题处理是否成功的）标准具有一定的难度。各个利益相关者都会希望你正在解决各个不同的问题：他们的（问题）。（因此）每个部门都需要设置一个数据服务小组，以及时提供各自所需的各种数据。

• 那些问题都没有“就此打住的”（stopping）规则。由于报告需求会持续更新，市场也在不断变革，同时还不停地有新的信息被捕获，所以不存在硬性的结束规则。判定成功与否的标准关乎能力，而非视报告或数据类型而定的具体执行方式。换言之，数据管理并不是要售出某个特定的项目——而是提倡用一种新的方式来处理业务以及不断变化的数据需求。

• 解决方案没有对错之分，也不存在任何类似魔术棒、银弹或者容易复制的配方：制订解决方案必须具体问题具体分析。必须确保你自己清楚地了解你正在解决的是什么问题。

• 每个问题都是既独特又新颖的。对每个公司来说，管辖权、产品集、客户类别、竞争差异、组织文化都是独一无二的。挑战中的相似之处在哪？它们是真的一样吗？尽管高水平的技术架构都是完全相同的，但实施起来却又都是完全不同的。与其关注技术，不如首先关注业务流程，并对它们进行必要的修复。简化业务流程，实质上就等于你已经简化了数据需求（伴随着后台的产业化以及中台的部分产业化，这种归于“制造”类的方法已经在发挥功效，但是理论上，前台才是你真正能够赚钱的地方，因此在这里你需要看重每一点细微的优势所在）。

• 你只有一次解决问题的机会。大型数据转换项目是一项重大投资，也是一次“一生一遇”（once-in-a-career）的机会，或者成功，或者失败（“不成功便成仁”，译者注）。

• 没有特定的替代方案。成本压力、监管与客户要求方面的需求变化，以及得益于劳动力成本套利（labor cost arbitrage）的成本削减等均已基本成型、不可更改。外包本身并不能改善任何流程——并且还会造成额外的共同负担之费用，因此没有任何可明确识别的第三方能够解决这个问题（即前述之不良性问题，译者注）。在第7.4节中，我们将讨论随着相关数据实用程序（reference data utilities）的涌现，这种状况会发生怎样的改变。

在早期的一篇关于数据质量不佳对运营风险之影响的重要论文中，Grody等（2006）指出，在一个可能独立地获取相关数据的多元化金融公司中，存在着大量离散的组织结构（参见https://www.capgemini.com/resource-file-access/resource/pdf/Reference_Data_and_its_Role_in_Operational_Risk_Management.pdf）。独立的数据来源可以根据业务单元、地理位置、投资风格、资产类别等，分别进行设置。

独立采购本身并不能解决任何问题——它只是独立预算与简化中央职能的一种反映。公司不同的地理分布、业务单元以及资产类别都是相互依赖的，而其相互依赖程度就等同于各自对外部数据集的依赖程度。它们需要各种不同的信息，但是所有这些都依赖于数据的可访问性与机密性，而事实上，关于数据的查找及利用仍然存在许多不满意的声音（参见https://tdwi.org/research/2016/08/improving-data-preparation-infographic / asset.

aspx；人们普遍对查找数据、利用数据感到很不满意：超过1/3（37%）的受访者表示他们对查找、利用相关数据的便捷程度非常不满意）。

成本压力将突破以往的预算边界，迫使各个部门进行通力的合作与协调。这就生成了数据治理的一个全新领域：那些在数据内容及其更改程序方面达成共识的流程。此外，由于监管的干预，人们对于糟糕的数据管理所造成的潜在风险及欺诈行为，也有了更深刻的认识。

许多大型的金融公司都制定了数据治理程序，并在其章程上列出了主要的数据管理改进倡议。那么现在看来，它们有什么不同之处呢？在图7–2中，我们草绘了一个对应产业化程度的业务差别图。

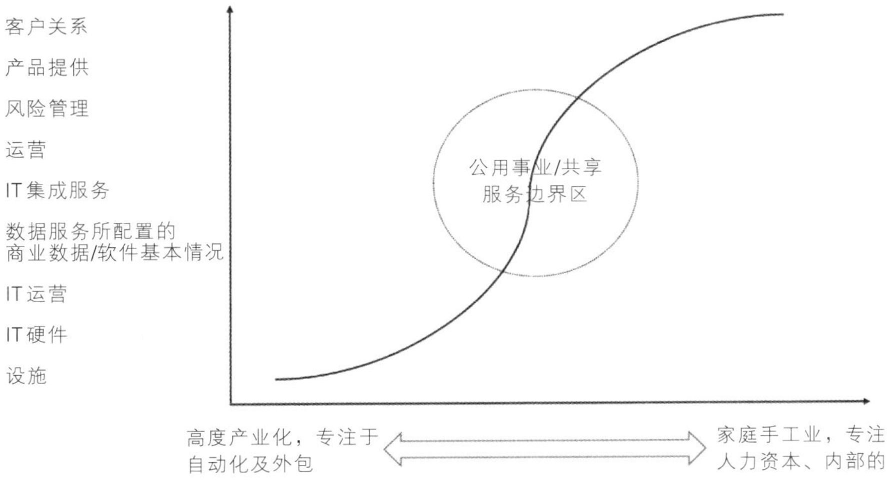

图7–2　产业化程度

7.2.1　什么是数据治理?

在过去的10年里，一个重要的发展就是不再选择那种纯技术的解决方案。许多公司认识到，工具的好坏取决于使用工具的组织。数据代表公司的内存，这是一种资产，也是一种竞争优势。信息资产的更大价值存在于它所支持的流程之中，而不是孤立地存在于信息本身。

如果其中的数据不可信，那么企业投在诸如ERP和CRM等大规模流程上的钱就是徒劳的。企业意识到，它们必须尽可能地摆脱电子表格，尤其是在以电子表格冒充生产系统的地方。

在经过监管审查失败以及许多代价高昂的IT项目失败之后，许多公司得出了结论认为，只有对数据进行更加严格的规范，此外别无选择。它们已经看到，数据可能会被高度政治化（谁控制了数据谁就控制了公司），同时也已意识到必须寻找一条出路来摆脱这种困境。

*数据治理*就是在数据相关事务方面，寻求促进跨组织单元之间的最优合作。数据治理流程就是要确保所有那些代表业务、运营、IT、风险以及财务的利益相关者，能够共享联合资源，同时还要确保在设置数据议程时，就以下几个方面达成一定的共识：

• 指定采购流程，决定何时何地采购，以及如何进行质量证明，并将数据从外（向内）分发给不同的终端用户。

• 为数据源、数据模型、业务规则和常用数据的更改设置一个章程。

• 为数据源和数据管理流程的更改进行先后排序。

• 识别、解决和升级内部数据服务中出现的问题。

简而言之，数据治理可以被定义为“确保信息得以正确地管理”（Ladley，2012，p.10）。在第6章中，我们讨论过的数据质量ROI方法可以支持决策流程的实现。重要的是，数据集范围内的所有利益相关者（的利益）都能得到恰当反映（“利益相关者就是那些积极参与项目的人，或者那些可能因项目及其可交付成果的执行或完成，而受到积极或消极影响的人”，McGilvray，2008，p.69）。

数据治理始于组织整体层面对信息管理原则的共同理解。这一点类似于Ladley的“公认信息原则”（generally accepted information principles）（p.17）（表7-1）。

表 7-1 Ladley的“公认信息原则”

原则	描述
内容即资产	所有类型的数据及内容都是资产，它们具备任何一种资产的属性。因此，它们应被视为其他物品或金融资产来进行管理、担保及核算
实际价值	所有的数据和内容都具有价值，而价值的大小则取决于它们对组织的业务/运营目标的贡献程度，以及内在的市场程度和/或它们对组织的商誉（资产负债表）估值的贡献程度
持续经营	数据和内容并不是一种为达成结果采取的临时手段（或者仅仅作为业务的副产品），而是促使业务运营与管理等得以成功而持续地进行的至关重要的元素
风险	存在与数据和内容相关的风险。必须正式地将其确认为负债，或是一种用于管理和降低固有风险的成本
尽职调查	如果一项风险已被确知，则必须对其进行报告。如果一项风险或有或无，则必须予以确定
质量	数据和内容的相关性、含义准确性及其生命周期都有可能影响到组织的财务状况
审计	数据和内容的准确性需要由独立的机构来进行定期的审计
责任制	组织必须识别最终要对数据和内容资产负责的有关各方
责任	从监管、道德沦丧或是管理不善的角度来看，信息风险意味着所有的数据及内容都肩负着一种固有的金融责任

数据治理意味着在现有的组织层级中具备恰当的调配功能，而不是盲目地添加功能。为了维持良好的运转，你需要实施“组织变革管理”。从设计上讲，数据治理是一个企业程序，它由数据的业务用途所驱动，而不是IT。它非常清晰地阐明了数据资产的角色、规则及其控制等概念。成功的数据治理必须融入组织结构，并且能够永久地改变数据文化（data culture）。

正如Ladley所言：“数据治理不是一个特别的项目，它是所有的那些旨在更有效地使用数据之可能解决方案的必要基础。”

或许具有某种讽刺意味的是，数据治理领域引入了自己的技术。它们倾向于应用社交媒体工具集以及协作思维，同时通过尽可能更多地共享信息来提高数据质量，并就那些基本概念达成共识。特定数据治理解决方案的提供者正是基于这些工具集来创建（解决方案）的。

7.2.2 数据治理模式

从历史上看，清晰的组织分界线一直是存在的，虽然有可能导致数据管理的效率低下，但它至少是清晰可辨的。IT管理着系统和基础设施，企业则拥有数据的所有权。由于数据管理决策可能会变得（如同政治般的）非常之复杂化，因此如果你希望持续地提高质量与效率，那么（你所采用的）任何数据治理模式都应该可以导致不得随意变更的决策。数据治理成功的前提是，赋责与问责之间的链条（the chain of responsibility and accountability）不曾断裂，同时所有的预期都被记录并由所有的利益相关者来共享。

数据治理中的决策模型多种多样。就数据治理方式而言，具体的数据治理制度（The Data Governance Institute，参见http：//www.datagovernance.com/；也可参见Stockdale（2014）对这些模型的讨论）也千差万别，如表7-2所示。

表7-2 各种不同的数据治理方式

自上而下（top-down）的治理及决策流程： • 命令与控制 • 管理层数据治理与运营部门之间存在明确的联系 • 管理层面知行一致，由实例指导	自下而上（bottom-up）的治理及决策流程： • 由个人，或通过基层倡议做出的一些决定 • 用户驱动的数据命名标准 • 支撑基层倡议的组织能力 • 需要那些清晰可见、实际可用的管家及数据治理人员
四方聚合式（silo-in）的治理及决策流程： • 从多个团队中选出代表，并达成行动共识 • 治理与管家委员会 • 联合模式可就棘手问题做出决策，但需经过授权来决定模型与流程的采用 • 代表应在自己的选区内拥有权力	中心开花式（center-out）的治理及决策流程： • CDO或CIO会询问专家来指定具体的数据模型及流程 • 由一个或多个集中资源来制定决策 • 教导所有的利益相关者，考虑到足够多的选项

CDO，首席数据官；CIO，首席信息官

不管是哪种治理模式，其流程都是按照数据生命周期中的各个步骤来设置的（图7-3）。

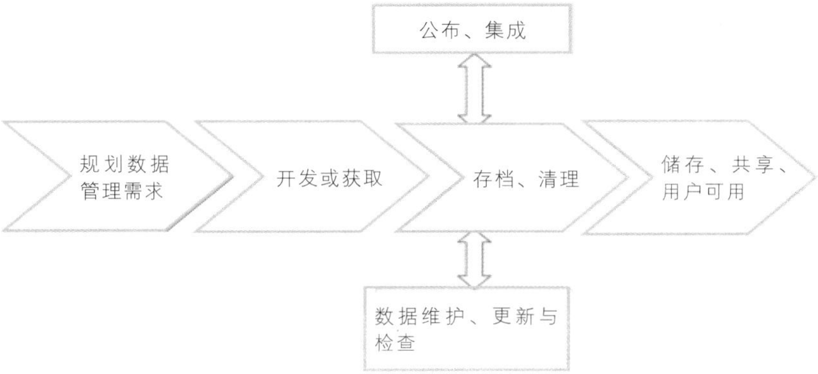

图7-3　高级的数据生命周期管理步骤

（数据治理的）目标是，基于一种共享协议，同时在可被各方理解的前提下，通过形成一个关于事实真相以及完整数据（data integrity）的单一版本来实现数据资产的最优利用。如果你的数据不需要再做整理了（cannot be compromised），那么你就拥有了那种完整的数据。一个企业数据治理程序的内容如下：

• 数据整合（data integration）；

• 数据质量；

• 数据模型；

• 元数据。

一个好的数据治理程序可以给出（Stockdale，2014）：

• 用以管理数据模型之各种清晰的政策和流程；

• 界定清晰的业务数据域所有权，包括明确的关于身处源系统、数据仓库以及数据市场之中各类数据的各种责任；

• 用以获取与执行数据标准之企业数据字典的构建及使用（方法）；

• 用以支持工具标准化的各种策略与流程；

• 关键数据集之来源的识别与分配（方法）；

• 用以适当地衡量数据质量的KPIs；

• 用以在整个数据生命周期中测量及报告质量之数据质量机制的构建（方法）。

7.2.3 数据治理与成本分摊

鉴于量化数据之成本的困难，充分评估服务之解决方案的价值不是件轻巧的事。如果不能理顺数据的使用及其交叉关系，或者没有对数据的定义形成共识，那么就很难分辨出各个用例的属性，（它）到底是BPO、外包、行业服务，还是真真切切的内部软件解决方案等。因此，数据治理是数据管理中进行任何大规模变更的一个必要前提。

数据供应的成本，可以通过多种方式分摊给消费者来承担，包括：

• 按照终端用户人数；

• 按照使用主要资源的数量（与内容花费直接相关）；

• 按照消费应用程序的数量（与内部系统集成工作相关）；

• 按照文件的数量（与数据获取工作相关）。

一个恰当的数据治理流程意味着，用户若想脱离现有的流程与数据源，就必须找到自我辩护的理由，同时还要承担所有的额外成本。

7.3 组织方法

如果所有公司都在寻求一种可能提升业务效益的“物有所值”（best value for money）的运营模式，那么关于数据基础设施及报告的各种要求就会水涨船高。许多公司都正在审视它们的组织及其治理模式，并且任命人员来担任新的职位，如设置CDO以及数据管家（data stewards）等，来构建全公司范围的数据治理体系。

金融服务的一个独特之处就是，在金融服务领域，不良的数据以及不良的数据治理都有可能导致严重的法律后果。EDM的主要功能是*获取信息*（例如，对资产管理者或者银行而言）还是*发布信息*（例如，对基金管理员、保管人、数据供应商等而言）？这个问题颇具争议，分歧不小。EDM功能中交付环节的重心，是针对*内部*客户，还是*外部*客户？从总体质量的角度来看，这一点似乎没有那么重要，却会对SLAs所包含的各项条款产生一定的影响。

7.3.1 哪种组织模式？

如果组织希望其数据管理得到持续改进，同时又已经开始认真思索数据治理体系的构建，并且为此开设了新的职位，那么它们就需要关注整个组织的方方面面了。

它们必须回答以下问题：

• 数据的优先顺序如何？我们最大的问题在哪里？

• 何种组织模式最为有效，或者说最适合处理各种治理问题？

• 客户与监管机构的期望是什么？哪种组织模式最为有效？

• 哪种数据治理模式最为适合我们的组织？决策中我们需要达到怎样的颗粒度水平？

• 我们要做些什么才能转变到这种全新的、目光更为长远同时又能启用全部自有数据以备日常之需的治理模式？如何才能避免大量出现那些强行糅合IT与运营的短期计划？

• 我们想在公司内部做些什么？哪些东西可由第三方提供？实用模型的范围边界在哪？

• 各种各样的利益相关者分别可能会受到哪些影响？

• 我们应该重新组合IT与运营的内部功能吗？

• 什么样的标准才可用于判别数据管家们以及CDOs的工作成功与否？

• 我们需要一个全新的集中化共享数据服务组织吗，或者说这个组织应该设置为业务单元式的还是国家级别的呢？

只有在所有的这些问题都得到了一一解答*并且*答案完全一致之后，才能针对新的服务提供商或者即将投入使用的新工具展开相关讨论。

除了引入新的数据治理程序之外，许多公司业已建立了旨在缩短变更与创新周期的模式。其中包括：

• 技术运营组合（“TOPS”）模式（这些模式将所有不产生收入的单元视为服务组织）；

• 将 IT 开发（development）与运营（operations）/支持等二者同时结合进入 DevOps 模式，以实现一个全新的、更快的软件创建与部署流程。

因为通常没有哪家公司敢在一个全新领域内随意大肆投资，所以另一种（改进的）方法就是围绕着边缘进行创新。这一点可以通过划分出一些不会直接挤占主要生产流程的特定变化区域来实现。不同于大刀阔斧地改革那些主要的基础设施，（这种方法下的）新功能是在*沙箱*（sandbox）环境中被（与旧功能相互）平行地引入的。沙箱环境就像是一个游乐场，在里面可以进行小规模的剧烈变化试验。许多公司都会采取一些措施来优化现有基础设施的运行成本，比如明确的变革管理、外包运营以及共享数据中心等，但是这些措施往往会阻碍创新，因此*沙箱试验*是非常有必要的。从沙箱试验得出的新功能，一般是先以小组客户为样本来试验，通过验证之后，再升级推广至主要的环境以及所有的客户（来应用）。

7.3.2 数据管理的新角色：CDOs与数据管家

得益于那些备受瞩目的、因为缺乏数据治理防火保护（backfired）而遭受大额罚款或者清算处理的案例，同时也得益于成本的压力，数据管理的价值终于引起了高层管理人员的高度关注。最重要的是，新技术有望从数据中获取更多信息，进而用以增加销量以及改善客户服务。他们发现，当前的需求仍然保持非饱和状态，应主要归咎于积压、延迟以及IT项目的彻底失败，因此马上开启了重组行动或者任命CDOs来领导数据管理的改进工作。

直观地讲，将数据视为一种资产的想法非常有吸引力，但是这种想法只能慢慢地渗透到CFOs的脑海中。（不过如果真的）把数据资产放进金融机构的资产负债表，这个难度就非同一般了；但（反过来说）访问客户、了解客户的价值却又是至高无上的。（因此）迫切需要有更多的衡量资产价值方面的技术。从数据管理流程的角度来看，CFOs在元数据管理与保证数据质量方面最有经验。所报送的财务报表必须准确无误，并由CFOs做出书面担保。对CFOs来说，数据质量的描述听起来可能大同小异，但是他们使用的术语却可能各有千秋。

如下问题（不容回避）：CDO的出现，会带来什么新的变化？我们不是已经有了首席信息官（CIOs）和首席技术官（chief technology officers，CTOs）吗？这仅仅是语义上有所不同吗？不同之处体现在哪儿？CIOs管理IT部门，而CTOs往往更关注架构，那么还会有哪些东西可能会被忽略呢？CIO的标题中已经包含了“信息”一词。（那么）为什么CIO又不怎么关注数据呢？CDO会使用什么特别的技能来完成那些可能是由CIO所开启的工作？因此这里所需要的可能不仅仅只是一个新的开始，也不仅仅是一个新的职位头衔。

数据是“信息”和“技术”这两个术语的交叉融合体，而CDO（关于数据管理中不同角色职责的一个全面概述，参见Stockdale，2014，p.474ff）所指的更多的是一种业务功能，即：

• 侧重于数据治理，而不是侧重于工具；

• 着眼于所需之组织方面的变革，而不是IT的运营或者技术累积（stack）；

• 了解数据质量，并且能够量化其业务效应；

• 推动组织变革以改善数据管理文化，进而就数据模型、规则及其来源等达成共识；

• 通过综合考虑技术与服务提供商、内部部门以及行业采用等情况，就最佳采购战略问题发表意见和建议；

• 给下一代管理人员带去数据素养（data literacy）以及数据管理（经验）；

• 是跨职能性质的，同时可使数据获取与企业级别的数据使用之间相互分离；

• 为组织自身全面引入数据管理方面的最佳实践经验。

与CDO同时引入的另一个数据管理新角色是*数据管家*的职责。数据管家处于CDO的下一个层级（下属一层），通常是进行日常操作，以帮助简化数据来源以及精简运营活动，同时协调不同利益相关者之间的各种数据需求。

数据管家通常负责跨业务流程以及跨应用程序的数据主题区域。数据管家的职责已被定义为“一种代表他人并旨在追求组织之最佳利益，而将信息资源管理责任正式化的数据治理方法”（Ladley，2012，p.125）。数据管家关注特定数据域（比如客户数据段、市场数据、法人信息、产品主数据、风险数据等）的日常管理，盘点用户的信息需求、创建并维护数据模型，同时定义、批准和管理各种质量规则。数据管家还会与利益相关者保持着频繁密切的联系，就所发生的一些变更进行沟通，并设置数据政策。数据管家们会组成一个数据管家责任委员会。一种联合式数据治理的组织模式雏形如图7-4所示（基于Ladley，2012，p.134）。

数据管家既可在战术层面又可在战略层面进行操作，因此他们的工作可能综合地充当了（参见Ladley，2012，p.126之后的观点）以下多种不同的角色：

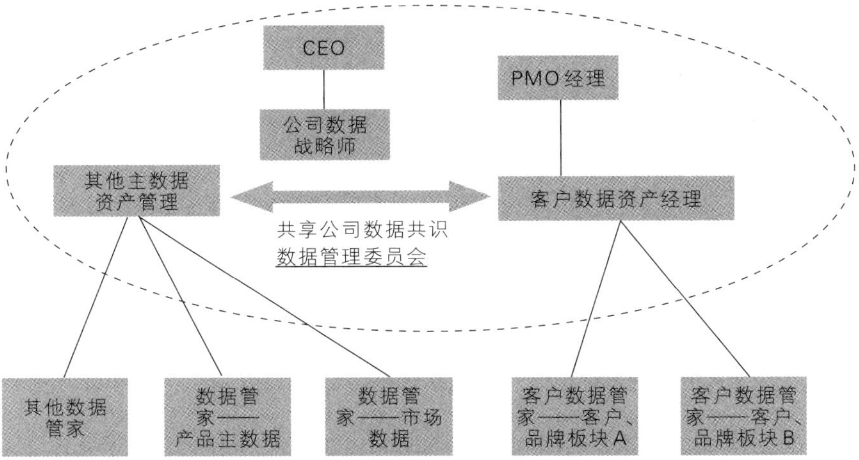

图7-4 联合式数据治理。*CDO，首席数据官*

• 信息执行人。这一角色的工作包括审核批准相关的信息原则与信息政策、监控数据计分卡，以及对其领域内的数据治理决策进行投票等。

• 信息经理。这一角色的工作包括深入理解那些与特定数据域相关的所有用例，同时决定谁有资格来使用信息，以及确保数据资产的日常管理正确无误。

• 信息托管人。这一角色的工作包括进行质量审计、政策合规审查、直接执行政策与程序中的工作以及学习了解企业的数据细节等。

在大多数公司中，CDO这个角色相当新颖，并且具体的CDO待办事项清单也会因公司的不同而有所差异（Gartner曾预测，到2019年，90%的大型企业将会聘用CDO，但其中只有50%的企业可以认为是取得了预期效果；http://www.gartner.com/webinar/3283528）。CDO的角色能否成功，取决于组织方面的一些先决条件。虽然数据管理最初是IT性质的工作，但它已经逐渐演变成了应用程序交付之前的第二道例行手续了。CDO或任何数据管理活动的成功，都一定始于充分理解了数据管理与数据治理的必要性。CDOs应专注于数据管理的最佳实践以及组织方面的相关事务，而不是专注于IT的变更，同时还必须向企业及时报告（相关的运行状态)。

如果从事CDO工作的人员很少并且不会直接触及IT及其运营，那么CDO的作用就真的应该被寄予厚望。而随后的风险，也就是这个角色不要真的反而让人大失所望。如果说，每个人接触可靠数据的集中程度都是取决于其工作性质的话，那么，可以认为CDO自身的工作覆盖了整个组织，覆盖了从战术到战略的每个项目层面及其变更的每个阶段。

CDO必须身兼数职，尽力站在不同的视角（图7-5），包括：

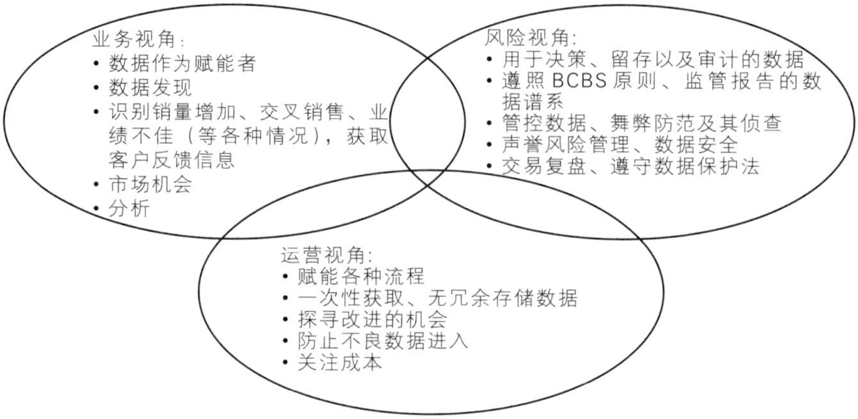

图7-5 CDO的不同视角。*CDO，首席数据官*

• 风险视角：我们可能会错过什么？哪些数据可能会丢失？我们可能会在哪些地方遇到监管方面的麻烦？我们需要保护公司声誉、管理不确定事务，并明确那些尚存在不确定性的领域。群策群力的风险管理（策略）会使得主动选择不确定性成为可能。

• 运营视角：我们如何才能一步到位地获取和处理数据，而且是在第一时间就准确无误地拿到数据？同样，我们如何才能防止由于不良数据进入组织的IT库而给其他应用程序带来不良影响，进而降低我们对数据的信任？

• 业务视角：我们如何才能最优地使用数据来服务好我们的客户，为他们提供所需的产品及服务？

如果要引入CDO，那么至关重要的是，你要明确地预期你所期望改变的方方面面。Jennifer Ippoliti对不同类型的CDO（角色）进行了非常恰当的分类：

• 监管。其重心是应对监管合规及风险的数据管理。这类CDO应向首席风险官（chief risk officer）报告（履责情况）。

• 分析。其重心是发现处理数据的新方法，以及找出需要解决的各种新问题。这类CDO应向CIO报告（履责情况）。

• 数据质量/数据治理与数据政策。在这里，其重心则是解决系统数据的质量问题，并逐步改变程序以及/或者组织模式。这些类型的CDOs通常要向CEO、COO或CIO报告（履责情况）。（一般认为）这也是对CDO之实际职责最为普遍的看法：提高数据质量，并为公司的所有利益相关者分别完善其访问途径以及数据管理程序。如果要向COO报告（履责情况），那么还需要一个强力高效的组成部分——通过集中数据流以及简化数据质量程序等，来降低那些花费在直接数据或人员上的成本。

• 收入。此类CDO需向首席营销官（chief marketing officer，CMO）报告（履责情况），尤其是要特别关注可以使用数据来创造哪些新的收入流。此类CDO还要认真思考如何才能将公司的数据直接货币化（例如，通过开发新的数据产品，以授权的方式直接给到用户或数据聚合者的手上）。

毋庸置疑，最出色的CDOs通常就是那些与时俱进的管理者。在过去的10年中，伴随着执行管理层越来越清楚地了解行业数据问题及其需求的严重性，CDOs领域得以迅猛发展。与此同时，数据质量指标以及总数据成本指标也在不断地演进，有力地证明了CDO所驱动的各种措施确实对创造大量明确的、可度量的以及可预见的业务收益有所帮助（参见

http：//www. forbes. com/sites/sungardas/2014/11/11/the-5-flavors-of-chief-data-officers-cdos/#cdd112481e07）。

7.3.3 将员工转变为负责任的“数据公民”

如果想让数据治理充分发挥其应有之功效，那么那种由CDO牵头并由数据管家具体操作的做法就仅仅是个开始。（事实上）这些项目是否成功最终取决于能否说服所有的利益相关者（以及外部服务提供商）来通力合作。CDO的工作包括培育和宣传，以及提高公司的整体数据素养。数据素养，不仅包括深刻理解Ladley的“公认信息原则”，而且还意味着你全面了解数据模型、诸如审计与谱系等重要概念、数据管理成熟度的各个级别，以及数据在成本、收入、风险等诸多方面对一个组织的影响程度等。数据素养的普及，意味着企业可以更好地判断IT管理、业务流程以及IT架构（的状况），据此做出更好的采购决策。

CDO必须采取一系列措施来说服员工成为负责任的数据公民，比如将数据带来的收益视同一种平常之物、避免数据获取与数据管理解决方案的本地化、共享信息，以及设置用以汇集数据与见解的数据池等。激励员工树立起中长期目标也是这些措施的一个（重要组成）部分。就数据素养的提升而言，或者说，要将整个公司转变为紧随业务、客户以及监管需求之变化而进化的高度数据感知型组织（data-aware organization），招聘政策、培训计划、政策与程序、共享结果、参与度、各种有助于公司数据知识利用的协作工具，以及必要的沟通等，都是必不可少的重要元素。

7.4 数据管理中的外包与服务选项

那些数据治理程序运转良好，而且知晓其成本及痛点所在的公司，可能会关注采购模式方面的一些变化。幸运的是，获取信息与信息管理源的可用选项已经变得越来越多样化了。

不同于金融信息业，制造业通常被认为是那种具备良好供应链与成本管理的典型行业。所有的环节都是标准化的，而供应商也被紧密地整合到了制造过程当中。精益的营运模式带来了营运效率，而六西格玛模型则可以实现对每个阶段之质量的密切关注。

许多金融服务公司都试图在其流程中寻求类似制造业的效率。但与此同时，它们将不得不改变工作方式、接受数据模型的标准化、重新划定公司内外事件的边界，以及放弃部分针对端到端式操作的控制。已有一些报告阐述了银行业的成本压力及其对标准化的需求（参见https：//www.rolandberger. com/publications/publication_pdf/roland_berger_state_of_european_banking_industry_20140721.pdf）。这些报告主张在操作适配、组织精简以及重新关注所需资源（包括分拆/外包、合并与共享服务等）等方面进行（一些必要的）简化。

许多公司似乎已经走上了这条简化之路。越来越多的数据被成组购买及管理，同时IT与运营也愈加紧密地结合到了一起。下一步便是引入第三方——要么是专门性的1：1的提供商（俗称“一对一服务”，译者注），要么是共享服务的提供商（1：N模式）。在本节中，我们将讨论在哪些领域内可以共享服务，以及何种组织模式是最为恰当的。

与第三方供应商进行合作，将会迫使你把自家（的流程梳理得）井然有序。你只有在深刻地理解了成本及痛点之后，才能成功地与那些供应商就服务合同进行谈判协商（图7-6）。

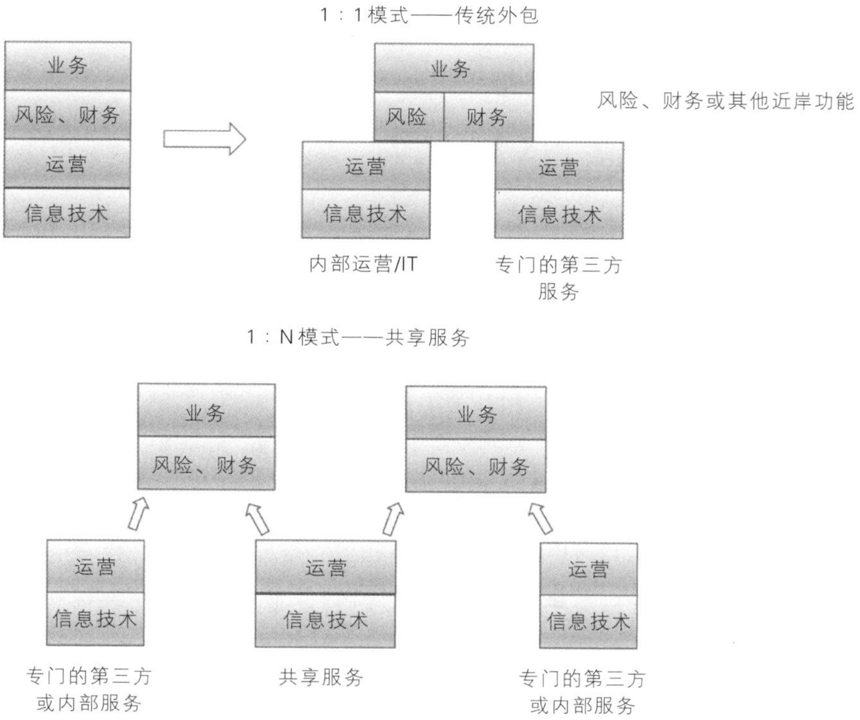

图7-6　外包及共享服务模式

7.4.1　各种不同的服务模式

常见的各种问题催生了新的产品或服务。以授权方式销售的打包应用软件（packaged software applications），或者诸如审计、评估等这类公共服务应运而生。对流程标准化方面的最新关注已经导致了许多新的用于IT与数据运营的打包服务（packaged services）。

简而言之，外部服务提供商要么可以（直接）接管一部分你现有的运营工作（我们称之为“1：1的提供商”），要么可能已向你所订购（服务）的其他各方提供了某项服务（我们称之为“1：N的提供商”）。这里面还可能存在着某些中间模式（intermediate models）。例如，只有硬件是共享的，而专用的软件则需要手动操作等。不同的方法配有不同的KPIs及商业模式。常见的服务模式（表7-3）包括：

表 7-3　　各种服务模式的总结

	规模	硬件	软件	运营	优点	缺点
ASP/统管服务	应用	共享的	专用的	IT 运营专用的或共享的	如果公司规模较小，那么就可以从共享的基础架构以及业务连续性优势中获益	不存在自定义选项，更改请求所需的代价可能是高昂的或者耗时的
SaaS	应用	共享的	共享的	共享的	租赁模式	不存在自定义选项
ITO	公司	共享的	专用的	专用的	更低的成本	（需要分摊的）管理费用、转换成本
BPO	公司	包含在 BPO 合同之中	专用的	专用的（仅用于IT运营）	更低的成本	（需要分摊的）管理费用、转换成本
行业共享服务/实用程序	具体的业务流程	共享的	共享的	共享的	更低的成本、标准化了那些与监管机构及同行之间所进行的信息交换	

• *在应用程序服务提供者*（application service provider，ASP）或*统管服务*（managed service，即由供应商统一管理所提供的软件）模式中，软件是由第三方掌控的——通常是该软件的提供者。这一点意味着内容的版权归属并不是（正在使用它的某家）公司（而是它的提供者）。（当然）如果要为每个客户单独适配该软件的一个专用方案，那么提供定制服务也不是不可能的。

• 这些解决方案的基础通常都是供应商所提供的企业软件，并且一般会针对每个客户的业务需求而提供该软件的一个专用方案（dedicated instance），有时也会把它放在云上。托管解决方案（hosted solutions）这一模式的预期好处包括，降低所有权方面的总成本、提高推广应用的速度、提升数据质量，以及降低技术能力的门槛要求，（特别是还）消除了（企业自己）内部部署及软件维护的沉重负担。

• *服务软件*（software as a service，SaaS）是指，那些从一开始就被设计成可通过网络提供的软件服务。这是对单个应用程序进行集中化托管（的一种模式）。软件不是定制的，同时客户自主管理自己的内容。这种模式可以用于终端用户的应用程序管理，但极少作为金融机构核心业务流程的一个组成部分。由于其成本可以从资本性支出预算转移至经营性支出预算，因此SaaS模式可以减少机构（应用该软件）的障碍。这种模式也会导致部门费用负担（charge-backs）的一些变化以及不同于过往的成本归因（分配方法）。早期基于资本性支出预算的租用资产SaaS模式，已经扩展到了基础设施（"IaaS"）以及平台（"PaaS"）领域，逐渐形成了"一切皆为服务"（everything as a service）这样的说法。

• *IT外包*（IT outsourcing，ITO）。由第三方来管理公司技术基础设施的运营。这样做的好处是相关的服务成本较低，并且数据中心是可以共享的。

• *业务流程外包*（business process outsourcing，BPO）。由第三方来处理诸如完成订单或客户服务等运营操作。这样做的好处是劳动力成本低廉，并且存在可能的技术共享。

• *行业共享服务*（industry shared services）。在这种情况下，公司的特定业务流程可以得到来自那些任何公司都可订阅的公共服务的支持。长期以来，金融服务行业一直具备价格发现、交易，以及清算与结算（清算所、交易所以及中央证券托管机构）等类似公用事业（utilities）的功能，同时那些专司交易后流程的特定功能，也已经催生了托管银行、基金管理机构，以及证券借贷与抵押品管理代理机构等（专业组织）。最新的动向是，那些停留在机构内部（have stayed in house）而用以约定流程（processes that to date）*之运营数据支持*（operational data support）的服务已经受到了高度关注。实用程序（其实质为行业内部可以公用、共用的程序，译者注）如雨后春笋般涌现出来。例如，支持KYC流程与相关数据管理的实用程序（参见Genpact / Markit的KYC和DTCC的Clarient；在数据查询方面，Smartstream与摩根士丹利（Morgan Stanley）、高盛（Goldman Sachs）和摩根大通（J.P.Morgan）联手推出了"数据查询实用程序"）。*实用程序*与共享服务之间的差异，有很大一部分体现在商业模式方面。实用程序的所有权与治理权都归属行业整体，商业模式较为保守，可能存在成本回收或追加成本（等方面的压力）。

7.4.2 1∶1模式

在那些你用以获取特制"提取与更换"（lift and shift）服务的各种模式中，一般会涉及一份双边合同。这样做的动力通常是，或可凭借压低供应商的成本基础而获利。许多服务提供商都在劳动力成本较低的国家里开展业务，它们的员工可能不会享有金融服务业员工过去所享有的同等福利。IT外包或业务流程外包（business process outsourcing）的规模可以是部门级别、分部级别或者整个公司级别的。大型公司往往有两到三个首选的供应商。

自20世纪90年代末互联网普及之后，外包业务就从未有过间断。同时，由于应用程序的开发、维护与营运，以及进一步削减成本的空间受到限制，因此许多大型公司会在同一辖区内努力俘获一些组织来作为自身的服务提供商（印度、东亚、东欧等）。

外包成功的前提条件是了解你自己的成本基础以及对标基准。对于应该抓住SLA中的哪些指标以及哪些目标才是可实现的，公司需要有个合乎常理的预判，方可避免交由第三方保管的SLA中一口咬定"（这些）都是你的错"（your mess for less）一个有失偏颇的模式（broken model）。随着自动化程度的提高以及机器学习的兴起，员工成本在总成本中的占比正在逐步下降。这一点可能导致减少对于劳动力成本优化的特定需求。

7.4.3 1：N模式；行业共享服务以及实用模式

数据实用程序使用一种对数据一次持有、多次传播的共享平台。鉴于ITO与BPO的成本优势已经被普遍认可，那些潜在的效率提升点可能就在于寻找公司之间最大的、非竞争性的共同属性（denominator）。行业中的巨大冗余就是来自每家公司每时每刻都在重复但又不能导致任何竞争差异的那些流程。那些可被互助化的（mutualized）流程

• 必须是可扩缩的；

• 必须是可重复的；

• 必须能够支持非常普通的业务流程，同时在各个辖区内都是完全一样的；

• 不应依赖于保密信息；

• 不应成为竞争差异点；

• 不应直接向监管机构报告。

就像互联网的出现解决了地理上的距离问题并促成了ITO和BPO的广泛应用一样，工作流与数据整合技术方面的改进有助于共享服务（的实现）。

回顾第2章中所讨论的数据类型，以及第3章中的业务流程，（需要解答的）一些问题如下：哪些数据类型适合加入互助化的行列（to be mutualized）？数据管理以及业务流程的哪些组合适合做成那种其共享及标准程度足以将实用程序服务打包的程序包（图7-7）？

数据实用程序主要集中在后台与中台。例子包括：

• 估值服务（价格数据的获取与验证以及估值软件的共享）；

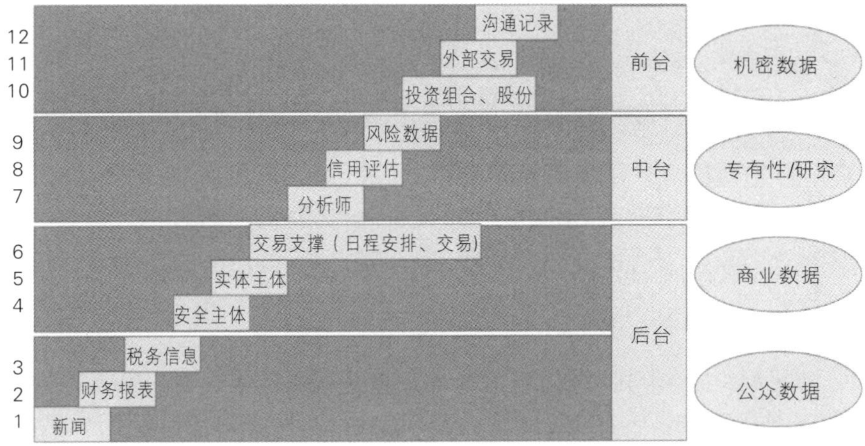

图 7-7　根据内部增加值以及专有属性等进行排序的数据类型

• 公司行为服务（公司行为数据的聚合、交叉引用，以及报告的共享）；

• 安全主数据的交叉引用、清理，以及主产品封装后的交付；

• 收集实体信息以支持KYC以及客户加载。

有些数据实用程序构成了聚合器（aggregators）与用户公司之间的中间步骤，通过创建一种格式而将内容与数据验证服务相互绑定，实际上起到了“超级”聚合器的作用。标准化那些聚合起来的数据并验证之，能够消除供应链内部的不少（冗余）工作。它可以作为统管服务（managed service）来提供，就像许多组织备受争议地在其内部所做的那种同样的工作，同时也可能与其他的业务流程外包服务（business process outsourcing services）相互绑定，比如根据客户定义的业务规则而进行的数据清理等。（但）这些“清理规则”（cleansing rules）可能因客户的不同而有所差异，也使得该类服务的适用范围十分有限，以至于我们有必要更加靠近金融机构之核心业务开展的最初领域：增值型业务的规则及其模式。几个客户依赖型规则（client-dependent rules）的例子包括：

• 希望选用哪个数据供应商？并不是每个客户都会选用相同的数据源。也就是说，不同的客户对各个市场分部之供应商的相关质量指标可能会有不同的看法。

• 哪些做市商通常可以获得即时价格数据?

• 哪些清理规则适用于标记异常值? 哪些清理规则适用于填补时间序列中的空白?

更有价值的实用程序服务应该可以迎合客户的使用情境。例如,通过融入常用的软件应用程序,或者通过提供可填写全部所需监管信息的模板,来解决“最后一英里”的整合问题。

与1∶1供应商不同,实用程序供应商通常使用标准合约并按标准服务级别来提供服务。这一点可能意味着只有更改内部流程才能从共享模式中获益。服务的范围越大,对治理的需求就越迫切。公司总是要留有余地,提供一个备选计划。一些服务提供商是归行业所有的,这将减少对于“别无选择”的担忧(make concerns about lock-in smaller)。此外,如果一些大型服务提供商所担任的角色具有一定的系统重要性,那么它们自身也要受到严格的监管。

7.4.4 重新规划后台的边界:哪是里面,哪是外面?

随着行业中的合并行为源源不断地涌现,越来越多的后台中包含有共享服务的成分。许多企业都将不得不反问自己以下几个问题:

• 对于共享服务,哪种类型的供应商最为适合、最为可靠?

• 评估它们的标准是什么?

• 供应商关系的正确结构是怎样的? 哪种基于结果的指标适用于特定的服务? 这些指标可能涵盖了第5章讨论过的KPIs以及那些数据质量指标。

• 哪种商业模式比较合适? 但其(成本模型)一般都是固定成本加上基于需求变化或者预期服务水平偏差之可变成本的一个组合。

客户与功能的邻近度(proximity)越高,外包的可能性(potential)就越高:成本中心总是容易被外包,就是由于你无法(因此)接触到业务机密(图7-8)。

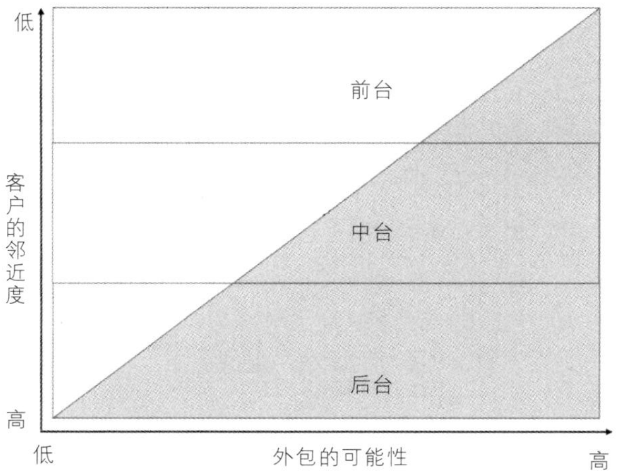

图 7-8　FO/MO/BO 的产业化

共享服务的边界主要由以下一些约束条件来框定：

• 保密性。根据个人数据方面的数据保护法规规定，大部分客户资料都会被保留在公司内部。不过，有很大一部分诸如地址、法律结构等公司基础信息的提供可以进行外包。

• 商业敏感性。任何有关信用评估以及公司所售产品估值的信息都必须存在公司内部。

• 监管义务。监管机构要求内部保留一些特定的数据。同时，必须由金融机构亲自报送最后定稿的监管报告。

• 对第三方的依赖程度。你所依赖的某些第三方服务提供商，可能只希望与你直接交易——因此需要你亲自整合它们的服务。

7.4.5　对服务提供商的影响

现在的软件、数据以及服务的供应商们需要适应当下“一切皆服务”（everything as a service）的环境，同时这个行业还正在朝着共享服务转型。这一点意味着，它们要么是自己提供共享服务，要么是准备为第三方而不是终端用户来提供服务（图 7-9）。

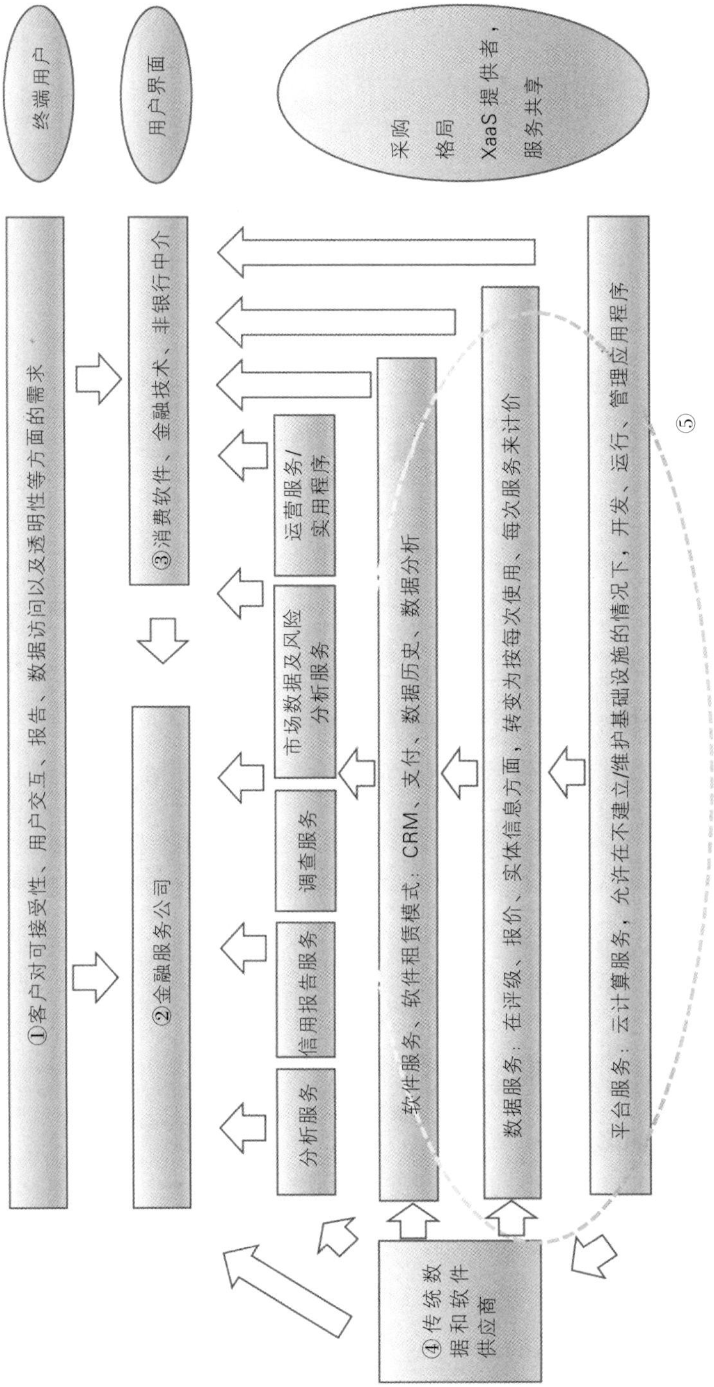

图7-9 采购分解，置身XaaS采购格局

a.消费者希望更快地得到响应，并且通常希望针对每单业务与供应商进行互动。

b.金融服务公司必须更积极地招徕并留住客户。它们正面临着一个更加多样化的采购格局，而金融科技公司一方面提供了机遇，另一方面也带来了威胁。

c.新的金融科技中介公司将介入银行与客户之间，成为一个与之平行的渠道。

d.传统的数据与软件公司，不仅会向其现有金融服务客户提供服务，而且还会从服务提供商中找到新的客户。

e.新的XaaS供应商将问题进行分解，可以专攻一些特定用例，并且常常置身于零售公司（consumer-facing firms）与传统的数据、软件供应商这两者之间。

那些可在管理数据服务中发挥作用的不同类型公司包括企业数据提供商，诸如清算所、交易所与证券保管机构、大型托管人等现有市场基础设施公司，大型金融科技集团，以及目前在众多公司中占据重要地位的大型IT服务公司。

特别地就内容产品而言，实用程序的出现将会强化下列要求：

• 产品的设置与交付，需要把内容的*预期工作流*（anticipated workflows）牢记在心。任何产品都需要认真考虑跨机构用户的消费模式。内容提供商必须预测数据整合问题，以及那些通常仍在金融机构内部发生的数据充实工作。

• 产品需要涵盖质量评估、保密等级，以及谱系信息等：它们应该更清楚以及更明确地说明，*截至某个时间点到底发生了什么事情*。这些可以包括供应商关于准确性与完整性以及内容项最初被调减的时间记录等机密信息。

• 在获取信息以及符合识别、分类和格式化等多种数据标准的能力方面，产品应该变得更加开放与灵活。

一般来说，数据产品需要迎合下游用例，并且适当地包含一些元数据，以便下游用户能够判断它们是否可用以及它们在何处可用。这些数据可能包括：

• *组合数据*，不仅提供来自多个交易场所的买/卖价格信息，而且还会根据每位客户的指示来提供合并价格信息，进而生成大量的定制产品；

• *定制式产品交付*。例如，根据客户列表以及所关注的证券来制定需求列表，并采用可被客户应用程序所直接采用的格式交付数据；

• *衍生数据*（deriving data），不仅提供价格信息，而且还直接提供客户所需用以评估其账面价值以及衡量其相关风险的信息；

• *APIs 与应急数据*（on-demand data），在事情发生某些变化时所主动发出的通知。例如，那些评级机构可能在预定义的业务关键事项方面适时发出的警报以及新闻服务等。

7.4.6 未来的发展趋势；N：M 模式？

我们已经对一些可从供应商的低成本运营甚至不同程度共享的基础设施运营中获取效率的模式展开了讨论。另一个显著的进步是，金融服务公司也已经认识到了某些数据的价值，也就是说这些数据可被视为它们创造的主要业务之副产品，或者是因为最新监管规定而必备的对外报告信息。特别是那些市场基础设施公司，比如交易所、最近兴起的证券托管与保管机构等，都已经建立起了各自的数据商业化单元。而银行与资产管理公司等，也可能创建一些有价值的内容，以便在公司之外使用。

在那种不存在终极来源的情况下，比如，在一份招股说明书里，公司可以将数据汇集在一起，以便它们共同地为行业创建一项数据服务。其中可以包括信用评分、估值以及报价等信息。这就可能会导致一种“N-M 模式”的形成。在这种模式中，数据解决方案事实上是众包式的（effectively crowdsourced）。

数据池服务已经存在了很长一段时间：企业数据的提供商及其交换者

收集那些关于金融产品报价的信息，一起捆绑打包，然后将其作为一种（信息）原料对外出售。最近，那些公司开始不得不向交易资源库披露OTC产品的交易价格信息了。尽管数据仍然需要整合，但是通过借助更为强大的ETL工具，这项任务已经变得越发轻而易举了。这一点导致的一个后果就是，数据的原创者将会拥有更强的议价能力以及对该数据在下游使用的控制能力。

在图7-10中，我们展示了公有云和私有云之间的相互作用，据此，企业可向共享基础设施提交信息，同时又从那里获取用以自身消费的信息。

图7-10 公有云/私有云：向日葵模型，
花瓣代表围绕在公共数据集周围的私有数据域

银行和资产管理公司可以从这些数据池模型中受益，特别是在诸如颗粒化信用信息以及风险因素等监管数据方面，这些数据池模型可以交给当前企业数据的提供商来运行，也可以（与之）平行地（另外）设置。许多公司都会利用公有云，把它们的校正值（corrections）提交给公共主数据或者把它们的贡献项（contributions）提交给新的公共主数据。公有云数据集包括产品主数据、贸易支持数据以及实体主数据。在其私有环境中，许多公司会持续补充一些更加敏感性的信息，包括信用信息、业务关系信息以及风险数据等。

7.5 共享数据服务的变更管理程序

变更管理是组织用来促进项目实施并确保其成功的一种协调活动。无论是实施新系统和内部重组，还是重新划定供应商的边界，都必然会发生各种程度的变更管理。CDO与数据治理的工作就是支持信息再利用以及信息共享，并且促使就术语的理解达成共识。换言之，就是组织和优化第3章中所讨论的业务数据架构。

数据管理的任务是向业务用户和应用程序及时提供高质量的数据，以使它们达到最佳的生产效率。为了达到这个目标，数据管理功能需要具备合适的技术、项目、文化、预算以及考核指标。预算流程适用于仓储式以及用例专门化的项目（business case-specific projects）。然而，*特别是*在数据管理中，你需要一个能够鼓励数据资产再利用的预算流程。自动化的有效性与启动IT项目或购买数据时的不同预算以及独立决策点的数量，亦即共享基础设施的意愿（程度）之间呈负相关关系。在预算环节，项目的优先排序与顺位设定，应该取决于*引发数据再利用的潜力*（potential to generate data reuse）。应该对项目进行排序，以便每个项目仅需向现有数据集添加增量的数据。这有利于减少每个新项目所需的投资，因为它们只是逐步填补数据中存在的任何剩余空白（摘自Brose et al.，2014）。

风险和财务部门需要跨库才能工作，因为这些部门就像是一些漏斗，先是将许多数据流汇集在一起，然后再向监管机构和投资大众发布。对风险和财务部门来说，较之于“业-库专门化”（business-silo-specific）项目，关于资源稀缺以及跨项目协调问题的争吵正在愈演愈烈。

许多公司都开始关注大规模的现代化及改进措施，旨在简化数据管理以降低内部成本并改善客户服务，甚至仅仅是为了满足当前或未来的监管报告需求。在大规模的管理变更行动中，我们需要区分：

- 转移（transition）：将数据管理的功能移交给新的（服务）提供者；
- 转化（transformation）：对激增的遗留IT主数据管理数据集进行合理化以及合并处理。

7.5.1 最佳实践

在开始一个项目之前，定义成功的标准与制定清晰的路线图是至关重要的。为了使那些受益于该项目的用户更多地参与其中，可以使用第6章中讨论过的一些“业务效应技术”（business impact techniques）。通常来说，轶闻趣事而非一些简单的数字，更有助于提醒每个人为什么那个项目还有存在的必要。其中可能包含许多千变万化的情绪，因此用户不应被简单视为电子表格（上的数据）。了解那些可能驱动或阻碍终端用户的因素是关键的必要条件。项目经理必须认真观察那些直接使用数据的用户一整天内的活动，以便能在销售该项目时快速回答“它能给我什么好处”（what's in it for me）等诸如此类的问题。

任何数据质量改进流程，都需要具备许多前提条件，包括：

- 问责制
- 本因分析
- 预防机制
- 持续监控
- 持续改进
- 沟通交流

在任何变更项目中，重要的是保持对风险进行记录，并就所有决策进行记录与沟通。必须从不同角度追踪不同项目的全程风险评估，包括人员、流程、系统、监管以及组织等。

考虑到监管演变的步伐，对于金融与风险分析转化项目来说，锁定数据管理的需求可能尤其困难。同时，这些项目横跨业务线，通常具有与监管变化时间一致的时间范围，即2～4年。尽管范围蠕变（scope creep，喻指“行动缓慢”，译者注）现象十分常见，但它却是导致项目失败的最主要原因之一。最重要的是，从几十年前遗留下来的IT基础设施就可以看出，理解当前形势始终是一项重要的任务。

变更管理的关键是对利益相关者进行管理，在数据治理中也是如此。变更程序中的利益相关者可能包括：业务用户、技术开发人员、技术支持人员、运营人员、供应商管理人员、采购人员以及项目经理等。社会复杂性与组织结构（的问题）必须通过清晰的组织变更、项目方法以及频繁的沟通来克服。那些被排除在外以及从未被问询的用户可能很容易地就会毁掉一个项目。

许多不同项目的管理方法，旨在通过有效度量进度、利益相关者之间的沟通与协调、风险管理、责任界定以及创建尽可能好的团队等，来控制变更（的进程及其效果）。其首要的经验法则就是找到各方一致同意（准备付诸实施）的方法。

一个涉及变更事项的组织需要进行适当的治理，措施可能包括定期召开指导委员会会议，以及根据需要，由项目管理部门与各个利益相关者进行一对一的会面等。变更的关键是定期进行沟通，以显示进度与持续的参与状态，同时任何项目计划都需要包含一个沟通计划。沟通可以采取多种形式，比正式会议更为常见的形式还包括市政厅会议、时事通信以及单人演讲（stand-ups）等。除此之外，还必须正式追踪进展的程度，同时，就项目预算中已实现的重要事件达成共识（与及时沟通）也是至关重要的。财务KPIs可能包括：对应实际支出的预算、完成程度的估算、与原计划的偏差以及挣值分析（earned value analysis，EVA）等（这些指标主要关注那些实际已经完成的有用工作，而不是资金支出，参见Brose et al.，2014，p.400）。

利益相关者管理涵盖了关于“它能给我什么好处”这一问题的答案。

了解利益相关者所具备的*数据素养*，以及它们的组织责任、治理（框架）、（相关）预算和RACI矩阵等，都是对利益相关者进行管理的必要基础。良好的利益相关者管理包括一个*利益相关者规划*演练（stakeholder mapping exercise），用以评估每个利益相关者的相对影响力及忠诚度。换言之，就是增强人事管理意识以获得必要的支持并及早发现风险。这有助于管理团队在管理组织变更时，尽快找到他们需要花费时间的地方（参见Brose et al.，2014，p.393中关于利益相关者管理的一个完整讨论、p.417中关于项目实施步骤的一个概述）。

变更管理中的具体职位安排，主要包括一位负责监督与追踪不同项目间依赖关系的总控经理（program manager），以及多个负责各自项目的项目经理（project managers）。我们将在第7.5.3节中介绍相关岗位设置示例及其职责。

在着手进行任何更改之前，无论是对数据服务的完全重组，还是一个平台的启用，目标模型都应该是清晰可辨的。为此，我们需要了解当前的架构，尤其需要了解未来的信息架构。信息架构是"对各种各样被要求用来提供所需信息以实现计算与报告之程序要求的系统之间数据流的详细描述"（Brose et al.，2014，p.408）。数据缺口分析（data gap analysis）主要是用以评估公司在收集计算所需数据以及程序所需报告方面的准备情况。

根据第3章草绘的业务架构图来进行数据缺口分析，同时为所需的数据流通体系（data logistics）整理一份完整的*数据清单*是非常有必要的。通过这些工作，同时考虑某些特定需求或边界条件（比如，延迟性与可访问性等），我们可以得到一个关于何时、何地以及以何种频率需要何种数据的任务概要。这将构成一个营运数据需求日程表，如下例所示（表7-4）。

表7-4 营运数据需求日程表示例

数据集用户	频率/时间	内容	来源/分发	质量限制	权限
市场风险	工作日下午5点	预计缺少的10年历史数据（收盘价）	批量文件	来源不能包括银行本身	公开
营运	工作日下午4点	安全主数据的增量文件：那些包含客户头寸之证券的所有变化	JMS队列	来源于路透社、彭博社数据	仅限营运
抵押品管理	每个工作日的上午11点、下午2点，以及下午4点	欧元、美元、丹麦克朗、瑞士法郎、瑞典克朗、日元以及英镑的利率曲线	批量文件	检查曲线的一致性，选用三个来源计算每个曲线上的点，并取平均值	向交易对手方发送
公司行为	每个工作日的上午11点、下午2点，以及下午4点	“利益相关”之清单上所有证券的全部公司行为概述	JMS队列、用于事件选择的独立队列。使用ISO 20022格式	标记需要客户响应的“所选择”事件	
EOQ市场数据	季末结账收盘价格		JMS队列	特殊规则以及手动检查	

数据需求应该是非常明确的，这是了解用户需求的前提条件，也是尽可能合并各种需求以实现最优采购的前提条件。此外，一份数据清单亦有助于将数据划分进各种可与数据管家职责相互匹配的不同领域（非实时市场、实时数据、产品主数据、客户主数据、交易等）之中。

未能完全实现最后一英里的整合，通常是导致延迟甚至项目失败的重要原因。数据供应商对具体的用例进行了生动的包装，而适当的变更管理的价值就在于将这些包装有机地嵌入现有的基础设施当中。为确保这些服务能够满足各种需求，所需进行的必要测试包括，验证数据是否得以恰当的转换、不良数据的整合与筛除、覆盖范围与数据访问（的检测）等。

7.5.2 变更的各个阶段

任何需要划分不同阶段及其项目管理方法的项目，都可在颗粒度以及命名方式上对各个阶段进行明确的区分。通常，一个程序的各个阶段包括（Brose et al.，2014，p.406，从表25.1中可以找到更多信息）：

- 高级业务需求分析
- 详细分析
- 设计
- 实施
- 操作化（operationalization）
- 持续改进

在接下来的内容中，我们将提供一个关于变更程序的步骤及其责任的例子，该变更程序涉及的是一家金融机构运营业务的一项重大变更，即该金融机构拟将其数据操作的一个重要部分外包给第三方，如行业共享服务提供商。这一点必然超出了内部重点项目的关注范围，比如重组IT和运营，或者求助供应商或内部开发的应用程序等。（因为）例如，在重要的外包项目中，通常会涉及额外的风险管理、业务连续性以及人力资源（HR）等方面的问题。

企业在着手实施这样的变更程序之前，一般会进行尽职调查（due diligence）以及“模拟”（as is）现状的分析，以形成详细的规划、假设验证、最终商业计划（concluding commercials）、临时的经营活动与目标的经营活动，以及架构模型的界定等（图7-11）。

变更程序的尽职调查、范围界定以及评估阶段，可以为后续阶段的工作量、风险、进度以及活动顺序的估计等提供重要的信息。此外，项目管理办公室（program management office，“PMO”）以及项目管理的工作人员也将（因此而）得以确定。尽职调查可以包括多个不同的工作小组（work streams），比如：

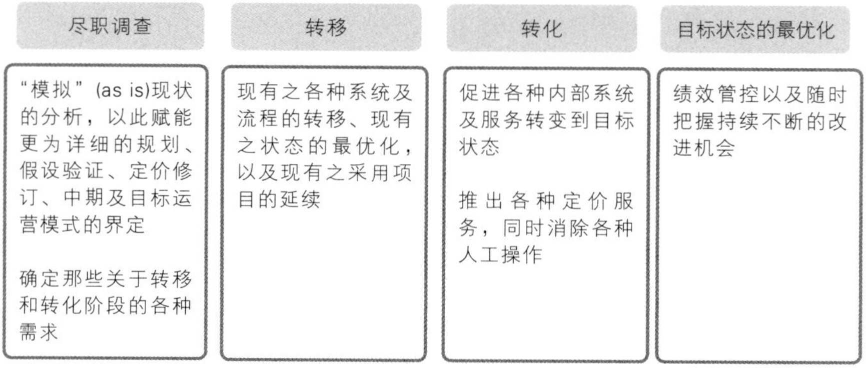

图 7-11　变更管理的各个步骤

1.运营小组（operational stream）

（1）当前数据操作的清单及其清理/主控/分配系统；

（2）对当前业务持续性程度的评估以及根据需要进行差距分析；

（3）对持续活跃项目的能力规划进行描述；

（4）技术堆栈（stacks）、外来数据输入、报告以及下游消耗需求的清单；

（5）营运方面的业务规则详情；

（6）关于其来源、报告、电子表格、下游系统以及交付方法等方面信息的收集。

2.人员小组（personnel stream）

（1）考虑人员耗损的能力规划；

（2）人员留置计划（staff retention plan）与人员重置计划（staff redeployment plan）；

（3）人员调动（transfer of staff）；

（4）角色、职责，以及组织图等方面的记录。

3.功能小组（functional stream）

（1）关于输入数据、覆盖率、输出数据、数据逻辑、下游依赖关系以及连续性评估等的分析；

（2）覆盖所有数据类别之业务规则的缺口分析；

（3）最优化的机会、关于各个界面之间重叠现象的记录，以及关于客户操作之遗留系统的业务规则。

4.数据供应商管理小组（data supplier management stream）

（1）审查数据供应商合同；

（2）建立由第三方处理的协议；

（3）信息采购的最优化——较之于直接采购安排的汇总/分配合同成本分析；

（4）新增数据需求的管理。

5.客户整合小组（client integration stream）

（1）输入/输出界面、技术、基础设施的影响分析；

（2）额外需求之应对方案的规划；

（3）关于持续性的评估。

6.平台小组（platform stream）

（1）系统清单；

（2）迁移策略；

（3）遗留系统兼容及维护问题的安排；

（4）衍生定价需求的交付。

针对上述每个小组都有一个包括一系列高级工作室（workshops）的评估程序。其作用在于，为客户及公司团队提供足够的信息，用以确定和分析客户的运营状态，并着手执行接管（take-on）与转移（transition）阶段的工作计划。

评估工作室一般具备以下一项或多项要素：

1.“模拟”当前状态营运的端到端的演练（walk-through）

（1）员工、关键员工及其相关留置计划、继任计划、人事问题、基本条件（premises）、支撑技术、计划变更等；

（2）组织结构图、角色、职责；

（3）流程与程序——已记录的、未记录的、制度化的或者有重要工作人员参与的；

（4）成本。

2.设置方面的信息

用以支持法律实体数据、当事人、对手方、金融工具等的系统与相关操作；预算、报告及人事数据的组织系统。

3.流程领域工作室

为每个“模拟”营运领域识别并记录标准规则、例外规则、变更、撤销（reversals）、数据问题以及风险等。

4.设施

（办公场所等）基本条件、内容清单、办公设备、应遵守的工作场所规定、保险、存在的问题、正在进行的变更、转租或租赁安排、工作站等。

5.人员

组织结构图、HR信息、所有权变更合约义务或条例、一揽子协议的一致性（alignment of packages）、福利与程序，以及人事问题等。

6.法律

已知的、生效的或可疑的法律行动或承诺。

7.成本及费用

旅行、福利、付款复核、针对变更的预算、项目或系统、承诺变更等。

通过使用这些工作室中所揭示的信息，后续阶段可以确立最佳的行动顺序。例如，也许最好是根据具体的地理规划或业务单位来采取行动，同时将那些紧急问题及其实施的难易程度考虑在内，或者在适当的情况下找到成功的捷径（quick wins）等。

这些规划阶段的成果是，可使相关各方就实施步骤的顺序及其适用方法达成一致。重要节点的日程表（milestones）可以确立起来，其附带事项包括各种活动之间的依赖关系以及已经确认并已做出计划安排的可交付成果（deliverables）等。来自客户、服务公司以及可能提供帮助的第三方的资源也可以确定下来。还可以和相关公司的HR部门共同制定一份（人员）留置计划以及再安置计划。

项目往往要在一定的范围内持续一段时间，因此通常需要运用一连串计划将其拆分为多个阶段完成的可交付成果；然后这些计划被合并到一个完整的程序中，该程序会阐明所有的假设、风险、缺口以及相互依赖关系等。这些计划要为“增加”（run up）人员、基本条件以及支持其执行的设备或工具等安排好足够的时间。表7-5是一组典型移交式的可交付成果。

表7-5　　变更管理中的可交付成果

可交付成果	描述	日期	验收标准
治理	实施治理模式； 创建项目组织； 建立PMO功能（人员和流程）		由客户及服务提供商来签署的所有治理主体职权范围； 由客户及服务提供商来签署的PMO手册； 所有的PMO资源都已被调动到位
用于提醒项目及其目标状态的商业协议	正式的合同以及相关时间表		已签订主协议； 就服务水平要求达成一致并签署； 同意对上述内容进行更改并签署
文件	全部的技术及营运文件 对客户主体事务专家（subject matter expert，SME）之资源可用性的依赖性； 缺口分析		为所有的流程、系统以及数据输入等创建工作簿，力求相互一致、全面完整； 确定那种可用以验证服务提供商的数据输入与现有数据输入之间是否相互匹配的方法； 确定所建议之解决方案全部都已进行了“模拟”以及“可能”的缺口分析
转移和转化阶段的计划及其战略	转移阶段详细的计划，以及转化阶段正在进行的计划		在转移和转化阶段所制定的关于各个系统与运营的战略； 双方已就详细日期、关键重要事件及可交付成果、客户与服务提供商的资源需求等达成一致的项目计划； 风险概要及其缓解计划、转移和转化的财务事宜
退出与返回计划	终止项目或者在完成项目之后退出BAU服务的计划		由客户及服务提供商来签署的退出与返回计划

7.5.3 治理

PMO涉及支持、报告以及控制目标，应该作为一种积极的项目管理结构，以确保该项目能够按照所要求的质量水平预算及时、准确地交付。PMO确保了整体的协调性，同时管理了各部分之间的依赖关系。如果问题没有在规定的时间内得到解决，那么它就将升级到（交由）项目经理和指导委员会（来处理）。

同时管理转移（transition）及转化（transformation）工作的项目管理办公室（program management office，PMO）之大体结构如图7-12所示。

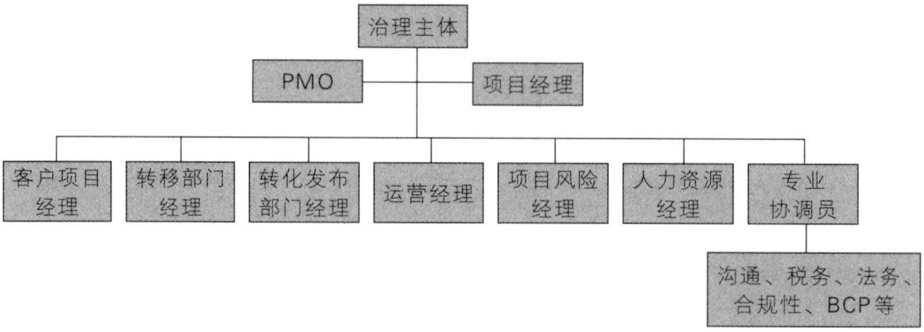

图7-12　PMO结构

总体治理结构的大致情况如图7-13所示。

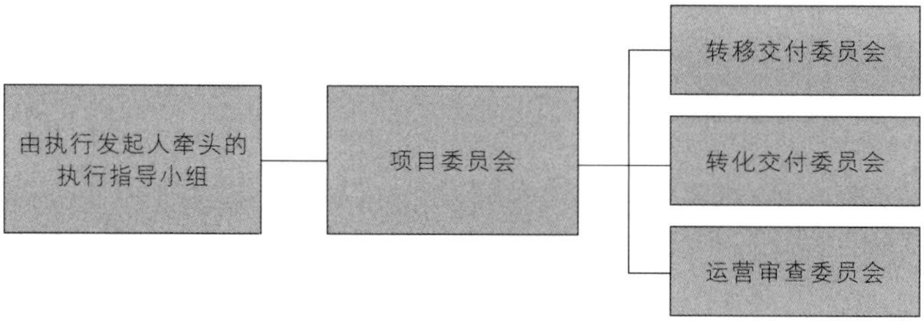

图7-13　治理结构

表7-6概述了这些不同治理主体的基本职责及其参与者。

表 7-6　　治理体系之各个组成部分的职责概述

小组	职责	参与者
执行指导小组	负责转移和转化工作的顺利完成： •确保相关资源可用 •消除进程中的各种障碍 •审查并监督项目的进展 •确保业务的一致性 •发现项目风险并制订补救计划 •批准关键的沟通事项	由客户执行发起人牵头（负责制定目标、政策以及组织协调方案）； 由那些代表客户及服务提供者的高管组成指导小组，以期满足前者不时提出的升级需求（exceptional escalations）
项目委员会	对该项目负责，包括： •项目的规划与执行 •风险的评估与规划 •跨功能领域（IT、运营和业务）项目的协调 •沟通	由项目经理牵头； （还包括）客户项目经理、转化发布部门经理、转移部门经理、运营经理、风险经理，以及关键专家等
转移交付委员会	负责转移项目的执行	由项目经理牵头； （还包括）转化发布部门经理、运营经理、风险经理、当前及下次进行发布的该领域项目经理，以及关键专家等
运营审查委员会	每周开会。负责运营流程的日常管理。这些日常管理包括检查客户对金融工具数据以及任何一次定价问询（结果）的满意程度	由服务提供商运营经理牵头； （还包括）客户运营管理、风险管理（方面的负责人）等

7.6　结论与展望

到目前为止，我们讨论了数据、业务流程以及数据管理技术。但如果组织不能针对这些要素采取一些行动，那么所有的这些都将毫无意义。数据被创建出来，并在用户手中变得充满活力。（我们）需要了解数据管理架构化的最佳实践：

• 每个数据项都有明确的定义。汇集这些定义便可组成作为该组织之共有词汇表（common vocabulary）以及任何流程之操作基础的企业数据字典。

• 数据（应该）是共享的、目的导向的（fit for purpose）、可访问的、安全的，也是值得信赖的，同时更是符合法规要求的。

• 执行数据管理功能要用到的技术越少越好。在这种情况下，少就是多，越少就是越多。在特定的域中，数据的副本越少，效果越好。最好是能够完全地避免本地副本的存在。

那些允许在源、定义及副本等方面存在过多自由度的组织永远无法成为工厂，而必将始终只是一个浪费无度的车间。因此，必须将数据视同核心业务资产来处理。数据所有者必须对数据的质量负责，而组织必须界定一些明确的职位，比如那些应为数据质量担责的数据管家。数据治理策略必须按照企业信息管理能力的大小来确定。许多公司已经设立了CDOs与数据管家，致力于实现良好的数据治理。在成本、收入或合规性方面，首席数据官的具体关注点可能会因为公司的不同而有所差异。

伴随着数据数量及其来源的不断增加，以及使用这些数据之技术的不断涌现，数据管理或者说数据科学功能正在日益成为竞争差异化的主要成因。诸如金融服务等信息业务将继续缩短它们的业务周期，但同时，也将受到严格的监管审查。为了正确应对上述挑战，没有任何一家公司能够承担冗余采购中的运营浪费，以及根据不准确的、有延迟的或者不完整的数据而做出决策的运营风险，或者最重要的是，因为不能及时准确地理解客户需求（being behind the curve in understanding customer needs）而发生的机会成本。

与内容服务相似，信息服务中的客户和供应商之间的界限正在逐渐模糊化。越来越多的公司同时扮演着这两种角色。(在这种背景下)组织、技术以及数据管理流程等需要为以共享服务与行业池模型(N:M模式)为代表的数据格局而准备。对于内部的数据，则应提高治理方面的标准，(一般来说)这要从组织纪律着手，即要求遵守基本的企业数据架构原则，促使数据域的所有者能够得到那些涉及所有利益相关者的清晰决策流程的支持。

参考文献

Brose, M.S., Flood, M.D., Krishna, D., Nichols, B., 2014. Project implementation. Handbook of Financial Data and Risk Information, part Ⅱ. Cambridge University Press, Cambridge, p. 425.

Churchman, C.W., 1967. Wicked problems. Manag. Sci. 14, 141–142.

Grody, A.D., Harmantzis, F., Kaple, G.J., 2006. Operational risk and reference data: exploring costs, capital requirements and risk mitigation. J. Operational Risk 1 (3).

Ladley, J., 2012. Data Governance–How to Design, Deploy and Sustain an Effective Data Governance Program. Morgan Kaufmann, 10.

McGilvray, D., 2008. Executing Data Quality Projects–Ten Steps to Quality, Data and Trusted Information. Morgan Kaufmann.

Stockdale, D., 2014. Data governance and data stewardship. Handbook of Financial Data and Risk Information Ⅱ. Cambridge University Press, Cambridge, pp. 480–481.

第8章　未来是什么?

8.1　金融服务业的结构调整

8.2　信息管理的供应链视角

8.3　对数据管理的展望

参考文献

8.1　金融服务业的结构调整

在本书中，我们研究了信息供应链、金融工具以及交易生命周期中的产品与流程。我们已经就数据集、业务流程、监管需求、技术开发、数据质量指标，以及组织与监视数据流的组织方面的各种方法展开了详细的介绍。我们不仅讨论了数据消耗问题，而且还讨论了新内容的生成问题。数据只有经过使用，才能呈现出其应有的价值。数据不单单是业务发生时的*副产品*，而实际上其本身就是一种*企业资产*。

如果数据管理流程是稳健的，那么其最终产出就应是符合目标的优质数据。但问题的复杂之处在于，(要设定的) 目标可能会因为交易生命周期中的步骤以及公司业务与所涉及金融工具类型之具体情况的不同而有所差异。任何使用数据的程序或用户，也都会提出各自特定的假设要求，此外还有旁观者也在关注着数据的质量。在信息供应链中，数据模型是至关重要的，因为它是构建软件应用程序的必要基础。如果要设计信息供应链以及数据模型，那么心中牢记那些用例是非常有用的。

那些数据原料（data feeds）到底只是一种混合不同元素的大杂烩，还是可以被高度地标准化，（这个问题）会使得信息的获取方式千差万别。公司需要决定，在其内容需求里，哪些是行业需求，哪些是企业需求，哪些又是分部、部门或者个人用户级别的需求。这些都将为数据分配、技术战略以及数据与数据管理的采购方式选择提供有效的信息。机构只有在其完全了解了信息供应链以及与其特定业务需求相匹配的KPIs之后，才会考虑外包这一选项。

我们已经讨论了关于那些传统的纵向仓储式业务流程（vertical siloed business lines）对于横向跨库功能（horizontal roles across）的需求问题。简单来说，在仓储式结构的公司里，不会共享那些最佳的实践做法。金融服务行业正处在一个合并浪潮时期，而数据治理一直以来都是公司合并中的一种奢侈品。为了繁荣，甚至可能只是为了生存，（公司）需要充分实现其所获取和所拥有的所有数据的一切潜力。因此，公司需要确保所有的数据都可被访问并且能够相互印证。首先要做到的是，数据的含义能在所有的用户之间得以清晰地传达。语义（明确的）数据是那些符合当前业务及监管要求的智能数据（smart data），任何公司都不可忍受愚钝数据（data to be stupid）之伤。数据含义、反馈循环以及各种纠正机制等应该尽可能地在数据管理流程中的较低层级进行一体化连线（wired）。

然而，如今的许多公司通常都被困在数据浅滩（data shallows），这意味着：

- 它们无法快速利用所拥有的数据。
- 它们没有深入了解（have much reach into）自己的数据库。
- 它们无法透彻地分析自己的数据。

• 它们用以生成高明见解（generating meaningful and high-impact insights）的方法是有限的、偶发的，并且是不成熟的。

对数据的次优访问，通常会导致那种必然存在一定成本、冗余以及操作风险的数据孤岛。清晰的数据字典与数据治理流程是公司克服数据浅滩问题的必由之路。

应大力提升数据基础设施方面的水准，如果普遍认同下列趋势的话：

• 金融产品的商品化、银行所承担风险的逐步降低，以及消极投资策略的广泛运用；

• 通过公开交易前和交易后的信息而为客户提高的透明度，激发了价格发现与产品比较方面的更多潜力；

• 应对监管干预之报告行为所导致的数据标准之采用，以及标准识别方法与分类标准的广泛运用；

• 公司正在通过寻找新的数据"边际"来保持盈利，基本思路是，从非传统的以及非结构化的数据源中获取关于顾客行为方面的信息优势（严格分析长短期数据集之后所得出的结果，可能会挑战一个组织自身的固有思维方式，从而促使新产品的诞生并带来客户交互方面的一些变化）；

• 随着客户信息提供过程的愈加实时化，获取数据的方式变得更加动态化与互动化；

• 度量并报告信息的质量KPIs，同时还将这些信息持续地反馈到信息供应链中去。

（不要去尝试）建立一个完全没有开发过的基础设施，除了新的进入者之外，还从未有人奢侈到这个地步。原先的进入者仍然受到监管与资本需求的严格保护：进入银行业的门槛非常之高。此外，客户关系——尤其是零售客户——通常具有黏性，因此转换成本以及管理负担可能也非常之高。

对金融服务业来说，监管以及建立基础设施的高昂成本，曾经是一堵非常有效的保护墙——抵御初创与创新（的巨大冲击力）。然而，这一切都正在开始发生改变，因为：

• （虽然）技术在过去常常是进入的壁垒之一——但现在，如果考虑到沟通风格、速度，以及客户们所希望的数据访问方式，那么现有公司的遗留技术反而是一种负担。新公司可以提供差异化服务，以及经由数字渠道感受的客户体验，而这些数字渠道也正是现有金融服务公司拼命想要做到的。

• 这场金融危机严重损害了金融服务公司的品牌（与声誉）。

8.2 信息管理的供应链视角

金融机构就像是一些信息处理机器，根据业务流程的执行情况，将新的信息反馈给客户、交易对手、投资者以及监管者。由于金融机构是生成信息的企业，因此关键的衡量指标就是推动所有原始信息生产新内容的成本与速度。

信息供应链是知识产权供应链，而不是实物财产供应链。对商品所有人的补偿并不总是直截了当的，因为有时很难确定商品的使用情况。此外，不同于实物商品的制造，信息制造的周期非常短。也就是说，在金融领域内信息产品降级的速度非常快：就像牡蛎一样，最好的烹饪方法就是新鲜食用。因此，信息供应链管理所面临的挑战也不同于实物产权供应链。

• 与发货日期不同，时间范围可以始于订单开始的微秒间，而止于财务与风险报告的当天。

• 所记录的项目数量是数以百万计的金融工具、数以万计的专业交易对手，以及同样数以百万计的零售客户。

供应链正在发生变化，因为原始数据的采集更接近于数据源，而且可以将更多非传统的以及非结构化的数据源运用到决策中来。

各种工具与流程，构成了一条转移信息的传送带。由于内容供应商的数量巨大，而且供应链的某些部分将由第三方来完成，因此对那些附带明确规定服务指标的服务水平协议（SLAs）的需求日益增多。对供应链中各个步骤的直接控制越少，在SLAs中引入明确的指标体系就越有必要。在第6章中讨论过的那些指标，有助于判断信息供应链在满足用户需求方面的有效程度，这些用户需要使用第4章中讨论过的那些金融工具以及交易生命周期流程。它们有助于我们采用那些可向用户解释业务收益之所在的术语来定义质量的含义及标准。

客户与监管的各种需求，给传统数据来源及其管理流程带来了不小的压力。公司不应将数据锁定于特定的工作流与应用程序当中，而应将数据视为一份独立的公司资产。然而在过去，金融服务业的技术升级往往来自构建新的应用程序，而不是改进或者再利用那些现有的基础设施。现在人们终于认识到，信息技术其实更像是铺设管道，而不是建造教堂。

解除对数据访问的限制可以直接提高生产效率。一种理想的状态是，采用“维基（wiki）+企业”这种组合的方式去搜索所有的内部管理的财务数据。信息供应链未来将朝着那种零碎化、专门化创建并消费数据的方向发展。越来越多的应用程序集成，以及经由基础设施分解而来的更为灵活的独立组件，都会促使信息的获取过程变得更加灵活机动，同时还会通过那种足以快速展示用户反馈之影响的反馈循环来为用户赋能（empower users）。最重要的是，监管的要求也使数据谱系必须被链接到供应链中来。

关于信息供应链之生产力及其成功程度的度量，可以采用以下多种不同的衡量方式：

• *后台*是关乎运营效率的。针对吞吐量、控制、高质量之参考数据的要求，以及结算数据等，都分别设置了处理流程以资使用。其关键KPI应为每笔交易的成本大小。

• *前台*关注的领域则是产品、客户以及最终涌现的机会。因为机会不会持续太久，所以需要快速地为那些闪现的念头配备最新的数据源。在产品创新方面，我们已经有了低（成本）“单元处理”（unit processing）而高利润的案例。你希望更多地投资于“超低延迟性”（ultralow-latency）的价格模型、定量模型、需要访问横断面数据的数据科学家，以及那些用以保护不易被标准聚合器找到的外来数据等。那些分散的数据源需要链接到一起，才能挖掘出一些新的模式进而产生一些新的产品创意。

上述两个流程颇具信息管理之“批发”与“零售”的意味。零售商必须听取来自终端用户的反馈，进而努力满足当地化的需求。批发商必须大规模采购，大致为B2B的模式，在较低单位成本的价位上批量订购内容(产品)。而零售型信息管理模式则应更加机敏灵活，B2C模式，就像本地的街角商店一样，按需地为客户提供服务。就数据的不同质量维度而言，批发模式通常追求透明性、可控性、安全性、准确性、同步性以及顺序性等。零售模式则重点关注相关性、完整性、可访问性以及速度水平等。对两者来说，一致性是同等重要的。（当然）零售商还必须进行循环审查，以及时向批发商提供反馈信息。

此外，关于风险与财务流程的数据强度及其审查密度也有所上升。因为风险和财务必须结合来自业务的所有信息流来进行考虑，所以它们受到数据模糊和数据质量问题的冲击也最为强劲。由于风险数据的生成必须定期化，并且需要对汇总流程进行更严格的监管审查，因此风险和财务本身是相互融合的。与此同时，会计核算流程中的估价，也已经朝着“按市值计价”（mark to market）的方向大步迈进，变得更有前瞻性了（例如，IFRS 9中所使用的预期信用损失指标。简而言之，考虑到未来可能存在的不同情景，必须尽快地计提信用损失）。

一个设置完美的信息供应链能够创造很多战略选项，不仅可以通过运营扩展来加载新的客户、创建新的产品以及新的服务，而且还可以通过各种战略选项来拆分部分信息供应链或者部分交易生命周期管理。如果一个机构充分了解其流程的实施方式以及其业务的（元）内容需求，同时还有办法去衡量它们的运营效率（通过采用那些精心挑选并良好监控的 KPIs），那么该机构就可以考虑：

• 外包部分信息供应链，比如内容的整合、合并与验证等，或者外包部分交易生命周期（管理），包括执行管理、报告以及资产服务等；

• 将交易生命周期中的某个第三方，替换为另一个第三方。在交易生命周期中，随着越来越多的不同分部被不断拆分并交由专业人员来提供服务，那些执行和清算的选项也会因此而同步增加。

除了有权安排新的业务流程之外，良好的数据管理还意味着公司能够准确地为这些不同的采购选项来*定价*，因为公司对详细的基础成本（baseline costs）情况了如指掌。进一步来说，如果做得好，这就将转化成基于产品与客户而利用价格差异的能力。

深入了解数据供应链，是定义指标以及生成数据管理计分卡（Data Management Scorecard，DMS）的前提条件。数据管理功能的主要考虑事项包括：

• 相关性：我们是否获得了所有必需的数据？我们额外获取了什么？什么是不需要的？

• 时效性：怎样才算数据准备就绪了？瓶颈在哪里？

• 成本效益：我们在数据上花费了多少？我们能够分割并削减那些支出细项吗？谁来承担那部分最大的数据成本？

• 质量：哪些数据需要返工？质量问题从何而来？问题发生在源头（手工源、商业源、客户输入）还是发生在流程的切换点？我们如何从源头上开始消除数据质量问题？

部分金融服务行业已经出现饱和了，同时后金融危机时代的增长放缓也导致了更大的成本压力。就信息管理而言，似乎显而易见的就是，集中你所能集中的一切东西——无论是在公司内部还是整个行业中任何可能的地方。集中化管理可以降低运营及合规成本，还可为更加灵活的流程提供一定的基础。毕竟，如果不必再去担心那些业务应用程序的信息需求问题，那么开发者就可以专注于价值增值问题，同时利用那些省下来的资金去投资新的功能领域。除此之外，随着技术成本的下降，实用程序不仅有助于成本降低，而且还能作为一种行业化的手段，通过分担风险与共享IP，提出联合解决方案来解决行业性的难题。

金融服务公司面临着一项特别艰巨的创新任务，这是因为数十年来基础设施建设的遗留问题尚未得到妥善解决，而金融科技公司又没有受到监管方的严格约束，推出了海量的各种应用程序与（参考）格式（以至于泛滥成灾，难以统一规范）。（因此）许多公司正在减少应用程序的总体数量，并且尽可能地开放那些保留下来的应用程序。金融服务公司面临着双重挑战，一方面是要提高现有业务的效率，另一方面是要开辟变革的渠道。一种能够兼顾旧系统运行（legacy operation）与新系统开发（innovation）的双峰模型（bimodel）或许就是（很好的）答案：也就是那种传统的采购与管理流程，只不过它可将外部数据直接注入到自身流程，然后再交到最终用户手中，以此来实现跨越升级。

通常，金融服务公司会寻求与那些可提供更新开发方法以及更快开发周期的金融技术供应商合作。这种合作一般能够十分有效地进行，因为它把金融服务公司所提供的客户基础及监管知识，与金融科技公司所提供的非传统方法、更快的开发周期，以及一种常常是对客户体验需求的深刻解读等（完美地）结合到了一起。为了提高创新的速度，企业会开辟变革的渠道，同时创建沙箱环境以测试那些用于特定流程或者目标客户群体的创新（技术）。

除了传递大量可供挖掘的原始数据集之外，社交媒体同时会给金融服务公司的传统中介地位带来各种直接的威胁和机遇。社交媒体可能助力其加快“脱媒”进程（disintermediation），甚至取代那些金融服务公司。社交媒体平台非常善于动员那些志同道合的人并建立各种兴趣团体。诸如各种LinkedIn兴趣团队或者各种共享商业利益及（或）地理位置的Meetup团队等社交团体，可被利用起来组织风投基金或者在一个众筹模型里借钱。与之相反的是，口碑良好的金融服务提供商才有可能为特定利益群体来提供量身定制的投资产品。

银行和投资经理们可以利用社交媒体平台和技术来引导众包（crowd-sourcing）项目的开展（众包市场虽然不大，但其增长速度很快；预计在2015年的规模为344亿美元；参见http：//www.crowdsourcing.org/editorial/global-crowdfunding-market-to-reach-344b-in-2015-predicts-massolutions-2015cf-industry-report/45376）、进行风险投资以及开发他们自己的产品。通过社交媒体，消费者会自动进行自我细分，并在无形之中为他们的服务供应商干着营销部门的活儿。

例如，贷款和投资活动中的部分管理流程，可以通过优步（Uber）和AirBnB等网站上常见的审查机制来实施（我们预计，诸如“Morningstar's基金评级”等消费者网站上将会有更多的产品审查信息；从监管方面来看，我们发现欧盟已经引入了一项标准的“简要风险指标”（Summary risk indicator））。就任何一项足够庞大的投资金额而言，通过第三方来筛选与评估那些投资或贷款项目，以及认证与审计那些来自基层部门的各种意见，应该是合乎情理的。这些第三方可以是银行或者资产管理公司，也可以是会计师事务所或者非政府组织（NGOs）。那些利用社团进行小额信贷或小额投资的公司，可能成为新型的基金管理公司。

8.3 对数据管理的展望

对金融机构来说，数据就是它全部的身家性命。金融服务行业正在逐渐意识到其自身需要不断完善信息管理的方式，因为信息既是其业务流程中最为基本的原材料，又是其自身输送到其客户、投资者、监管机构甚至是自己员工的最终产品。行业问题就需要如是对待，而不应交由每个公司在其内部单独地自行解决。数据管理的一个关键点在于，识别出行业数据集以及企业范围内的那些能被所有用户与应用程序轻松地访问到的主数据，同时还能补充一些部门或用户级别的、特定的以及更加敏感的数据。

此处所述的关键主题便是数据的*流动性*与*灵活性*：快速而低成本地获取那些梦寐以求的信息。做到这一点需要大量的数据集成、数据库的分解、新技术的采用，以及（相应地）在数据管理组织与通用数据模型中的新职位创建。此外，还有面向最终用户与业务应用程序的数据分发等（各式各样纷繁复杂的工作）。

随着我们逐步从信息的盲目*处理*升级为更加智能化的*管理*，我们就会更加深入地了解信息供应链（的各个方面）。内容产品与信息服务将会变得对用户更加友好，同时能够更好地适应终端用户的工作流。（但就此而言）那些关于格式尤其是关于语义以及唯一身份确认（ISO）标准的基础数据标准，是一个先决条件。金融机构愈加认识到了解和管理信息供应链的极端重要性，与其说是因为监管与成本控制，不如说是为了给增长奠定一个坚实的基础。

现有的商业模式可能是（妨碍）创新的一剂毒药。只要是手上还有着那么一个运转良好的特许经营权，就总是会对那些新事物产生一种（莫名的）恐惧感，一种要在黑暗中跳跃的恐惧感。然而，金融服务公司已经意识到了自己正面临着被“脱媒”的风险，因此它们必须努力维持自身作为可信赖之第三方的地位。为了能够提供更好的客户服务，并且能够充分利用那些合并与分析信息的新方法，建立一种与金融科技公司之间的伙伴关系是至关重要的。

要想做成那种稳固而安全的基础设施，仅仅依靠小本经营（shoe-string）是不可能的：若要达到清晰、全面（360°）而明确地了解金融信息及其供应链的目的，持续不断地进行投资是必不可少的。如果流程改进计划中没有包含企业内容管理，那么其成功的机会将是非常有限的。用以反馈KPIs情况进而反作用于上游流程的反馈循环是十分重要的。面对任何信息供应链的关键挑战，都有这样一种困境，即如何既要一边解决数据需求问题，如对于STP的成本削减，以及系统的合理化等，又要一边同步地为客户提供价值增值。

未来我们将如何消费并选择（适用的）金融产品？改进后的数据管理可以带来更为透明的、更为个性化的金融产品，帮助人们找到最为理想的安全之所，同时根据自身的需求与偏好而从事保险、借贷以及投资（等各种金融活动）。如果要让智能合约中的数据与业务逻辑高度融合，那么该合约就不仅要包含一些（明确的）条款与条件，而且还要包含那些依赖于某些外部数据值的或有事项（例如某一指数的值或者某一方的信誉水平等）。数据一般会包含自身的触发条件。这就可能会导致一些新工具的诞生。这些新工具的特点一般是，基于外部触发条件以及参考节点而自动操作或者自动结算等。（我们已经看到过这种情形。例如，在财富管理领域，低成本的机器人顾问会根据投资者的风险偏好而自动进行资产配置。其触发点和时机既可与市场走势相挂钩，也可与退休、教育基金等生活事件相挂钩。）

在与金融服务相类似的数据密集型行业中，每个员工都必然是数据管理人。然而，制约知识型员工生产力的关键是，（他们）能否及时获取良好的信息。对许多公司来说，贡献价值在很大程度上更为可观的员工，一般较少受到数据访问的限制，并且可以专注于生成新的信息，而不是把时间浪费在不断寻找或者再次检查信息等事务方面。

那些改进的信息供应链是精简化与可伸缩业务的必要基础。与此同时，信息利用之观念与技术的各种改进（advances in feeding the human mind with information）都将带来明显的竞争优势，因为它会极大地鼓励员工们从事产品的创新，同时高度关注与客户之间的互动。传统的竞争模型一般都是将低成本或者差异化视为一家公司所拥有的主要的竞争优势。而良好的数据管理则是实现这两者的一个必要之前提。

参考文献

推荐进一步阅读以下书目：

Adelman, S., Moss, L., Abai, M., 2005. Data Strategy. Addison Wesley, Upper Saddle River, NJ.

Alvarez, M., 2007. Market Data Explained: A Practical Guide to Global Capital Markets Information. Elsevier and Mondo Visione World Capital Markets, Burlington, MA.

Brose, M.S., Flood, M.D., Krishna, D., Nichols, B. (Eds.), 2014a. Handbook of Financial Data and Risk Information I: Volume 1: Principles and Context. Cambridge University Press, Cambridge, UK.

Brose, M.S., Flood, M.D., Krishna, D., Nichols, B. (Eds.), 2014b. Handbook of Financial Data and Risk Information Ⅱ: Volume 2: Software and Data. Cambridge University Press, Cambridge, UK.

Freedman, R.S., 2006. Introduction to Financial Technology. Elsevier, Boston, MA.

Gordon, K., 2013. Principles of Data Management—Facilitating Information Sharing, second ed. BCS, The Chartered Institute for IT, Swindon.

Kaplan, J.M., Bailey, T., O'Halloran, D., Marcus, A., Rezek, C., 2015. Beyond Cybersecurity. Wiley, Hoboken, NJ.

King, B., 2012. Bank 3.0. Marshall Cavendish Business, Singapore.

Ladley, J., 2012. Data Governance—How to Design, Deploy and Sustain an Effective Data Governance Program. Morgan Kaufmann, Waltham, MA.

McGilvray, D., 2008. Executing Data Quality Projects—Ten Steps to Quality, Data and Trusted Information. Morgan Kaufmann, Burlington, MA.

Olson, J.E., 2003. Data Quality—The Accuracy Dimension. Morgan Kaufmann, San Francisco.

Redman, T.C., 2008. Data Driven. Harvard Business Press, Boston, MA.